职位说明书与制度编制精细化实操手册

陈光　刘杨　编著

涵盖企业20大业务职能部门

提供了95套职位说明书范本

编制40套人力资源管理制度

设计40个企业业务管理制度

中国劳动社会保障出版社

图书在版编目（CIP）数据

职位说明书与制度编制精细化实操手册/陈光，刘杨编著. —北京：中国劳动社会保障出版社，2010

精细化人力资源管理操作实务丛书

ISBN 978-7-5045-8687-2

Ⅰ.①职…　Ⅱ.①陈…②刘…　Ⅲ.①企业管理-职位-说明书-手册②企业管理制度-编制-手册　Ⅳ.①F272.9-62

中国版本图书馆 CIP 数据核字(2010)第 175611 号

内 容 提 要

工具性、实用性、操作性是本书的 **3** 大特点。

本书提供了销售部、生产部、质量部、技术部、研发部、采购部、设备部、安全部、仓储部、物流部、工程部、投资部、市场部、客服部、网络部、后勤部、财务部、审计部、行政部、人力资源部等 **20** 个部门的 **95** 份职位说明书、**40** 套人力资源管理制度、**40** 项业务管理制度，以帮助企业建立一套规范的管理体系。

本书适用于企业中高层管理人员、人力资源管理人员、行政管理人员、培训师、咨询师、高校师生等使用和阅读。

中国劳动社会保障出版社出版发行

（北京市惠新东街 1 号　邮政编码：100029）

出版人：张梦欣

*

世界知识印刷厂印刷装订　　新华书店经销

787 毫米 × 1092 毫米　16 开本　23.75 印张　530 千字

2011 年 5 月第 1 版　2011 年 5 月第 1 次印刷

定价：49.00 元

读者服务部电话：010-64929211/64921644/84643933

发行部电话：010-64961894

出版社网址：http：//www.class.com.cn

前　言

企业如何科学地划分员工职权，避免人浮于事，遇事互相推诿的现状？企业如何在明确员工职权后，对员工的日常管理及业务开展进行有效规范？

上述两个问题如果在企业内部得不到有效的解决，企业的其他管理就会失去应有的基础和依据，变得没有任何意义。

本书设计思路简单、清晰。以**如何编制职位说明书为主线，以管理制度设计为辅线，**除讲述设计技巧外，还设计了销售部、生产部、质量部、技术部、研发部、采购部、设备部、安全部、仓储部、物流部、工程部、投资部、市场部、客服部、网络部、后勤部、财务部、审计部、行政部、人力资源部等20**个部门的95份职位说明书、40套人力资源管理制度、40项业务管理制度范本。**

为了便于读者使用和参照，**职位说明书的设计以经理、主管、员工3层级的体例展现；制度设计从人力资源与业务两个角度展开。**读者可将本书提供的范本与本组织实际相结合，转化并应用到企业的人员管理和业务管理的工作中去。

本书作为人力资源工作者的工具书和案头手册，凸显了如下3个特点：

1. 设计性

本书面向企业的管理者，为其提供了有关职位说明书与制度编制的技巧、范例等实践支持，以便有效指导读者设计出符合自身企业的职位说明书与管理制度。

2. 实用性

本书从实用性的角度出发，将职位说明书与管理制度在分门别类的基础上，通过范例的形式呈现，便于读者**拿来即用**。

3. 参照性

结合企业实际，本书选取了企业中常设的20大职能部门，提供了大量的职位说明书与管理制度的范本，为读者设计出符合本组织的职位说明书与管理制度提供了可参照的案例。

在本书编写的过程中，钟华、孙立宏、杨扬、金青龙负责资料的收集和整理以及图表的编排，曹静静、蔡莉参与编写了本书的第一、第二章，滕晓丽、李艳参与编写了本书的第三、第四章，卫争艳、王淑燕参与编写了本书的第五、第六章，姜曦、叶亚宁参与编写了本书的第七、第八章，郭蓉、王海燕参与编写了本书的第九、第十章，王跃、刘丽梅参与编写了本书的第十、第十一章，王光伟、姜巧萍参与编写了本书的第十二、第十三章，金成哲、黄成日参与编写了本书的第十四、第十五章，李作学、韩燕参与编写了本书的第十六、第十七章，王瑞永、邹晓春参与编写了本书的第十八、第十九章，刘仙梅参与编写了本书的第二十、第二十一章，莫子剑参与编写了本书的第二十二章，全书由陈光、刘杨统撰定稿。

编　者

2010 年 12 月

目　录

第 1 章

职位说明书编制

1.1 职位说明书

职位说明书是对岗位工作的性质、任务、责任、环境、业绩标准以及对岗位工作人员的资格条件的要求所做的书面记录，它是根据工作分析的各种调查资料，并对其加以整理、分析、判断所得出的结论、编写成的一种书面文件。

它是表明企业期望员工做些什么、员工应做什么、应怎样做和在什么样的情况下履行职责的汇总。它包括工作描述和工作规范两部分。

1.1.1 职位说明书的作用

职位说明书作为企业人力资源指导性的管理性文件，在人力资源管理工作中，主要有如下图所示的 6 方面的作用。

为招聘、录用员工提供依据	职位说明书里已经确定了该岗位的任职条件，任职条件是招聘工作的基础，招聘工作需要依照任职条件来挑选人员
对员工进行工作目标管理	依据职位说明书所规定的职责，可以很清晰、明确地给员工下达目标，同时也便于设计目标。负责目标管理的主管应该随时查阅岗位说明书，以便更明确、有效地对员工进行目标管理
是绩效考核的基本依据	企业在对员工进行考核时，可以根据职位说明书中所确定的员工工作职责范围和绩效标准，结合员工具体工作目标和年度、季度所需达成的指标值对员工进行考核，并根据考核结果对其实施绩效奖惩
为企业制定薪酬政策提供依据	企业的薪酬体系需要以岗位评价为支撑性资料，而岗位评价的基础是岗位分析和职位说明书，职位说明书为企业薪酬管理提供了重要依据
员工教育与培训的依据	对员工进行培训是为了满足岗位职务的需要，根据职位说明书的具体要求，有针对性地对员工进行岗位专业知识和实际技能的培训，完备上岗任职资格，提高员工胜任本岗本职工作的能力
为员工晋升与开发提供依据	人力资源管理的一项重要工作是人力资源开发。员工的晋升与开发，离不开绩效考核。考核是以员工为对象，以职位说明书的要求为考核依据，通过对员工能、绩等方面的评价结果与职位说明书的要求相比较，判断员工是否称职，并以此作为晋升、奖罚等的依据，促进“人适其位”

1.1.2　职位说明书的形式

职位说明书的编写并没有一个标准化的模式，一份完整的职位说明书一般会包括工作描述与任职资格两大方面的内容。它是企业管理的一个工具，其形式是可以根据企业的管理要求制定的，其包括的内容可繁可简。表 1—1 至表 1—3 给出了其中的 3 种模板。

表 1—1　职位说明书模板（一）

岗位名称		岗位编号	
直接上级		所属部门	
直接下属人数		轮换岗位	
职位概要			
岗位职责			
1. 2. 3. 4. 5. 6.			
工作协作关系			
1. 内部： 2. 外部：			
岗位任职资格			
教育水平			
专业			
工作经验			
知识要求			
能力要求			
关键绩效指标			
工作环境			
工作场所： 工作时间： 环境状况：			

表 1—2　　　　职位说明书模板（二）

<table>
<tr><td colspan="2">职位名称</td><td></td><td>所属部门</td><td></td></tr>
<tr><td colspan="2">直接上级</td><td></td><td>晋升方向</td><td></td></tr>
<tr><td colspan="2" rowspan="3">任职资格</td><td colspan="3">1. 学历、专业知识</td></tr>
<tr><td colspan="3">2. 工作经验</td></tr>
<tr><td colspan="3">3. 技能和素质要求</td></tr>
<tr><td rowspan="5">职
责
一</td><td colspan="4">职责表述：</td></tr>
<tr><td rowspan="3">工作
内容</td><td colspan="3">1.</td></tr>
<tr><td colspan="3">2.</td></tr>
<tr><td colspan="3">3.</td></tr>
<tr><td colspan="4">绩效标准：</td></tr>
<tr><td rowspan="5">职
责
二</td><td colspan="4">职责表述：</td></tr>
<tr><td rowspan="3">工作
内容</td><td colspan="3">1.</td></tr>
<tr><td colspan="3">2.</td></tr>
<tr><td colspan="3">3.</td></tr>
<tr><td colspan="4">绩效标准：</td></tr>
<tr><td rowspan="5">职
责
三</td><td colspan="4">职责表述：</td></tr>
<tr><td rowspan="3">工作
内容</td><td colspan="3">1.</td></tr>
<tr><td colspan="3">2.</td></tr>
<tr><td colspan="3">3.</td></tr>
<tr><td colspan="4">绩效标准：</td></tr>
<tr><td rowspan="5">职
责
四</td><td colspan="4">职责表述：</td></tr>
<tr><td rowspan="3">工作
内容</td><td colspan="3">1.</td></tr>
<tr><td colspan="3">2.</td></tr>
<tr><td colspan="3">3.</td></tr>
<tr><td colspan="4">绩效标准：</td></tr>
</table>

编制人员		审核人员		批准人员	
编制日期		审核日期		批准日期	

表 1—3　　职位说明书模板（三）

单位		职位名称		直接主管	
部门		岗位定员		岗位编号	
		职级		编制日期	

任职条件	学历		
	经验		
	专业知识		
	业务了解范围		
	能力素质要求	能力项目	能力标准

职位概要：

沟通关系

1. 汇报对象：

2. 管理对象：

3. 协调对象：

总经理

分管副总

内部相关部门

××岗位

外部相关部门

下属人员

工作内容及职责	责任划分	建议考核内容	占用时间
逐项列明本岗位所应负有的职责	全责／部分／协助	考核指标及标准	100%
1.			
2.			
3.			
4.			
5.			
6.			

工作环境	工作时间	
	工作地点	

1.2　职位说明书编制主要内容

职位说明书中主要包括：工作标志、职位设置目的、沟通关系、工作职责与任务、绩效标准、工作环境以及任职资格等内容。

1.2.1　工作标志

工作标志主要包括：岗位名称；直接上级岗位名称；所属部门；岗位编码；工资等级；定员人数；岗位性质。同时也可选择性地列出岗位分析人员姓名、人数和岗位分析结果的批准人等栏目。

1.2.2　职位设置目的

用简单的语言介绍该职位设立目的和意义，具体讲主要包括：依据什么开展工作，通过做什么工作达成什么结果。

对职位设置目的，常见的表述方式之一是“工作依据 + 工作内容 + 工作成果”

如某公司对销售主管一职，撰写的岗位设置目的一栏，内容如下：依据公司销售计划，指导本部门人员的销售工作，确保实现公司产品的销售目标

1.2.3　工作职责与任务

为了实现职位目的，任职者需要承担哪些责任，进行哪些活动。在工作职责与任务这一部分，应列明该岗位的主要工作事项。

每个职位的责任范围，应根据本职位所在的部门或单位的职能分解来确定。在具体表述时，须注意语言的简练性和准确性。

如某公司行政助理的职位之一是负责公司车辆管理，对这一工作职责可以这样表述：按照车辆管理规定，审批用车申请，监督驾驶员按照规定保养与驾驶车辆。

1.2.4　沟通关系

沟通关系是指在执行工作的过程中，与企业内外部单位或人员发生的各种联系（协作、

指挥、领导、监督、服务等关系）。在完成工作时，该岗位会同公司内部哪些岗位或部门发生业务联系；完成该岗位工作而必须发生联系的所有公司以外的机构（供应商、客户、上级单位等）有哪些。

> 如人力资源部经理的内部沟通有分管副总经理、部门经理与员工。外部沟通有上级主管部门、所在地区人事劳动部门、各主要媒体或招聘网站、各主要培训机构、应聘人员或同行、相关行业协会

1.2.5　绩效标准

绩效标准是在界定工作职责的基础上，对如何衡量每项职责完成情况的规定。标准可以分为定性标准和定量标准，定性标准如“及时、准确”等；定量标准如数量指标（个、吨、批等）、质量标准（合格率、废品率等）、时间标准（天、小时、月、年）。

> 如对生产车间班组长 “完成每日生产计划”这一职责的考核，其拟定的绩效标准如下
>
> 1. 本班组生产人员每日所生产的产品不低于____个单位
>
> 2. 下一道工序被拒绝的产品平均不得超过____%
>
> 3. 每天按时完成工作任务

1.2.6　工作环境

工作环境主要是对该岗位所处经常性工作场所的自然环境、安全环境（工作危险性）等情况的描述。具体内容如下图所示。

工作场所	在室内、室外，还是其他的特殊场所
工作时间特征	对正常工作时间、加班时间等的描述
工作环境的危险性	说明危险性存在的可能性，对人员伤害的具体部位、发生的频率以及危险性原因等的说明
工作的均衡性	即工作是否存在忙闲不均的现象及经常性程度
工作环境中的不良因素	即是否在高温、高湿、寒冷、粉尘、有异味、噪声等工作环境中工作，工作环境使人是否愉快等

1.2.7 任职资格

此部分罗列了任职人上岗时，必需的知识、能力等的要求。常见的任职资格条件有如下图所示的7项。

学历及专业要求	本岗位所必需的受教育的程度
所需资格证书	从事该岗位所必须持有的资格证书
经验	本岗位所需的任职的经验，如一般经验、专业经验、管理经验
知识	包括专业知识、业务知识、政策知识、相关知识等
技能要求	即完成本岗位工作所需要的专业技术水平
一般能力要求	如计划、协调、实施、组织、控制、领导能力等
个性要求	如情绪稳定性、责任心、外向、内向、支配性、主动性等性格特点

1.3 职位说明书编制注意事项

1.3.1 编制要求

职位说明书在编制时，除了形式上需简洁实用，重点突出外。在具体的编写过程中，至少需满足如下图所示的 3 个要求。

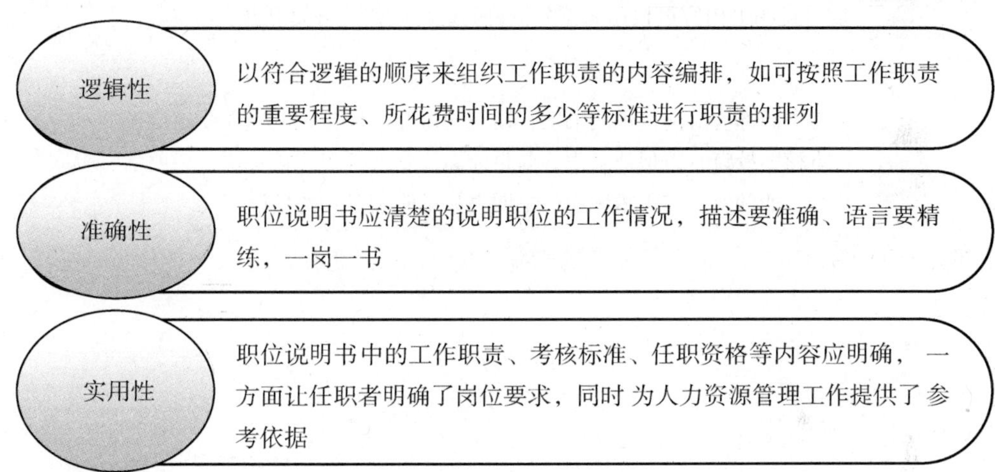

1.3.2 注意事项

在编制职位说明书时，应从本企业的实际情况出发，按照实用、简洁的原则来做好职位分析与职位说明书的编写工作。其间，需要注意如下 5 方面的内容，如下图所示。

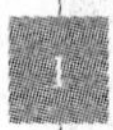
编制职位说明书时，要将每个职位的职责划分清晰，各个职位间的职责既不能重叠，也不能留有空白

工作事项描述需具体、详细，措辞准确。如在措词上，应尽量选用一些具体的动词，如 “分析” 、“设计”“传递” 等

工作规范是对任职者的要求，而非对现有职位人员的要求

职位说明书内容可根据岗位分析目的进行调整，可简可繁

人力资源部应对岗位说明书实行动态的管理，岗位说明书需要定期进行审核、校订，以保证其内容与目前岗位要求匹配。确保岗位说明书符合企业的实际需求否则岗位书明书只是流于形式的摆设

第 2 章

管理制度的编制

2.1 管理制度设计的程序

2.1.1 明确问题

健全和完善公司的管理制度体系是企业实施规范化管理的表现方式之一。企业管理制度的设计和实施是着眼于企业管理的需要。制度设计部门需要在明确职责分工、了解设计目的、清楚制度所规范的范围和该制度所能解决的问题等的情况下，按照一定的程序进行制度的设计和编制，以支撑企业发展战略的实现。

不同的企业有不同的规章制度，同一企业有不同内容的规章制度，从分工不同角度出发，企业的管理制度针对不同分工的部门应该有不同的部门内部工作制度，如财务人员岗位职责、生产质量控制制度等；同时应当有统一应用的公用制度，如人事管理制度、财务制度、绩效考核制度等，涉及所有部门利益，可以统一制定。

2.1.2 调研访谈

在制度起草前，由企业的综合管理部门（行政部门、人力资源部门）组织有关业务科室收集资料，调查访谈并研究，在此基础上起草管理规范的初步方案。

1. 资料收集

收集的资料主要包括以下两方面。

（1）企业的内部因素。如企业内部的员工状况，现有的制度情况，有何弊端，管理制度的价值取向如何等。

（2）企业的外部因素。国家相关政策如劳动政策、劳动力市场现状、科教发展水平等。

2. 调研访谈

不论进行某项新制度的设计，还是对原有制度进行修订，要达到让制度更完善、各条目的内容更有针对性的效果，制度设计人员应进行相应的调研访谈工作，以了解企业实际存在的、业务运作过程中出现的、需要解决的问题，在此基础上拟定的制度对支撑企业发展目标的实现的效用会更显著。下图给出了调研访谈常用的 4 种方式。

观察法

深入现场，通过实地观察和详细记录，收集有关资料，以便使制度内容更具可行性

实用性

通过当面询问、采访等来获得所需要资料的方法。受访者为制度发起者、部门管理者以及有关人员，明确制度制定目的、需规范事项，了解企业主要领导的意图、管理思想等

会议法

召集制度制定的发起者、制度涉及的部门和人员等召开调研访谈会议，集中了解、获取制度设计所需的资料、信息等

查阅法

通过信息搜索、翻阅书籍、公司资料等，查阅同类制度范本，了解其结构、内容等方面，为本次制度设计提供参考

2.1.3　制度拟定

1. 明确制度设计目的

在调研访谈的基础上，进一步明确制度制定的目的，并为制度内容设计、条款设置等提供指导方向。

2. 角度定位

在制度设计之初，企业可以依据自身管理需要、解决问题的需要，选择合适的角度对需要管理的内容进行规范。

选取的角度可以从多方面进行制度的拟定。

（1）可以从公司整体出发。企业整体性的、基础性的制度应站在公司角度进行制度拟定，用于公司对企业全体部门、人员进行管理和规范，如人事制度、行政办公制度、员工行为规范等。

（2）可以从部门角度出发。站在部门管理的角度就部门某一工作事项、业务流程等制定规则进行规范。

（3）可以从管理对象（人、事、物）的角度进行制度拟定。

（4）可以从其他角度出发进行制度拟定。

3. 统一规范

公司的规章制度需做到统一、规范，其至少包含以下两方面的含义：

（1）制度内容框架统一设计。内容框架一般采取目的、主体内容（包括制度针对的客体及责权利规定）、附件及其他的形式来展现。

（2）制度格式标准化。制度使用名词、编号等应统一规范，以适应企业信息化管理的需要，同时，所形成的书面文件的字体、目录排列方式、页码格式等也需要有明确的规定和模板。

4. 内容规划与设计

对收集的各种资料归类、汇总后，在对企业及当前运营情况、业务流程、存在问题和管理要求等深入分析的基础上规划制度内容。

在设计制度内容时，需做到如下图所示的4点要求。

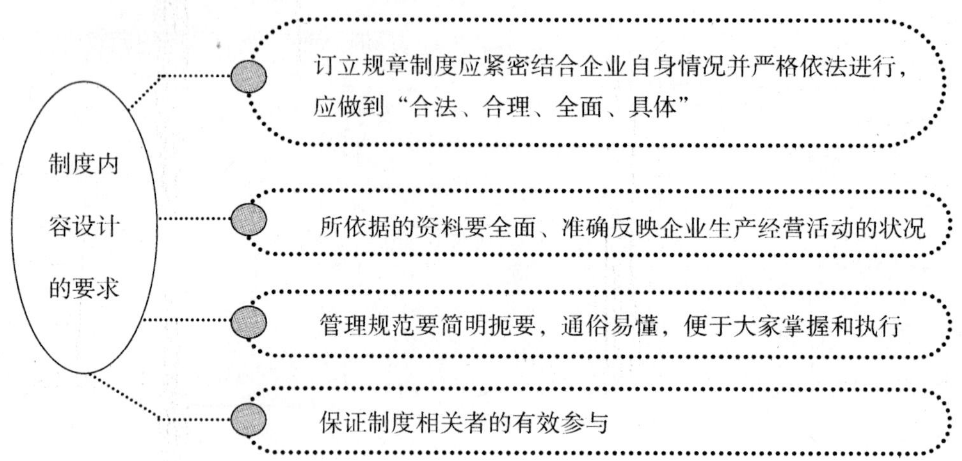

2.1.4 制度定稿

制度草案制定完成，需要通过意见征询、试行等方式获得相关建议、意见，发现不足和纰漏，要进一步修改和完善，直到最终定稿。

通过上述方式进行意见征询后，制度设计负责人应综合分析会议讨论结果，汇总各种修改意见，对制度进行修改和完善，最终形成正式的规章制度条文，提交相关权限的领导或主管部门批准后，进行制度公示并颁发执行。

制定完毕的企业管理规范，需具有以下图所示的4个特点。

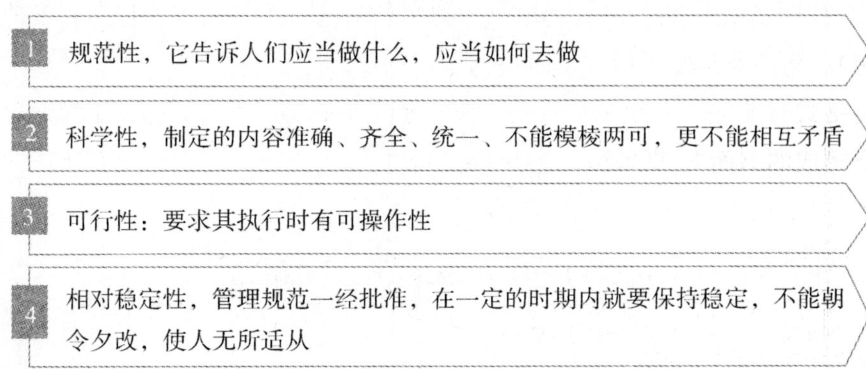

2.1.5　制度执行

管理规范一经批准，就必须在实际工作中切实地贯彻执行。为使管理规范能顺利地得到贯彻执行，应当注意如下图所示的 3 个问题。

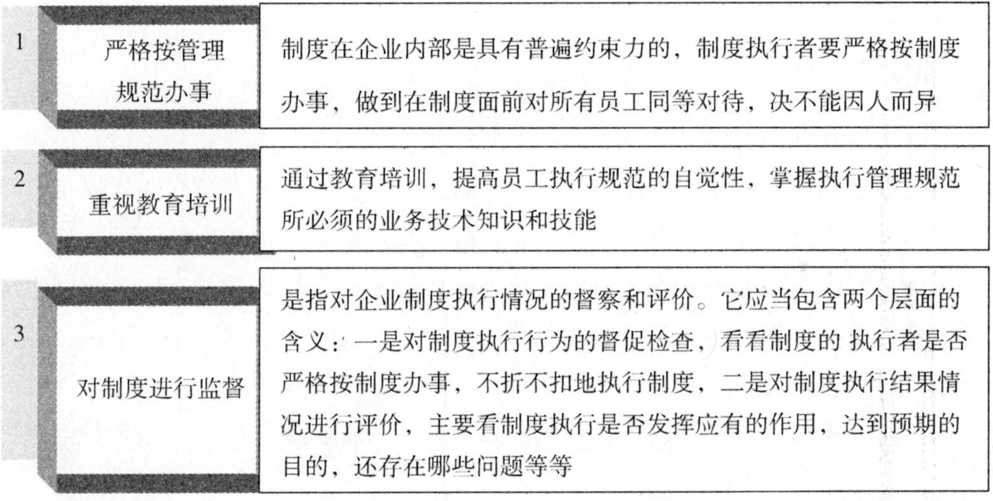

2.1.6　制度修改

企业制定的规章制度并不是一成不变的，需要根据管理制度执行情况评估中存在的问题，对不适应实际情况的制度提出修订和完善意见，经过必要的程序对制度进行修正。下图列举了其中三种情况。

企业制定的规章制度需要进行修改与完善的三种情况

1. 企业经营环境、经营产品、经营范围等发生变化时

2. 产品结构、新技术的应用导致生产流程、操作流程的变化时

3. 因为企业发展战略及竞争策略有所调整时

2.2 制度设计要考虑的问题

2.2.1 范围的明确

科学、有效的管理制度体系是一个企业良好运作的重要保障之一，制定适合公司的管理制度首先应充分理解公司管理层的战略方向，了解现有业务流程的关键点及优缺点，以提高企业整体工作效率为出发点，对现有流程进行梳理优化从而制定出相应的管理制度。

由于不同类别岗位的业务范围、业务流程、执行标准是有所区别的，因此，制定出的管理制度所适用的范围、管理对象等应给予明确、清晰的界定。如在制定公司的考勤制度时，须考虑哪些部门适用固定的考勤办法，哪些部门不适用。对不适用的部门，如何进行考勤？公司高层主管是否要归入考勤制度管辖范围？如果归入，在特殊情况下的缺勤如何审批等一系列的问题。

2.2.2 要求的明确

企业制定管理制度是为了使得企业各项活动有效地进行，从而提高企业的经济效益。管理制度的编制可以以工作事项为主线，以各部门、班组、员工为点，对岗位责任制、操作规程等方面作出规定，从实现公司战略发展目标的角度出发，对相关事项作出明确的规定。总体说来，应符合如下图所示的要求。

1　制度要合法合规，要符合国家相关法律法规的规定

2　要符合本组织的战略发展需要

3　制度要结合企业实际，特别要注意企业的文化，不可照搬照抄

4　职能不能交叉、不能空白，管理流程要合理、有效

5　制度体现的是一个组织的管理理念，是个系统化的体系，不能相互矛盾

在具体管理制度的编制上，要结合制度的内容做出更明细的要求。

某企业各项培训制度拟定的要求

1. 培训制度的战略性；培训本身要从战略的角度出发，以战略的眼光去组织培训，不能只局限于某个培训项目

2. 培训制度的长期性；培训是一种人力资本投资活动，具有长期性和持久性

3. 培训制度的适用性。针对培训过程中出现的问题，保证在具体的实施过程中可以照章办事

2.2.3　内容的明确

制定管理制度，应明确该项制度包括的主要内容，进而对违反相关规定的情况进行说明。下图给出了某企业对培训管理系列制度的内容示例。

入职培训制度	1．培训的意义和目的 2．需要参加的人员界定 3．特殊情况不能参加入职培训的解决措施 4．入职培训的主要责任区（部门经理还是培训组织者） 5．入职培训的基本要求标准（内容、时间、考核等）

培训考核评估制度	1．被考核评估的对象 3．考核的标准区分 5．考核的评分标准 7．考核结果的备案 9．考核结果的使用	2．考核评估的执行组织（培训管理者或部门经理） 4．考核的主要方式 6．考核结果的确认 8．考核结果的证明（发放证书等）

培训奖惩制度	1．制度制定的目的 2．制度的执行组织和程序 3．奖惩对象说明 4．奖惩标准 5．奖惩的执行方式和方法

2.3 人力资源管理制度与业务管理制度

2.3.1 人力资源管理制度的编制

科学合理的人力资源管理制度，体现了人力资源管理的需要和员工的个人利益需求，使管理工作按照一套严格的规划及操作程序合理运转，达到人力资源管理中人与事、人与组织以及人与人之间的相互协调的目的。同时，完善的人力资源管理也是企业组织高效运转的保证。

企业人力资源管理制度的内容包括：员工的招聘录用制度、员工培训制度、考核制度、薪资福利制度、考勤休假制度、离职制度等。

2.3.2 业务管理制度的编制

业务管理制度是与经营活动有关的管理制度，企业制定的其他的制度如行政制度、人力资源管理制度、财务制度都是为经营活动而服务的，业务管理制度的制定合理且目标明确将有利于其他制度发挥更佳的作用。

企业的业务管理制度在不同性质和行业的企业中会有不同，如项目运作型企业其业务管理制度就以项目管理为主、商品经销型企业其业务制度就以营销管理为主。常见的有项目开发管理制度、销售业务管理制度、采购业务管理制度等。

第 3 章

销售部职位说明书与制度编制

3.1 销售部职位说明书

3.1.1 销售经理职位说明书

<table>
<tr><td rowspan="3">岗位信息</td><td>岗位名称</td><td>销售经理</td><td>所属部门</td><td>销售部</td></tr>
<tr><td>岗位编号</td><td></td><td>岗位序列</td><td></td></tr>
<tr><td>薪资标准</td><td></td><td>直接上级</td><td></td></tr>
<tr><td>职责概述</td><td colspan="4">主要负责制定销售战略规划、销售策略实施、建设和维护销售渠道、建设和管理销售队伍，降低销售成本，达成公司的销售目标</td></tr>
<tr><td rowspan="7">岗位职责及绩效标准</td><td colspan="2">岗位职责</td><td colspan="2">绩效标准</td></tr>
<tr><td colspan="2">销售制度计划制定
1. 建立健全销售管理各项规章制度，并监督执行
2. 根据公司发展目标和市场情况，制定合理的销售计划</td><td colspan="2">1. 制度完善、规范
2. 计划按时提交、合理</td></tr>
<tr><td colspan="2">销售运营管理
1. 根据市场情况制定合理的销售战略和方案，并组织实施
2. 了解市场动态，组织开发多种销售渠道，完成销售任务
3. 定期组织召开销售会议，及时分析和解决销售中的问题</td><td colspan="2">1. 销售方案可行、有效
2. 销售任务达成率达___%
3. 产品市场占有率达___%
4. 销售增长率达___%</td></tr>
<tr><td colspan="2">销售财务管理
1. 根据销售计划制定销售费用预算，并监督执行
2. 组织做好销售款项催收工作，确保款项资金及时回笼</td><td colspan="2">1. 销售费用降低率达___%
2. 销售回款率达___%</td></tr>
<tr><td colspan="2">客户管理
1. 组织客户开发工作，定期做好客户拜访，维系客户关系
2. 负责组织做好客户投诉，提高客户满意度</td><td colspan="2">1. 大客户流失率低于___%
2. 客户开发计划达成率达___%
3. 客户投诉处理率达___%</td></tr>
<tr><td colspan="2">部门管理
1. 负责销售人员的日常管理和规范销售人员日常行为
2. 定期实施销售人员的培训和考核工作</td><td colspan="2">1. 部门管理费用在预算内
2. 培训计划完成率达100%</td></tr>
</table>

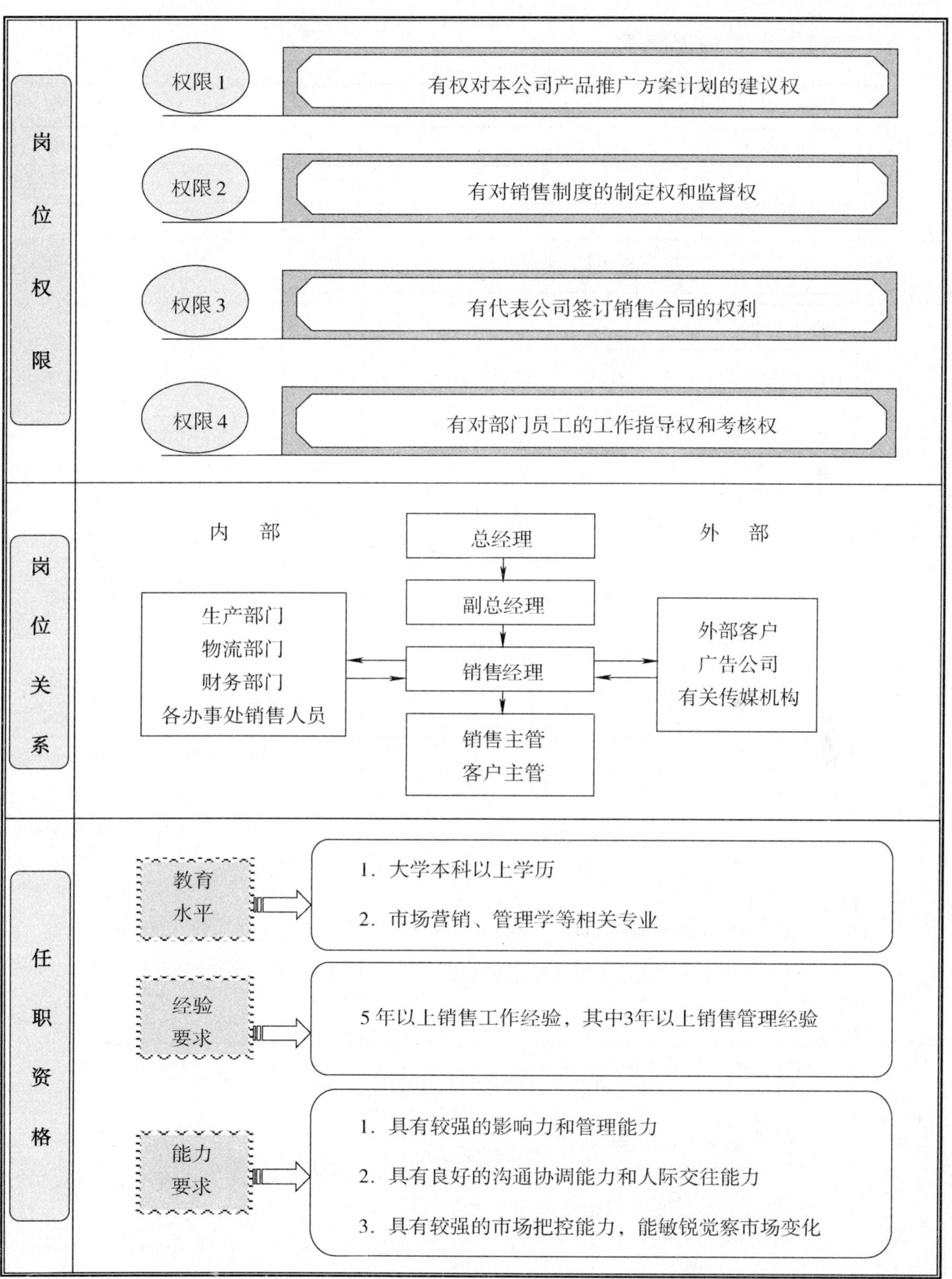
岗位权限
权限 1
有权对本公司产品推广方案计划的建议权
权限 2
有对销售制度的制定权和监督权
权限 3
有代表公司签订销售合同的权利
权限 4
有对部门员工的工作指导权和考核权
岗位关系
内　部
总经理
外　部
副总经理
生产部门
物流部门
财务部门
各办事处销售人员
销售经理
外部客户
广告公司
有关传媒机构
销售主管
客户主管
任职资格
教育水平
1. 大学本科以上学历
2. 市场营销、管理学等相关专业
经验要求
5 年以上销售工作经验，其中3年以上销售管理经验
能力要求
1. 具有较强的影响力和管理能力
2. 具有良好的沟通协调能力和人际交往能力
3. 具有较强的市场把控能力，能敏锐觉察市场变化

3.1.2 销售主管职位说明书

<table>
<tr><td rowspan="4">岗位信息</td><td>岗位名称</td><td>销售主管</td><td>岗位编号</td><td></td></tr>
<tr><td>岗位等级</td><td></td><td>薪资水平</td><td></td></tr>
<tr><td>工作部门</td><td>销售部</td><td>直接上级</td><td></td></tr>
<tr><td>直接下级</td><td></td><td>所辖人数</td><td></td></tr>
<tr><td rowspan="3">工作职责及绩效标准</td><td colspan="2">职 责 描 述</td><td>责任划分</td><td>绩 效 标 准</td></tr>
<tr><td colspan="2">业 务 职 责
1. 组织销售人员进行市场调查，及时了解市场，撰写市场调查报告，为市场开拓做准备
2. 根据销售计划和目标，组织销售工作
3. 根据客户发展计划，组织实施客户开发和关系维护工作，不断完善客户信息，发掘优质客户
4. 根据销售费用预算，严格控制销售成本
5. 定期进行销售总结和分析，提交销售分析报告</td><td>全责
全责
全责
部分
部分</td><td>1. 市场调研报告提交及时
2. 销售任务完成率达___%
3. 客户开发计划完成率达___%
4. 客户投诉处理及时
5. 客户投诉在___次内
6. 销售费用在预算内
7. 销售分析报告提交及时</td></tr>
<tr><td colspan="2">管 理 职 责
1. 协助销售经理制定销售管理各项制度、流程，并监督下属执行
2. 协助销售经理做好部门日常管理工作
3. 负责对下属人员的工作指导和业务考核工作</td><td>协助
协助
部分</td><td>1. 下属销售人员无违规现象
2. 下属销售人员年度考核不低于___分</td></tr>
<tr><td rowspan="3">职位关系</td><td colspan="2">可晋升职位</td><td colspan="2">销售经理</td></tr>
<tr><td colspan="2">可相互轮换职位</td><td colspan="2">客户主管、网络销售主管、电话销售主管</td></tr>
<tr><td colspan="2">可降低职位</td><td colspan="2">销售专员、客户开发专员、客户信息管理专员</td></tr>
</table>

任职资格

教育水平

1. 大学本科以上学历
2. 市场营销、管理、经济类相关专业

工作经验及业务了解范围

1. 3 年以上销售工作经验，其中 1年以上管理经验
2. 熟悉产品生产和使用知识，了解营销基本知识

技能/能力

能力项目	能力要求
市场开拓能力	能够系统分析市场状况，挖掘潜在客户，且敏锐地觉察市场变化并给出相应措施
沟通协调能力	能够与客户、潜在客户、公司内相关工作人员等进行有效沟通，协调各方资源顺利完成销售目标
灵活应变能力	面对市场、产品、客户的变化及各种突发问题能够灵活应对，思维活跃

3.1.3 渠道主管职位说明书

<table>
<tr><td rowspan="4">岗位信息</td><td>岗位名称</td><td>渠道主管</td><td>岗位编号</td><td></td></tr>
<tr><td>岗位等级</td><td></td><td>薪资水平</td><td></td></tr>
<tr><td>工作部门</td><td>销售部</td><td>直接上级</td><td></td></tr>
<tr><td>直接下级</td><td></td><td>所辖人数</td><td></td></tr>
<tr><td rowspan="3">工作职责及绩效标准</td><td colspan="2">职责描述</td><td>责任划分</td><td>绩效标准</td></tr>
<tr><td colspan="2">业务职责
1. 负责制定销售渠道拓展方案，并负责实施
2. 负责配合市场活动，提高品牌知名度
3. 负责辖区市场信息的收集及竞争对手的分析
4. 搭建区域内合理的渠道架构并发展代理商
5. 负责代理商进行相关培训，负责渠道商的跟进、谈判、合同审核与签订工作
6. 及时接受渠道商反馈，为其提供支持</td><td>全责
部分
全责
全责
部分
部分</td><td>1. 渠道拓展计划达成率达____%
2. 渠道销售计划完成率达____%
3. 新增渠道成员数达____家
4. 销售回款率达____%
5. 渠道成员满意度达____分
6. 及时为渠道商提供支持</td></tr>
<tr><td colspan="2">管理职责
1. 协助销售经理制定渠道管理各项制度、流程
2. 协助销售经理做好下属人员培训和考核工作</td><td>协助
协助</td><td>1. 制度可操作性强
2. 培训计划完成率达____%
3. 下属无重大违规行为</td></tr>
<tr><td rowspan="3">职位关系</td><td>可晋升职位</td><td colspan="3">销售经理</td></tr>
<tr><td>可相互轮换职位</td><td colspan="3">销售主管、客户主管</td></tr>
<tr><td>可降低职位</td><td colspan="3">销售专员、客户开发专员、渠道专员</td></tr>
</table>

任职资格

教育水平

1. 本科及以上学历
2. 市场营销、管理、经济类相关专业

工作经验及业务了解范围

1. 2 年以上渠道销售工作经验
2. 熟悉市场动态及分销商体系

技能/能力

能力项目	能力要求
组织管理能力	能够有效组织团队成员顺利开展渠道开拓和管理工作
分析判断能力	对市场和渠道建设通常具有正确的判断，且能够根据判断结果采取有效措施
人际交往能力	具有较强的亲和力和沟通能力，可以使得工作顺利开展

3.1.4 销售专员职位说明书

<table>
<tr><td rowspan="2">岗位信息</td><td>岗位名称</td><td>销售专员</td><td>岗位编号</td><td></td></tr>
<tr><td>所属部门</td><td>销售部</td><td>直接上级</td><td></td></tr>
<tr><td>工作概述</td><td colspan="4">主要负责客户开发、沟通、跟进、签单及售后服务工作，维护好客户关系、提高品牌知名度、维护企业形象，确保销售目标的实现和销售资金的回笼</td></tr>
<tr><td rowspan="2">工作内容及绩效标准</td><td colspan="3">工作内容</td><td>绩效标准</td></tr>
<tr><td colspan="3">1. 根据销售任务，开展销售工作，完成销售目标
2. 及时收集竞争对手相关信息，把握市场动向
3. 负责销售订单的具体落实工作
4. 负责销售货款的催收工作，及时回收销售货款
5. 积极开发客户资源，并定期拜访，维系客户关系
6. 负责收集客户信息，了解客户需求，建立客户档案，并定期更新和完善
7. 协助完成销售活动，维护公司形象，提高产品知名度</td><td>1. 销售任务完成率达___%
2. 市场信息收集及时准确
3. 销售回款率达___%
4. 新开发客户达___家
5. 客户拜访计划完成率达___%
6. 客户投诉在___次内
7. 客户档案完整、有效</td></tr>
<tr><td rowspan="3">任职资格</td><td>教育水平</td><td colspan="3">1. 大学专科以上学历
2. 市场营销相关专业</td></tr>
<tr><td>经验要求</td><td colspan="3">1年以上销售工作经验</td></tr>
<tr><td>能力要求</td><td colspan="3">1. 具有良好的表达能力
2. 具有良好的团队合作能力
3. 具有很强的应变能力，思维活跃、机智应变</td></tr>
</table>

3.2　销售部人力资源管理制度

3.2.1　销售人员礼仪培训制度

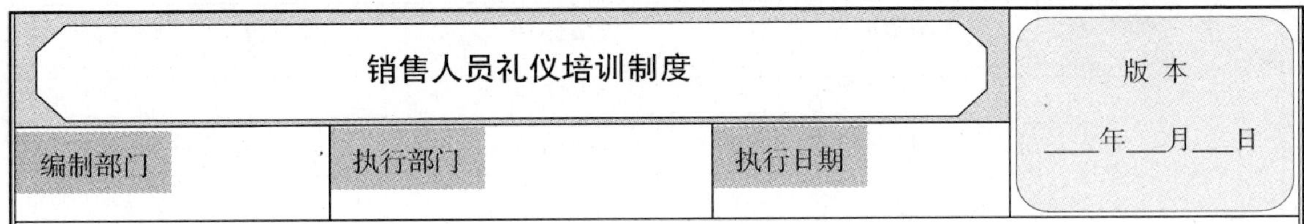

销售人员礼仪培训制度			版本 ____年___月___日
编制部门	执行部门	执行日期	

第 1 章　总　则

第 1 条　培训目的

1. 提升企业整体形象，增强企业核心竞争力。

2. 为销售人员塑造良好的形象，赢得客户的信任和尊重，从而提高销售业绩。

第 2 条　培训原则

1. 参与原则：在进行礼仪培训中受训者要积极参与、认真实践，这样才能使培训高效率、有效果。

2. 激励原则：在培训过程中要应用种种激励方法，使受训者在学习过程中，因需要的满足而产生学习意愿，不断激励受训者快速学习培训内容。

3. 因人施教原则：在进行销售人员礼仪培训时应因人而异，不能采用普通教育“齐步走”的方式培训员工，要根据不同的对象选择不同的培训内容和培训方式。

第 3 条　培训对象

销售人员礼仪培训对象为公司所有的销售人员。

第 2 章　培训体系管理

第 4 条　培训内容

1. 形象礼仪：主要包括如何塑造积极健康向上的企业形象、仪容仪表培训，着装礼仪培训等内容。

2. 形体礼仪：主要包括各种肢体语言表达、形体动作规范等。

3. 公司内部礼仪：主要包括公司内招部呼礼仪、公司内部着装礼仪等。

4. 日常业务礼仪：主要包括电话礼仪、接待礼仪、名片礼仪、客户追访礼仪、合同签订礼仪等。

第 5 条　培训师选择

对于销售人员的礼仪培训，培训讲师主要采取外聘专业的礼仪培训讲师的方式选择。选择培训讲师之前要进行大量的培训企业及培训讲师的信息收集与甄别，结合企业自身的情况从而圈定合适的培训讲师。

第 6 条　培训评估

1. 销售人员礼仪培训考核，通过测试法、现场考核法、面试法完成。

2. 销售人员培训评估，需要与各类销售人员、培训讲师、培训组织者等进行直接交流或填写培训评估表，来综合评估培训效果。

3. 对销售人员礼仪培训评估的内容及权重如下表所示。

销售人员礼仪培训评估表

评估项目	评估指标	评估标准	配分值	评估得分
培训内容掌握	最终考试成绩	考试成绩达标	25	
	不定时测验成绩	测验成绩达标	20	
	课堂习题正确率	课堂习题正确率达××%以上	10	
	重点内容掌握	熟悉重点培训内容	10	
参训纪律	培训出勤率	培训应出全勤	5	
	迟到早退次数	迟到、早退次数为 0	5	
	课堂纪律	遵守课堂纪律，不交头接耳，关闭电子产品，保持课堂安静	10	
参训态度	课堂表现	上课认真听讲，主动思考，积极发言	5	
		认真记录课堂笔记	5	
	课后作业	按时完成培训作业	5	
得分				

第 3 章　附　则

第 7 条　本制度未尽事宜参考公司其他相关制度。

第 8 条　本制度最终解释权归公司人力资源部所有。

第 9 条　本制度自颁布之日起执行。

修订记录	修订标记	修订处数	修订日期	审批签字

3.2.2 销售人员绩效考核制度

销售人员绩效考核制度						版本 ____年___月___日
编制部门		执行部门		执行日期		

第1章　总　则

第1条　考核目的

1. 及时公正地对销售人员的工作态度、销售能力、销售绩效等基本状况进行客观评估。

2. 对销售人员形成以考核为核心导向的人才管理机制，建造一支高素质、高凝聚力的销售队伍。

3. 更好地引导销售人员的行为，加强销售人员的自我管理，发掘销售潜能、提高销售绩效。

第2条　考核对象

适用于本企业的所有销售人员，但以下人员去除。

1. 因公休、请假等原因，考核期间出勤率不足20%的员工。

2. 试用期销售人员、实习销售员、兼职销售员。

第3条　考核原则

1. 客观原则：绩效考核必须以销售人员日常工作表现的事实为依据，进行准确而客观的评价。

2. 公平、公正原则：对所有销售人员的考核在考核标准、考核程序、考核指标等方面都应该一致，绩效考核严格按照制度、原则和程序进行，公正地评价被考核者。

3. 指导性原则：绩效考核不能仅仅为利益分配而考核，而是通过考核指导帮助销售人员不断提高工作绩效。不仅侧重利益分配，更侧重于对其工作的指导。

第2章　考核体系管理

第4条　考核组织

人力资源部负责组织考核，成立绩效考核小组，成员由人力资源部考核人员、销售主管等组成。

第5条　考核内容及指标

对于销售人员的考核，从三个方面进行，即工作业绩、工作能力、工作态度，它们的权重依次为：80%、10%、10%。具体如下表所示。

销售人员工作业绩考核表

业绩指标	配分	绩效目标值	考评标准	得分
销售量	30		每降低____%，减____分，完成率<____%不得分	
销售计划达成率	25		每降低____%，减____分，完成率<____%不得分	

续表

业绩指标	配分	绩效目标值	考评标准	得分
销售收入增长率	5		每降低____%，减____分，完成率<____%不得分	
销售回款率	5		每降低____%，减____分，完成率<____%不得分	
销售费用降低率	5		每降低____%，减____分，低于____%不得分	
新客户开发数量	5		每少一客户，减____分，客户数量<____家不得分	
老客户流失率	5		每增加____%，减____分，流失率>____%不得分	
工作业绩考核得分				

销售人员工作能力和工作态度考核表

考核项目	考核指标	分值	评价标准	得分
工作能力	沟通能力	5	能清晰表达自己的想法，有一定的说服力	
	灵活应变能力	5	对客观环境的变化可以采取有效措施予以应对	
工作态度	出勤率	5	迟到一次扣1分（3次以内）	
	日常行为规范	5	违反一次扣2分	

第6条　考核结果的应用

1. 薪资等级

（1）累计三个月考核结果在90分以上者，薪资升2级。

（2）累计三个月考核结果在80分以上者，薪资升1级。

（3）累计三个月考核结果在70分以上者，薪资等级不变。

（4）累计三个月考核结果在70分以下者，给予一定考察期。

2. 奖金发放

（1）累计三个月考核结果在90分以上者，第三个月奖金发____元。

（2）累计三个月考核结果在80～90分者，第三个月奖金发____元。

（3）累计三个月考核结果在70分以下者，第三个月奖金停发。

第3章　附　则

第7条　本制度自颁布之日起执行。

第8条　本制度最终解释权归公司人力资源部所有。

修订记录	修订标记	修订处数	修订日期	审批签字

3.3　销售部业务管理规章制度

3.3.1　销售管理制度

编制部门： 编制日期：	销售管理制度	执行部门： 制度版本：

第 1 章　总　则

第 1 条　为了加强销售业务的规范化管理，提高销售人员的工作绩效，特制定本制度。

第 2 条　本制度适用于销售部销售业务的管理工作。

第 2 章　销售人员管理

第 3 条　销售人员应以和气的态度与客户接触，并注意服装仪容之整洁。

第 4 条　销售人员应保守各项销售计划、营销策略等商业机密，不得泄露他人。

第 5 条　销售人员不得无故接收客户的招待，更不得在工作时间饮酒。

第 6 条　销售人员应熟悉公司产品的特性，能够随时解答客户关于产品性能、规格、价格的问题。

第 7 条　销售人员对待客户的抱怨应忍让，不允许与客户发生冲突。

第 8 条　销售人员应定期拜访客户，收集市场信息，主要包括以下内容。

1. 产品质量的反映。
2. 客户使用情况及满意度。
3. 竞争产品使用情况及满意度。
4. 有关行业动态信息。

第 3 章　销售产品管理

第 9 条　所有销售订单、合同在签订时，应明确产品规格、型号、等级及客户对产品的其他要求。

第 10 条　销售人员在接到订单后，须掌握仓库的存货情况，并在开单前将存货的情况通知客户，并在取得客户的认可后方可开单。同时做好销售台账记录。

第 11 条　所有产品销售后，客户反馈任何质量问题，均由销售部首先口头通知至质量部。

第 12 条　所有销售产品，原则上均不应退货，但特殊重大质量原因除外。

第 13 条　在进行销售的过程中，销售人员需要产品时，由销售部根据客户需求直接开单发货。如为大宗订货需求，而公司无库存时，销售人员应根据客户实际情况要求直接反馈至生产部，以便据情安排生产。

第 4 章　销售回款管理

第 14 条　销售人员应该及时回收货款，销售货款回收与考核挂钩。

第 15 条　每笔合同签订之日起，客户应付______%～______%预付款，余款在合同到期时由销售人员负责催讨。

第 16 条　销售人员根据欠款的时间、客户的信誉度等进行分析，采取相应的催款方法，制定好催款策略，及时进行款项催收工作。

第 17 条　企业将货款回收、清欠工作纳入销售业务员的绩效考核范围，并作为今后提拔任免和奖惩的依据。具体办法如下：

1. 货款回收率达____%的，给予销售业务员____%的提成奖励。
2. 货款逾期不到位超过____天的，销售业务员的提成奖励降至____%。
3. 逾期货款超过____个月仍未到账的，取消销售业务员的提成奖励。
4. 对拖延 1 年以上的货款，销售业务员除了不能享受提成奖励外，还应接受____%的处罚。
5. 销售中遇倒账或收回票据未能如期兑现时，经办业务员应负责赔偿售价或损失的____%。
6. 凡属销售业务员责任心不强导致发生坏账的，应按坏账金额的____%扣减销售业务员的业务提成。

第 5 章　销售合同管理

第 18 条　销售部在接受合同前应对每一份销售合同进行审核，以保证企业和客户双方的合法权益。

第 19 条　所有销售合同的签订均由销售部经理及分公司总经理签字。

第 20 条　所有销售合同必须以公司统一蓝本为准，任何人及部门不得私自改动。如确需做出修改，需经销售副总及总公司审核批准后方可修改。

第 21 条　所有销售合同均须建立严格的销售档案并填写客户跟踪管理表。

第 22 条　销售合同必须妥善保管，不得毁损或丢失。

第 6 章　销售档案与客户档案管理

第 23 条　销售档案管理

1. 所有与公司建立合同关系的客户及大宗客户均应为其建立独立档案。
2. 所有相关提货凭证，均应有复印件备份。
3. 应定期或不定期与各经销点电话联络，做售后服务跟踪并对内容记录备档。

第 24 条　客户档案管理

1. 客户档案是以客户原始资料为基础进行的文件制作，一式两份，一份公司备档，一份销售部使用。
2. 客户名册应妥善保管，销售人员在必要的时候，可随时调阅常备的交易往来客户资料，但不得随意对外泄露。
3. 销售部对于有关客户的记入事项的变化，或有其他新的事项时，随时更新档案。

第 7 章　附　则

第 25 条　本制度由公司销售部负责解释、修订。

第 26 条　本制度自颁布之日起执行。

修订记录	修订标记	修订处数	修订日期	审批签字

3.3.2 新客户开发管理制度

编制部门： 编制日期：	新客户开发管理制度	执行部门： 制度版本：

第 1 条 目的

为了加强新客户开发管理，规范销售人员工作行为、提高新客户开发的质量和数量，从而提升公司的销售业绩，特制定本制度。

第 2 条 适用范围

本制度适用于销售人员开发新客户的管理。

第 3 条 新客户开发实施部门

销售部是新客户开发组织的主管部门，负责新客户开发计划的制定和实施。销售人员为新客户开发的具体执行人员。

第 4 条 新客户开发流程

对于销售人员而言新客户的开发共有 5 个步骤，具体流程如下：

1. 进行客户调查，确定开发对象（潜在需求的有无，进行初步沟通）。
2. 具体信息的收集（信息充分，需求明确）。
3. 价值评估（合作可能性，合作障碍，开发程序等的分析）
4. 关系建立（与关键决策人建立良好关系，影响力渗透）。
5. 促成合作。

第 5 条 新客户开发实施

1. 制定合理完善的新客户开发计划，主要为销售主管协助销售经理制定。召开会议把新客户开发计划落实到一线销售人员，并监督指导计划的实施。
2. 组织实施潜在客户调查计划，进行客户调查，选择具有潜在性的客户，确定销售人员进行分工调查，以寻找最佳的开发渠道和方法。
3. 对新客户的需求、信用、消费方式、消费水平等具体相关信息进行调查。
4. 根据调查结果，进行筛选和价值评估，确定应重点开发的新客户。新客户选择的具体原则如下：

（1）新客户必须具有较强经济实力和信用。

（2）新客户必须具有积极合作的态度。

（3）新客户必须遵守双方在商业上和技术上的保密原则。

5. 在调查过程中，如发现信用有问题的客户，有关人员须向上级汇报，请求中止对其调查和业务洽谈。
6. 销售人员在访问客户或进行业务洽谈前后，要填制“新客户开发计划及管理实施表”。

7. 销售人员应通过填制“新客户开发日报表”将每天的工作进展情况、取得的成绩和存在的问题向销售主管反映。

第 6 条　新客户开发工作奖惩

1. 销售人员每月需开发______位新客户或对新客户的销售额达______万元。

2. 销售人员每月开发新客户数量每超出规定数量 1 个单位，奖励______元；每少于目标值 1 个单位，扣减绩效工资的______%。

3. 一次性开发单个客户销售额超过 20 000 元的，奖励______元。在此基础上每超过______%，按超出部分的______%予以奖励。

第 7 条　本制度由销售部负责解释、修订。

第 8 条　本制度自发布之日起执行。

修订记录	修订标记	修订处数	修订日期	审批签字

第 4 章

生产部职位说明书与制度编制

4.1 生产部职位说明书

4.1.1 生产经理职位说明书

<table>
<tr><td rowspan="3">岗位信息</td><td>岗位名称</td><td></td><td>所属部门</td><td></td></tr>
<tr><td>岗位编号</td><td></td><td>岗位序列</td><td></td></tr>
<tr><td>薪资标准</td><td></td><td>直接上级</td><td></td></tr>
<tr><td>职责概述</td><td colspan="4">全面负责公司生产计划的制定、组织和实施工作，降低生产成本，提高产品质量，确保公司生产经营计划的全面完成</td></tr>
<tr><td rowspan="6">岗位职责及绩效标准</td><td colspan="2">岗位职责</td><td colspan="2">绩效标准</td></tr>
<tr><td colspan="2">产量计划
1. 制定生产计划和各项管理制度，组织实施生产
2. 协调各类资源，控制生产进度，确保生产任务的完成</td><td colspan="2">1. 生产计划完成率达____%
2. 产品产量达到____万吨
3. 生产产值达到____万元</td></tr>
<tr><td colspan="2">成本管理
1. 不断优化生产流程，提高生产效率、降低生产成本
2. 严格审核部门费用，控制部门开支</td><td colspan="2">1. 生产成本下降____%
2. 部门费用控制在预算内</td></tr>
<tr><td colspan="2">质量管理
1. 负责建立完善的质量管理体系，不断提高产品质量
2. 配合外部部门的质量检查工作</td><td colspan="2">1. 建立完善的质量管理体系
2. 产品质量合格率达____%</td></tr>
<tr><td colspan="2">安全管理
1. 建立和完善生产安全责任制，并监督执行
2. 规范和完善各项操作流程、操作规范，并监督执行
3. 组织实施安全检查工作，消除安全隐患</td><td colspan="2">1. 安全事故损失额低于____万元
2. 无重大安全事故发生</td></tr>
<tr><td colspan="2">部门管理
1. 指导、管理、监督下属的工作，不断提高其绩效水平
2. 负责下属员工的培训、考核工作，加强队伍建设</td><td colspan="2">1. 劳动生产率提高____%
2. 培训计划完成率达100%</td></tr>
</table>

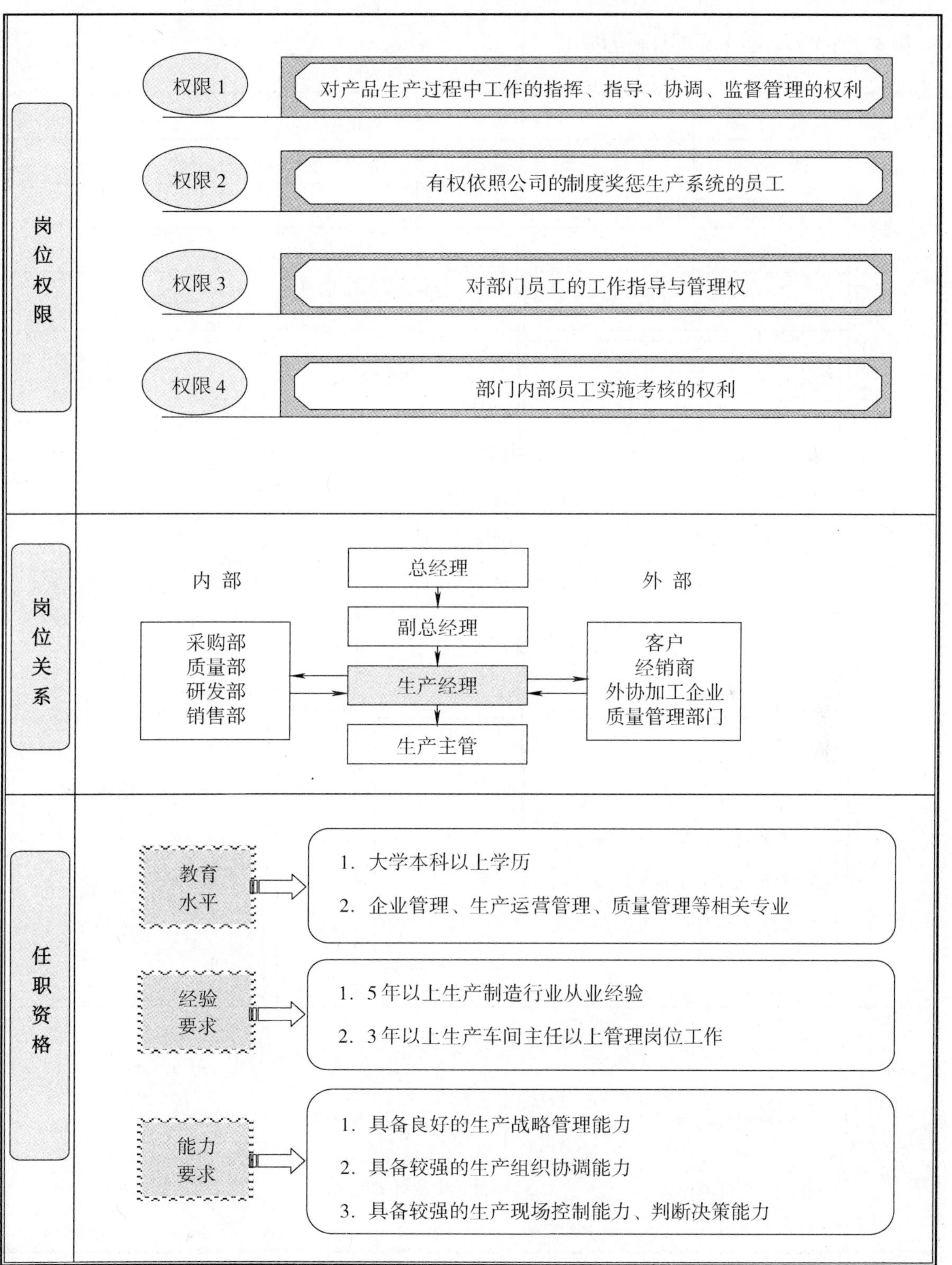
岗位权限
权限 1
对产品生产过程中工作的指挥、指导、协调、监督管理的权利
权限 2
有权依照公司的制度奖惩生产系统的员工
权限 3
对部门员工的工作指导与管理权
权限 4
部门内部员工实施考核的权利
岗位关系
内部
采购部
质量部
研发部
销售部
总经理
副总经理
生产经理
生产主管
外部
客户
经销商
外协加工企业
质量管理部门
任职资格
教育水平
1. 大学本科以上学历
2. 企业管理、生产运营管理、质量管理等相关专业
经验要求
1. 5 年以上生产制造行业从业经验
2. 3 年以上生产车间主任以上管理岗位工作
能力要求
1. 具备良好的生产战略管理能力
2. 具备较强的生产组织协调能力
3. 具备较强的生产现场控制能力、判断决策能力

4.1.2 生产计划主管职位说明书

<table>
<tr><td rowspan="4">岗位信息</td><td>岗位名称</td><td>生产计划主管</td><td>岗位编号</td><td></td></tr>
<tr><td>岗位等级</td><td></td><td>薪资水平</td><td></td></tr>
<tr><td>工作部门</td><td>生产部</td><td>直接上级</td><td></td></tr>
<tr><td>直接下级</td><td></td><td>所辖人数</td><td></td></tr>
<tr><td rowspan="3">工作职责及绩效标准</td><td colspan="2">职责描述</td><td>责任划分</td><td>绩效标准</td></tr>
<tr><td colspan="2">业务职责
1. 制定生产计划，保证生产进度的完成
2. 制定生产物资的需求计划，保证物料及时供应
3. 下达生产指令，对生产过程进行跟踪和指导，根据产品需求及时变更调整生产计划
4. 进行订单安排，处理紧急订单，安排生产任务
5. 协调各车间的生产能力和生产任务</td><td>全责
部分
部分

全责
全责</td><td>1. 按时编制生产计划
2. 生产计划完成率达____%
3. 生产排程准确率达____%
4. 订单处理及时率达____%
5. 补货订单按时完成率达____%</td></tr>
<tr><td colspan="2">管理职责
1. 负责各车间生产过程的监督、管理
2. 组织部门员工参加业务培训
3. 对下属员工进行工作指导和绩效考核
4. 做好与各生产车间的协调沟通</td><td>全责
部分
全责
部分</td><td>1. 员工培训计划完成率达到____%
2. 部门协作满意度评价达到____分以上</td></tr>
<tr><td rowspan="3">职位关系</td><td>可晋升职位</td><td colspan="3">生产经理、生产总监</td></tr>
<tr><td>可相互轮换职位</td><td colspan="3">物控主管、质量管理主管</td></tr>
<tr><td>可降低职位</td><td colspan="3">班组长、生产计划专员</td></tr>
</table>

任职资格

教育水平

1. 大学本科以上学历
2. 生产运作与管理、企业管理等相关专业

工作经验及业务了解范围

1. 3 年以上生产计划管理相关工作经验
2. 熟悉企业生产流程和工序，熟悉ERP 系统

技能/能力

能力项目	能力要求
计划管理能力	具有较强的生产计划管理能力，能够合理编制生产计划
生产组织协调能力	能有效地协调生产过程中各方面的关系和资源，及时解决实际工作中出现的问题
统计分析能力	对各车间生产情况进行科学统计，掌握各车间生产能力，制定合理的生产计划

4.1.3 生产车间主任职位说明书

<table>
<tr><td rowspan="4">岗位信息</td><td>岗位名称</td><td>车间主任</td><td>岗位编号</td><td></td></tr>
<tr><td>岗位等级</td><td></td><td>薪资水平</td><td></td></tr>
<tr><td>工作部门</td><td>生产部</td><td>直接上级</td><td></td></tr>
<tr><td>直接下级</td><td></td><td>所辖人数</td><td></td></tr>
<tr><td rowspan="3">工作职责及绩效标准</td><td colspan="2">职责描述</td><td>责任划分</td><td>绩效标准</td></tr>
<tr><td colspan="2">业务职责
1. 根据作业计划，安排车间每月和每日的工作计划并监督完成
2. 监控生产产品质量，做好生产质量管理及异常的预防、纠正与改善
3. 控制车间的生产成本，做好成本分析核算
4. 巡查生产现场，及时纠正现场的不当之处
5. 落实车间安全生产责任制，严格执行安全操作规程
6. 负责生产设备的管理，确保设备完好</td><td>全责
部分
部分
全责
全责
全责</td><td>1. 生产计划按时完成率达____%
2. 交期达成率
3. 产品质量合格率达____%
4. 生产成本下降率达____%
5. 安全事故发生次数在____次以内
6. 生产设备完好率达____%</td></tr>
<tr><td colspan="2">管理职责
1. 对车间下设的班组进行协调管理，监督检查各班组的生产进度和计划完成情况
2. 对生产工人进行管理、培训，配合人力资源部进行员工的绩效考核
3. 对车间下设班组的工作进行指导，调动车间各班组生产积极性</td><td>全责
协助
全责</td><td>1. 按时完成生产任务
2. 车间人员培训计划完成率达____%
3. 车间人员违规次数在____次以内</td></tr>
</table>

职位关系	可晋升职位	生产经理、生产总监
	可相互轮换职位	物控主管、质量管理主管
	可降低职位	班组长、生产计划专员
任职资格	教育水平	1. 大学本科以上学历 2. 机械制造相关专业
	工作经验及业务了解范围	1. 3 年以上制造企业生产经验，其中2年以上管理经验 2. 熟悉生产管理流程和生产现场管理 3. 熟悉生产质量的控制管理
	技能/能力	（见下表）

能力项目	能力要求
专业技术能力	掌握本专业的工艺、技术标准、设备等各方面的基本知识及其相应的操作技能，能解决生产过程中出现的实际问题
生产管理能力	能合理编制劳动定员、定额，组织全员培训，提高劳动技能，能带领团队达成生产目标
协调组织能力	协调车间各班组出现的矛盾，处理生产中遇到的各种问题，确保车间生产正常运行

4.1.4 生产设备专员职位说明书

<table>
<tr><td rowspan="2">岗位信息</td><td>岗位名称</td><td>生产设备专员</td><td>岗位编号</td><td></td></tr>
<tr><td>所属部门</td><td>生产部</td><td>直接上级</td><td>生产设备主管</td></tr>
<tr><td>工作概述</td><td colspan="4">负责生产设备的日常检查、维修、保养等工作，保障生产设备正常运行，为生产部门提供技术支持</td></tr>
<tr><td>工作内容及绩效标准</td><td colspan="3">工作内容
1. 执行企业生产设备管理制度
2. 做好生产设备的点检与保养工作，确保设备正常运行
3. 对生产设备进行日常检查和维修，发现隐患及时排除
4. 负责协助生产设备的抢修，尽量降低损失
5. 按照设备使用规范对设备操作人员进行指导和培训，为生产提供技术支持
6. 协助设备主管做好生产设备的更新改造工作
7. 整理企业生产设备的档案资料和维修记录，并做好归档工作，建立设备台账</td><td>绩效标准
1. 设备点检任务完成率达____%
2. 设备维修及时率达____%
3. 培训计划完成率达____%
4. 设备故障修复率达____%
5. 设备档案归档率达____%</td></tr>
<tr><td rowspan="3">任职资格</td><td>教育水平</td><td colspan="3">1. 大专及以上学历
2. 机械制造与自动化、设备维修等相关专业</td></tr>
<tr><td>经验要求</td><td colspan="3">1. 2年以上设备技术相关工作经验
2. 1年以上生产设备管理经验</td></tr>
<tr><td>能力要求</td><td colspan="3">1. 具备良好的解决问题的能力，可以解决设备管理中的问题
2. 具备较强的动手操作能力和业务指导能力</td></tr>
</table>

4.1.5　生产操作工职位说明书

<table>
<tr><td rowspan="2">岗位信息</td><td>岗位名称</td><td>操作工</td><td>岗位编号</td><td></td></tr>
<tr><td>所属部门</td><td>生产部</td><td>直接上级</td><td></td></tr>
<tr><td>工作概述</td><td colspan="4">在生产班组长的领导下，按照生产计划及安排，严格遵守生产操作规程，按照工艺操作要求进行生产，降低产品成本，保证生产安全，按时、保质、保量完成生产任务</td></tr>
<tr><td>工作内容及绩效标准</td><td colspan="3">工作内容
1. 按照生产计划实施生产，保质、保量地完成生产任务
2. 遵守工艺纪律，按照生产设备操作技术规程要求进行设备操作，做好生产设备的日常维护
3. 采取有效措施提高产品质量，配合质检人员做好产品质量检验
4. 保证操作台的卫生清洁，遵守生产现场5S管理要求
5. 合理使用生产原料，降低原材料消耗，降低生产成本
6. 积极参加车间的业务培训工作</td><td>绩效标准
1. 生产计划达成率达____%
2. 无违反生产操作规程情形
3. 产品交验合格率达___%
4. 严格执行 5S 制度
5. 废品率低于___%
6. 培训考核得分达___分</td></tr>
<tr><td rowspan="3">任职资格</td><td>教育水平</td><td colspan="3">1. 中专以上学历
2. 电子或通信类相关专业</td></tr>
<tr><td>经验要求</td><td colspan="3">1. 2 年以上工作经验
2. 1 年以上同类产品生产经验</td></tr>
<tr><td>能力要求</td><td colspan="3">1. 良好的沟通能力和团队合作能力
2. 熟练操作相关设备的实际操作能力
3. 具有一定的自控能力</td></tr>
</table>

4.2 生产部人力资源管理制度

4.2.1 安全生产教育培训制度

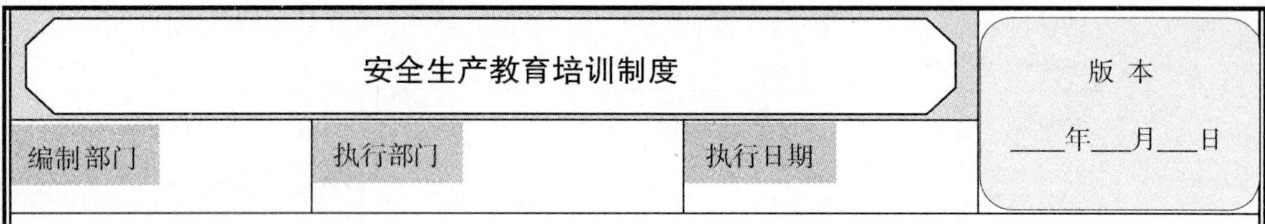

安全生产教育培训制度						版本 ____年___月___日
编制部门		执行部门		执行日期		

第1章 总 则

第1条 为贯彻安全第一、预防为主的方针，加强公司职工安全培训教育工作，增强职工的安全意识和安全防护能力，减少生产事故的发生，制定本制度。

第2条 公司实行“三级”（企业、车间、班组）安全教育培训。公司的培训由安全生产管理部门组织实施，车间的培训由各车间的主要负责人组织实施，班组的培训由各班组长负责组织实施。

第3条 安全生产教育培训要本着“实际、实用、高效”的原则进行。

第2章 培训计划和方法

第4条 据公司制定的年度培训计划，由安全生产管理部门负责制定半年、季度、月度培训计划；各车间、班组根据企业的培训计划，制定相应的培训计划。不定期的培训，可由各培训单位自行组织实施。

第5条 安全生产教育培训可采取灵活多样的培训形式。如课堂学习、实地参观、实际演练、安全技能比赛、看录像、研讨交流、现场示范等。

第3章 培训内容

第6条 安全教育培训的主要内容包括安全生产思想教育、安全生产法律法规教育、安全生产技术培训、事故案例分析等。

第7条 新员工入场三级安全教育：三级安全教育指的是企业、车间、班组安全教育。对新进公司的人员都必须进行三级安全教育，时间不得少于______学时，经考试合格后，方可上岗。

1. 企业安全教育由总公司负责，侧重安全生产法制教育，以增强员工遵章守纪的自觉性和安全意识，时间必须达______个学时。内容主要包括安全生产法律法规、安全生产方针、公司规章制度、通用安全技术、职业卫生知识、公司安全生产状况及注意事项、事故应急措施及典型事故案例等内容。

2. 车间安全教育由车间负责人组织实施，侧重车间生产制度、生产工艺、安全防范知识、应急救援的程序和方法，时间必须达到______学时。培训内容主要包括：本车间安全生产制度、安全生产要求，车间的安全生产状况、车间生产工艺特点、生产中的危害因素及安全防护措施、安全防护的重点部位，车间安全事故发生的应急措施及典型案例等内容。

3. 班组安全教育由班组长组织实施，侧重与各岗位相关的具体安全操作技能和安全职责，时间必须达到______学时。培训内容主要包括：本班组安全生产规定、岗位安全职责、劳动纪律，本班组安全生产状况、生产特点、作业环境、消防设施、危险部位和安全防护等，个人防护用品的性能及正确使用方法、岗位安全操作要求等内容。

第 8 条　特种作业人员培训：公司内特种作业人员必须要经过专业培训，且取得特种作业资格的才准予上岗。除此之外，还需每季度进行一次后续培训，提高安全意识，提高安全技术水平，其培训学时不得低于______小时。

第 9 条　变换工种或离岗后复工人员培训：公司内变换工种或离岗后复工的人员在上岗前还要接受培训，车间内变换或离岗后复岗，培训学时不得少于______学时；跨车间的，车间安全教育不得少于______学时，班组安全教育不得少于______学时。

第 10 条　新工艺、新设备、新材料使用前，必须对操作人员进行安全教育培训，培训合格后方可上岗。对此类人员的培训学时不得少于______学时。

第 11 条　公司负责人和公司安全生产管理人员培训：对此类人员的培训一般每半年进行一次，至少每年一次，培训学时不得少于______个小时。

第 12 条　公司其他职能管理部门培训：职能部门和生产车间的负责人及班组长是本单位的安全生产负责人，对此类人员的培训内容主要包括：公司安全生产规章制度、安全管理人员岗位职责、安全管理和职业安全卫生知识、事故急救措施和有关案例。培训学时不得少于______个学时。

第 4 章　培训档案和效果评估

第 13 条　建立培训档案，实行登记存档制度。要建立培训台账，培训计划、培训名单、课程表等有关资料存入培训档案。

第 14 条　人力资源部和公司安全生产管理部门都要落实安全生产培训制度，定期进行培训评估，主要对公司人员的安全生产思想意识、安全生产技能两大方面进行评估。

第 15 条　公司各个部门负责人要认真督促和开展安全教育培训工作，对不落实安全教育培训工作的相关责任人给予相应的惩处。

修订记录	修订标记	修订处数	修订日期	审批签字

4.2.2 生产优秀班组评选细则

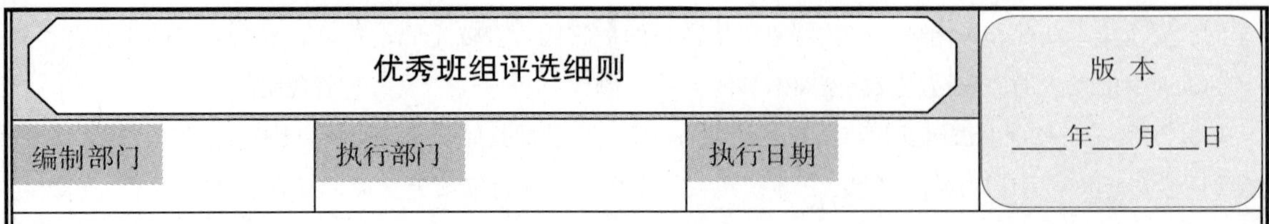

优秀班组评选细则			版本
编制部门	执行部门	执行日期	____年___月___日

第1章 总 则

第1条 为了促进生产，培养公司员工的集体荣誉感，激发班组成员热情，提高工作积极性，加强公司队伍建设，特制定了优秀班组评比细则。

第2条 评选原则

1. 优秀班组评选本着“公平、公正、公开”的原则。

2. 评选的优秀班组需获得多数员工的认同。

3. 评选过程中需注重对客观优秀事迹的收集和验证。

第2章 评选细则

第3条 评选对象和数量：评选对象为公司及下属子公司等所有的班组，优秀班组评选数量为3个。

第4条 评选实施主体：由公司人力资源部发起，成立优秀班组评选小组专门负责评选，基层推荐申报，优秀班组评选小组初选、审核，全厂公示。

第5条 评选程序

1. 各分厂、各车间依据评选标准进行考核评比，年底综合累计考核评分，推选出优秀班组候选名单。

2. 被推荐的班组需要填写“优秀班组申请表”，对一年来本班组所从事的工作由班组长进行述职。

3. 人力资源部对各生产单位上报的评分结果进行初审。

4. 优秀班组评选小组确定入选班组并公示全厂，三天内无异议视为得到多数员工认同。

5. 根据优秀班组评选小组初选的结果，在高层会议上进行讨论，最后确定年度各分厂优秀班组。

第6条 评选标准

1. 生产任务

(1) 圆满完成公司下达的安全生产任务，效率高、效益好。

(2) 生产质量达到时时验收时时合格，无生产质量问题。

(3) 材料消耗完成节本降耗指标，无“跑、冒、滴、漏”等资源浪费现象。

2. 责任落实

(1) 严格落实班组长安全生产负责制。

（2）班组内生产员、安全检查员、质量监督员、材料管理员、群监员、安全检查员等职责清晰，且严格落实各自责任。

3. 班组建设

（1）班组组织机构健全及各项规章制度健全，且班组内人员严格执行各种管理制度。

（2）各岗位、各工种有明确的工作程序和标准，实行了风险超前预控，提高员工对生产作业中出现的各种不安全因素的认知和防范能力。

（3）班务公开制度健全，设立班务公开栏，对职工出勤、奖惩等事项，按规定进行公开。

（4）利用多种形式充分调动职工积极性。形式新颖，效果明显。

（5）制定切合实际的班组发展愿景及班组成员发展目标；班组文化特色鲜明，经常性地组织开展小型多样的班组文化活动。

（6）班组成员之间相互尊重、相互理解、相互关心、相互帮助，杜绝职工之间不团结的现象和不文明行为；职工队伍稳定，精神面貌好。

4. 学习发展

（1）积极组织特种作业人员、新增及转岗人员培训，持证上岗率达到 100%。

（2）组织开展“一帮一”和“师带徒”活动。

（3）积极参加各级各类岗位练兵、技术比武活动，职工技术业务素质明显提高。

（4）广泛组织开展经济技术创新活动，动员和发动班组职工围绕班组管理、安全生产、技术创新、节能减排等方面提合理化建议，效果明显。

5. 安全质量

（1）认真做好安全教育工作，开展各项班组安全活动，严格执行交接班和班前会制度。

（2）搞好安全质量标准化工作，做好精细化管理，开展安全质量巡检，杜绝安全事故。

第 7 条　奖励

1. 对于评选出的优秀班组每组奖励______元，且在年终大会上表扬，颁发优秀班组奖状。

2. 对于优秀班组内的成员，下年度绩效工资提高一档。

修订记录	修订标记	修订处数	修订日期	审批签字

4.3 生产部业务管理规章制度

4.3.1 车间安全生产检查制度

编制部门： 编制日期：	车间安全生产检查制度	执行部门： 制度版本：

第1章 目 的

第1条 为了建立良好的车间工作环境，及时发现生产中的不安全因素，迅速消除事故隐患、防止事故发生、改善职工劳动条件、搞好安全工作，制定以下安全检查制度。

第2章 检查组织和检查周期

第2条 成立车间安全检查小组，由生产部安全检查负责人、安全检查专职人员、车间主任、车间安全管理员等组成，全面负责车间安全检查工作。

第3条 每月应组织一次全面性的定期检查，由车间安全检查小组负责检查。每周进行一次重点检查，由车间主任、车间安全管理员负责检查。每日检查由车间安全管理员负责，主要检查日常安全。同时，加强重点时段、特殊时期的安全检查次数。

第3章 车间安全生产检查程序

第4条 成立安全检查小组，确定安全检查对象和安全检查内容。

第5条 根据安全检查对象、内容及检查负责人，编制“车间安全检查表”，并实施具体检查。

第6条 检查结束后，及时总结分析，对检查中的隐患及时制定整改措施，并进行整改。

第4章 车间安全生产检查内容

第7条 车间安全检查的主要内容为安全生产责任制实施情况、车间安全生产管理情况、生产现场管理情况、安全生产培训实施情况、车间安全生产事故管理情况5方面。

第8条 安全生产责任制实施情况

1. 车间所有班组及岗位人员都有安全生产责任制且得到落实。

2. 车间安全管理员按规定匹配到位。

第9条 车间安全生产管理

1. 每月有安全生产工作计划措施及总结。

2. 任务书上有安全生产具体措施及要求。
3. 每周按要求进行安全活动，做到人员、时间、内容三落实，活动有记录。
4. 锅炉、压力容器技术档案、检验资料齐全，新装锅炉、压力容器有使用证。
5. 本车间重点要害部位、设备、设施的安全检查都分工落实到人员。
6. 根据季节特点，做了相应的防护措施，例如冬季做了防冻措施，夏季做了防汛措施。
7. 制定有安全生产及环保检查标准，并定期按照标准进行检查，确保检查有记录，有整改要求。
8. 每周班组安全活动时，车间干部及安全员对班组安全活动进行检查，每次检查有记录。
9. 安全生产各项记录资料齐全，数据准确，记录本整洁完好。

第 10 条　生产现场管理情况

1. 员工执行安全技术操作规程情况。
2. 生产场所各类安全防护设施的完好情况。
3. 现场生产安全环境和文明生产情况。
4. 劳动防护用品的发放和使用情况。

第 11 条　安全生产培训

1. 新入厂、新调换工种、离岗一个月上岗的工人，上岗前进行了车间级安全教育，并有考核记录。
2. 每月有计划、有安排、有准备地对员工进行系统安全知识教育，特殊工种按计划进行培训。

第 12 条　车间安全生产事故管理

1. 开展各项生产安全活动及各类应急预案编制及演练情况
2. 一旦发生事故能积极组织抢救，防止事故扩大，保护好现场，认真调查分析，向上级如实汇报情况。
3. 对违章操作者、发生事故责任者，按“四不放过”的原则进行处理，处理有资料，发生事故按规定上报，没隐瞒事故。
4. 生产安全隐患整改情况。

第 5 章　安全检查处理措施

第 13 条　实行各种形式的安全检查，并将检查中发现的安全隐患根据物的不安全状态、人的不安全行为和管理上的缺陷等方面进行分类和汇总，以便进行有目的的整改。

第 14 条　安全检查发现问题的处理措施：对“三违”现象进行劝阻和纠正，对严重危及职工安全和健康的要限期整改，对由于失职或发生“三违”后不听劝阻而造成伤害或损失的按企业规定进行处罚。

第 6 章　附　则

第 15 条　各生产单位参照本制度，结合实际情况，可制定或完善本企业的安全检查制度，但检查要求不得低于本制度。

第 16 条　本制度自发布之日起实施。

修订记录	修订标记	修订处数	修订日期	审批签字

4.3.2 生产现场管理制度

编制部门： 编制日期：	生产现场管理制度	执行部门： 制度版本：

第1章 总 则

第1条 为了规范公司的生产现场管理，更好地提高生产质量、加强现场生产安全、杜绝生产事故、严格控制现场管理，特制定生产现场管理制度。

第2条 本制度适用于本公司生产现场的管理。

第2章 生产现场质量管理

第3条 认真执行《生产工艺作业指导书》，熟记工艺作业程序及设备操作规范。

第4条 严格控制工序质量，重点控制关键检测点、关键装配工序质量。

第5条 认真执行“四检”（首检、自检、互检、巡检）“三不放过”（不查清责任者不放过、不查清事故原因不放过、不落实预防措施不放过）的规定。

第6条 做好文明装配，防止产品磕碰、划伤、漏打螺钉、漏装附件的失误。

第3章 生产现场定置管理

第7条 人员定置：规定每个操作人员工作位置和活动范围，严禁串岗。

第8条 设备定置：根据生产流程要求，合理安排设备位置。

第9条 工件定置：根据生产流程，确定零部件存放区域、状态标志和流程图。

第10条 工位器具定置：确定工位器具存放位置和物流要求。

第11条 工具箱定置：工具箱内各种物品要摆放整齐。

第4章 生产现场“5S”管理

第12条 整理：把要与不要的人、事、物分开。对于生产现场不需要的坚决从生产现场清除掉。

第13条 整顿：在整理的基础上，把生产现场需要的进行定置管理。

第14条 清扫：生产加工部位除随时清扫保持清洁整齐外，工作台附近不得有杂物。

第15条 清洁：每个员工持证上岗，仪容整洁大方。每个员工工作有序，保持肃静，姿态端正。

第16条 素养：上班时间未经主管同意不得擅离工作岗位、在非指定场所严禁抽烟；每个员工要养成良好的工作作风和严明的纪律，不断提高全体员工自身的素质。

第 5 章　生产现场设备管理

第 17 条　各车间的设备应指定专人管理。

第 18 条　坚持做到设备管理“三步法”，即日清扫、周维护、月保养。

第 19 条　坚持“六字要求”，即整齐、清洁、安全。

第 20 条　设备管理要做到“三好”“四会”，三好，即管好、用好、保养好；四会，即会使用、会保养、会检查、会排除一般故障。

第 6 章　生产现场环境管理

第 21 条　岗位操作现场要求无灰尘、无杂物、无污物、环境整洁干净。

第 22 条　现场要求有岗位、物品、工具、设备区域标志。

第 23 条　现场环境管理要求：有图必有物，有物必有区，有区必挂牌，有牌必分类，按图定置，按类存放，账（图）物一致。

第 24 条　现场物品按 A、B、C、D 四类管理，即紧密结合之物、转化之物、固定之物、废物。

第 7 章　生产现场安全管理

第 25 条　严格执行各项安全操作规程。

第 26 条　规定每个操作人员工作位置和活动范围，制定安全管理制度。

第 27 条　生产现场油、电、机械传动等容易产生安全事故的部位，必须有醒目的警示标志、标牌；对易燃品（如包装材料）存放区，必须按照国家有关消防安全法规的规定，配备安全防范设施。

第 28 条　操作人员要正确使用劳动防护用品，确保起到安全防护作用，严禁违章作业。

第 29 条　经常开展安全教育，不定期进行认真整改、清除隐患。

第 30 条　贯彻“安全第一，预防为主”的方针，认真执行安全生产，防止生产工作中安全事故的发生。

第 31 条　发生事故按有关规定及程序及时上报，尽量降低事故损失。

第 8 章　奖惩

第 32 条　凡现场工作成绩突出、产品质量不断提高的班组及个人，公司给予嘉奖。

第 33 条　凡现场工作执行不到位，又屡出质量事故的班组或车间，由其责任人承担责任。具体由生产部考核，给予扣罚年终奖及其他惩罚。

修订记录	修订标记	修订处数	修订日期	审批签字

第 5 章

质量部职位说明书与制度编制

5.1　质量部职位说明书

5.1.1　质量部经理职位说明书

岗位信息	岗位名称	质量部经理	所属部门	质量部
	岗位编号		岗位序列	
	薪资标准		直接上级	
职责概述	主持和领导质量部各项工作，建立公司质量控制体系及标准，确保公司产品质量，全面提升公司产品质量水平			

岗位职责及绩效标准	岗位职责	绩效标准
	质量管理制度建设 1．组织制定质量管理相关规章制度 2．负责监督制度的执行，并根据需要对制度进行修订	制度完善，可操作性强
	质量管理体系建设 1．组织编制质量手册和程序文件，推进公司质量体系认证 2．组织制定技术、工艺、服务等文件，构建质量管理体系 3．协调内外部相关部门，组织质量管理体系的运作与实施	1．主管领导对质量管理体系评价得分在____分以上 2．质量认证体系通过验收
	质量检验管理 1．组织做好原材料的品质检验、评价工作 2．组织做好外协厂的产品质量检验、评价工作 3．组织做好产成品的品质检验、评价工作	1．原材料合格率达____% 2．产品出厂合格率达____%
	质量控制与分析管理 1．指导质量例行检查、跟踪控制、问题处理等工作 2．组织做好质量数据统计、汇报工作，及时改进落后工艺	1．废品率控制在____%以内 2．质量分析报告出具及时、报告内容准确
	部门员工管理 1．负责本部门员工的工作安排、任务分配等工作 2．组织做好本部门员工的培训、考核等工作	本部门员工综合考评得分达____分以上

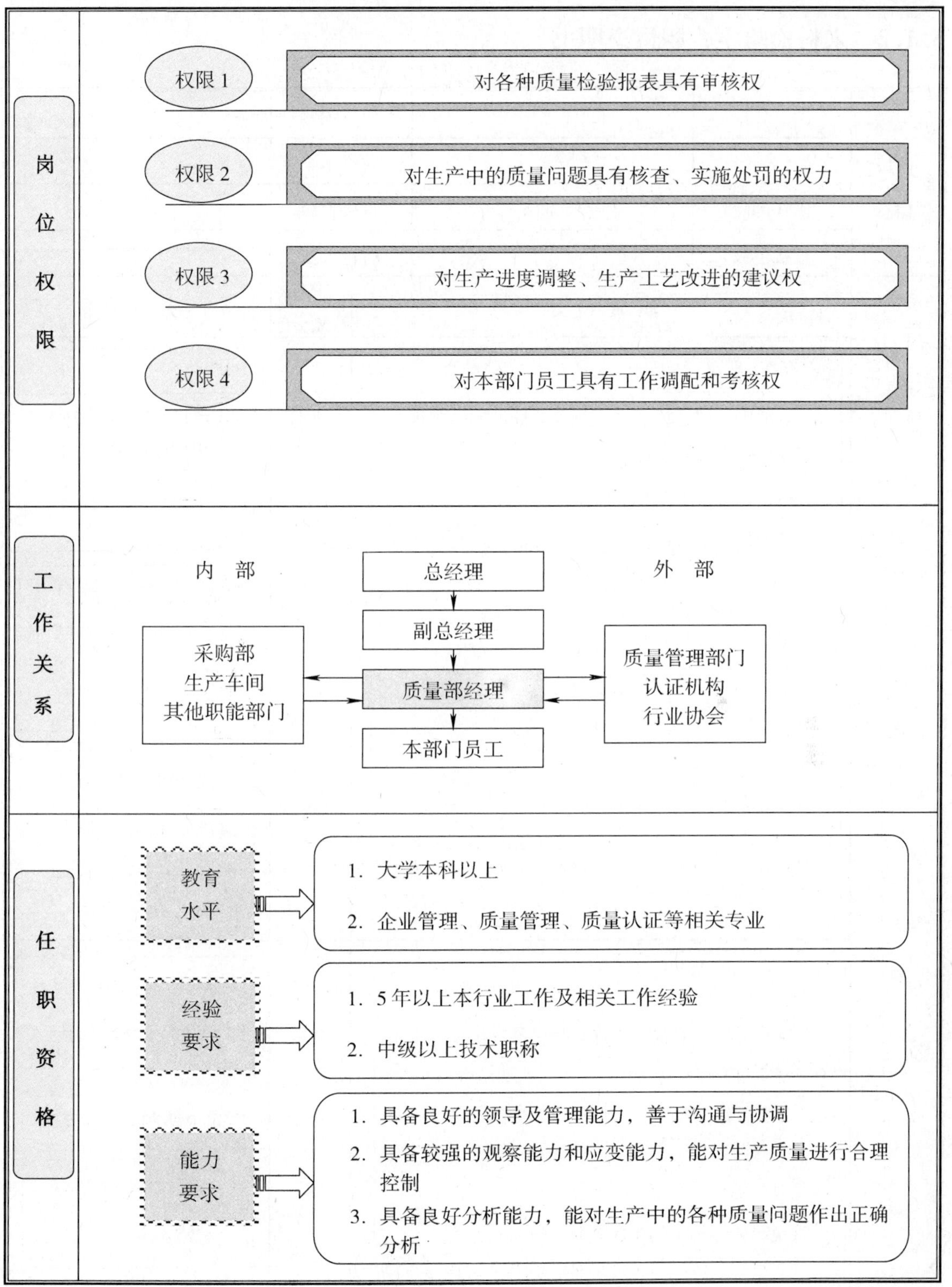
岗位权限
权限 1
对各种质量检验报表具有审核权
权限 2
对生产中的质量问题具有核查、实施处罚的权力
权限 3
对生产进度调整、生产工艺改进的建议权
权限 4
对本部门员工具有工作调配和考核权
工作关系
内　部
总经理
外　部
副总经理
采购部
生产车间
其他职能部门
质量部经理
质量管理部门
认证机构
行业协会
本部门员工
任职资格
教育水平
1. 大学本科以上
2. 企业管理、质量管理、质量认证等相关专业
经验要求
1. 5 年以上本行业工作及相关工作经验
2. 中级以上技术职称
能力要求
1. 具备良好的领导及管理能力，善于沟通与协调
2. 具备较强的观察能力和应变能力，能对生产质量进行合理控制
3. 具备良好分析能力，能对生产中的各种质量问题作出正确分析

5.1.2 来料检验主管职位说明书

<table>
<tr><td rowspan="4">岗位信息</td><td>岗位名称</td><td>来料检验主管</td><td>岗位编号</td><td></td></tr>
<tr><td>岗位等级</td><td></td><td>薪资水平</td><td></td></tr>
<tr><td>工作部门</td><td>质量部</td><td>直接上级</td><td></td></tr>
<tr><td>直接下级</td><td></td><td>所辖人数</td><td></td></tr>
<tr><td rowspan="3">工作职责及绩效标准</td><td colspan="2">职责描述</td><td>责任划分</td><td>绩效标准</td></tr>
<tr><td colspan="2">业务职责
1. 协助质量部经理制定来料检验标准和检验规范，并组织实施来料检验工作
2. 根据检验结果出具检验报告
3. 参加外协厂质量保证能力的评估，以及产品检验结果的讨论工作
4. 负责对原材料、协作厂交货质量进行整理、分析、评价
5. 妥善处理来料检验中存在的异常问题
6. 协助处理不合格材料的退货工作</td><td>协助
全责
全责
全责
全责
全责</td><td>1. 来料检验标准合理、检验规范明确
2. 错检率低于____%
3. 漏检率低于____%
4. 原材料进厂合格率达____%
5. 检验报告提交及时、报告内容真实准确</td></tr>
<tr><td colspan="2">管理职责
1. 指导下属员工做好质量检验仪器、量规、实验设备的管理与保养
2. 负责做好下属员工的日常管理工作</td><td>全责
部分</td><td>1. 设备完好率不低于____%
2. 下属人员综合考评得分不低于____分</td></tr>
</table>

<table>
<tr><td rowspan="3">职位关系</td><td>可晋升职位</td><td colspan="2">质量部经理</td></tr>
<tr><td>可相互轮换的职位</td><td colspan="2">制程检验主管、成品检验主管</td></tr>
<tr><td>可降低职位</td><td colspan="2">质量检验员</td></tr>
<tr><td rowspan="6">任职资格</td><td>教育水平</td><td colspan="2">1. 大学本科以上学历
2. 制造、质量管理相关专业</td></tr>
<tr><td>工作经验及业务了解范围</td><td colspan="2">1. 3 年以上产品质量检验工作经验
2. 熟悉各种检验手段、方法和标准，熟悉公司生产作业流程</td></tr>
<tr><td rowspan="4">技能/能力</td><td>能力项目</td><td>能力要求</td></tr>
<tr><td>分析能力</td><td>能够对来料检验结果进行科学分析，确保原材料达到规定的标准</td></tr>
<tr><td>沟通协调能力</td><td>能够与相关人员进行有效沟通，对检验中存在的问题作出妥善处理</td></tr>
<tr><td>文字表达能力</td><td>能够提供专业、准确的质量检测报告</td></tr>
</table>

5.1.3 制程检验主管职位说明书

<table>
<tr><td rowspan="4">岗位信息</td><td>岗位名称</td><td>制程检验主管</td><td>岗位编号</td><td></td></tr>
<tr><td>岗位等级</td><td></td><td>薪资水平</td><td></td></tr>
<tr><td>工作部门</td><td>质量部</td><td>直接上级</td><td></td></tr>
<tr><td>直接下级</td><td></td><td>所辖人数</td><td></td></tr>
<tr><td rowspan="3">工作职责及绩效标准</td><td colspan="2">职责描述</td><td>责任划分</td><td>绩效标准</td></tr>
<tr><td colspan="2">业务职责
1. 协助质量部经理制定制程检验标准及相关管理制度，并组织实施
2. 根据检验结果出具检验报告
3. 负责制程巡回检查工作，发现质量异常，及时进行追查和处理
4. 负责对不良项目或可能有问题的制程进行研究、分析，提出有效的改进或预防措施
5. 组织做好半成品库存的抽检、报废品鉴定工作
6. 协助做好不合格中间品的处理工作</td><td>协助
全责
全责
全责
全责
协助</td><td>1. 制程检验标准合理、检验规范明确
2. 错检率低于____%
3. 漏检率低于____%
4. 不合格品控制程序执行率达100%
5. 不合格品鉴定准确率达____%以上
6. 检验报告提交及时、报告内容真实准确</td></tr>
<tr><td colspan="2">管理职责
1. 指导下属员工做好质量检验仪器、量规、实验设备的管理与保养
2. 负责做好下属员工的日常管理工作</td><td>全责
部分</td><td>1 设备完好率不低于____%
2. 下属人员综合考评得分不低于____分</td></tr>
</table>

<table>
<tr><td rowspan="2">职位关系</td><td>可晋升职位</td><td>质量部经理</td></tr>
<tr><td>可相互轮换的职位</td><td>来料检验主管、成品检验主管</td></tr>
<tr><td></td><td>可降低职位</td><td>质量检验员</td></tr>
<tr><td rowspan="3">任职资格</td><td>教育水平</td><td>1. 大学本科以上学历
2. 制造、质量管理相关专业</td></tr>
<tr><td>工作经验及业务了解范围</td><td>1. 3 年以上产品质量检验工作经验
2. 熟悉各种检验手段、方法和标准，熟悉公司生产作业流程</td></tr>
<tr><td>技能/能力</td><td>

能力项目	能力要求
分析能力	能够对制程检验结果进行科学分析，确保产品质量达到规定标准
文字表达能力	能够提供专业、准确的质量检测报告
问题处理能力	能够对制程检验过程中存在的问题作出及时、有效的处理

</td></tr>
</table>

5.1.4 成品检验主管职位说明书

<table>
<tr><td rowspan="4">岗位信息</td><td>岗位名称</td><td>成品检验主管</td><td>岗位编号</td><td></td></tr>
<tr><td>岗位等级</td><td></td><td>薪资水平</td><td></td></tr>
<tr><td>工作部门</td><td>质量部</td><td>直接上级</td><td></td></tr>
<tr><td>直接下级</td><td></td><td>所辖人数</td><td></td></tr>
<tr><td rowspan="3">工作职责及绩效标准</td><td colspan="2">职 责 描 述</td><td>责任划分</td><td>绩 效 标 准</td></tr>
<tr><td colspan="2">业 务 职 责
1. 协助质量部经理制定质量准则和成品检验标准，经批准后安排实施
2. 指导下属员工做好成品检验、抽样检查工作，并出具检验报告
3. 定期进行成品质量分析，对生产质量问题提出处理意见和改进建议
4. 参与做好新产品的检验工作，及时提出新产品质量鉴定报告
5. 协助做好不合格成品的处理工作</td><td>协助
全责
全责
部分
协助</td><td>1. 成品检验标准科学、合理
2. 错检率低于____%
3. 漏检率低于____%
4. 产品出厂合格率达____%
5. 不合格品鉴定准确率达____%
6. 质量报告提交及时、报告内容真实准确</td></tr>
<tr><td colspan="2">管 理 职 责
1. 指导下属员工做好质量检验仪器、量规、实验设备的管理与保养
2. 负责做好下属员工的培训和考核工作</td><td>全责
部分</td><td>1. 设备完好率不低于____%
2. 培训计划完成率不低于____%
3. 下属人员综合考评得分不低于____分</td></tr>
</table>

<table>
<tr><td>职位关系</td><td>
可晋升职位：质量部经理
可相互轮换的职位：来料检验主管、制程检验主管
可降低职位：质量检验员
</td></tr>
<tr><td>任职资格</td><td>
教育水平
1. 大学本科以上学历
2. 制造、质量管理相关专业

工作经验及业务了解范围
1. 3 年以上企业产品质量检验工作经验
2. 熟悉各种检验手段、方法和标准，熟悉公司生产作业流程

技能/能力
<table>
<tr><td>能力项目</td><td>能力要求</td></tr>
<tr><td>分析能力</td><td>能够对成品检验结果进行科学分析，确保出厂产品质量达到规定标准</td></tr>
<tr><td>文字表达能力</td><td>能够出具专业的质量检测报告，用语准确、规范</td></tr>
<tr><td>问题解决能力</td><td>能够对成品检验过程中存在的问题，作出妥善处理</td></tr>
</table>
</td></tr>
</table>

5.1.5 质量认证工程师职位说明书

<table>
<tr><td rowspan="4">岗位信息</td><td>岗位名称</td><td>质量认证工程师</td><td>岗位编号</td><td></td></tr>
<tr><td>岗位等级</td><td></td><td>薪资水平</td><td></td></tr>
<tr><td>工作部门</td><td>质量部</td><td>直接上级</td><td></td></tr>
<tr><td>直接下级</td><td></td><td>所辖人数</td><td></td></tr>
<tr><td>工作概述</td><td colspan="4">负责公司质量管理体系的认证、年检、年审、推广、实施等相关工作，确保公司质量管理体系的健全、完善</td></tr>
<tr><td>工作内容及绩效标准</td><td colspan="3">工作内容
1. 协助质量部经理完成公司质量方针、目标的制定
2. 负责编写公司质量管理体系文件，推进各项质量管理体系的运作和实施
3. 编写标准的质量手册和程序文件，办理质量管理体系认证相关工作
4. 负责在公司内部推广、实施质量管理体系
5. 负责办理质量管理体系的年检、年审，以及年检、年审后的修改、修订工作
6. 负责质量管理体系相关资料的归类、归档工作</td><td>绩效标准
1. 公司主管领导对质量管理体系建设的满意度评分达____分
2. 质量管理体系通过验收审核
3. 按时完成质量管理体系的年检、年审工作
4. 质量管理体系相关资料完整、齐全</td></tr>
<tr><td>沟通关系</td><td colspan="4">内部沟通：向上沟通——公司领导、质量管理部经理；同级沟通——质控工程师、质监工程师
外部沟通：政府质量监督部门、质量管理认证机构等</td></tr>
</table>

<table>
<tr><td rowspan="3">任职资格</td><td>教育水平</td><td>1. 大学本科以上学历，质量管理学相关专业
2. 具有工程师以上职称</td></tr>
<tr><td>工作经验及业务了解范围</td><td>1. 3 年以上质量认证相关工作经验
2. 熟悉国内外质量管理认证标准，以及公司质量管理体系流程</td></tr>
<tr><td>素质与能力要求</td><td>1. 具备质量管理体系相关专业知识
2. 具有较强的协调能力，能够确保认证、年检、年审工作的顺利完成
3. 良好的口头及书面表达能力
4. 有良好的学习能力和团队合作精神</td></tr>
</table>

5.1.6 质量检验员职位说明书

<table>
<tr><td rowspan="2">岗位信息</td><td>岗位名称</td><td>质量检验员</td><td>岗位编号</td><td></td></tr>
<tr><td>所属部门</td><td>质量部</td><td>直接上级</td><td></td></tr>
<tr><td>工作概述</td><td colspan="4">负责具体原材料、半成品、成品的质量检验、试验等工作，协助上级领导有效处理客户投诉，确保质量部各项工作顺利开展</td></tr>
<tr><td>工作内容及绩效标准</td><td colspan="3">工作内容
1. 负责对采购部购进的原辅料进行抽检、验证工作，为生产车间提供合格的原辅料
2. 负责对公司生产的半成品、成品进行出厂检测，确保公司各项产品的质量
3. 根据检验结果，出具企业内部的最终有效检验报告，并提交相关部门
4. 负责做好检验设备、器皿、仪器的保管和维护工作
5. 协助上级领导了解、核实，并有效处理质量投诉问题，维护公司的社会形象
6. 负责做好各项检测资料的保管工作</td><td>绩效标准
1. 原辅料入厂合格率达____%
2. 产品合格率达到____%
3. 仪器、设备完好率达到____%
4. 检验报告提交及时率达100%
5. 质量检测资料内容齐全，保存完整</td></tr>
<tr><td rowspan="3">任职资格</td><td>教育水平</td><td colspan="3">1. 大学本科以上学历
2. 质量检测类相关专业</td></tr>
<tr><td>经验要求</td><td colspan="3">1年以上从事原材料、成品检验方面的工作经验</td></tr>
<tr><td>能力要求</td><td colspan="3">1. 能熟练使用检测仪器、设备
2. 熟悉检测流程，会应用各种检测方法进行验证
3. 具有较强的问题处理能力与沟通能力</td></tr>
</table>

5.2　质量部人力资源管理制度

5.2.1　质量检验人员培训管理制度

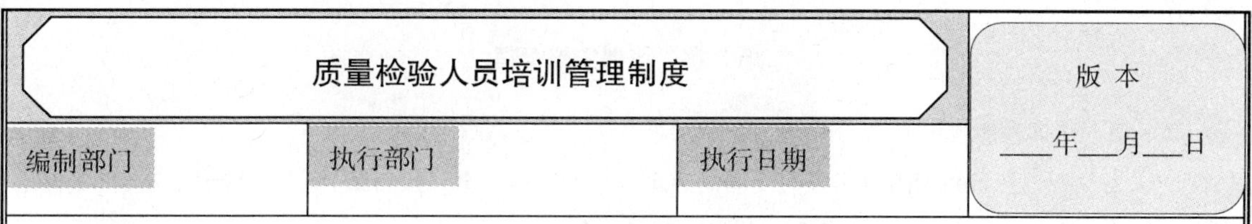

质量检验人员培训管理制度			版本
编制部门	执行部门	执行日期	____年___月___日

第 1 章　总　则

第 1 条　目的

为有效提高质量检验人员的质量意识、质量知识，以及质量管理技能，以保证公司产品的质量，从而不断提高公司的社会信誉和影响力，特制定本制度。

第 2 条　适用范围

本制度适用于质量部主管及以下级别检验人员的培训管理（新进质量检验人员培训除外）。

第 2 章　培训准备

第 3 条　确定培训内容

1. 职业素养提升培训：质量检验相关法律法规、检验人员岗位职责与道德规范、检验人员创新意识培养、检验人员统计分析能力培训。

2. 专业知识和技能培训：具体包括公司目前质量检验现状、行业检验标准和规范、检验仪器正确使用与保养、质量检验操作规范、新型检验技术的应用、质量检验常见问题处理、实际操作训练等。

第 4 条　选择培训方式

1. 内部培训：由质量部根据培训需要不定期举办培训班、培训讲座、研讨会，以及召开每周例会等形式对质量检验人员进行培训。

2. 外部培训：应由质量部经理根据培训需要提出申请，经人力资源部审核，报总经理批准后方可执行；且在培训前，人力资源部应与外派人员签订外派培训协议，明确双方权责。

第 5 条　培训讲师的选择

1. 专业知识和技能培训，需由质量部经理、经验丰富的质量检验人员，以及本领域专家来担任讲师。

2. 职业素养提升培训，可由人力资源部经理，以及本领域的专家来担任培训讲师。

第 6 条　培训地点的选择

1. 内部培训地点：对质量检验人员的培训既可以选择在公司内部会议室，也可以选择在质量检验室及其他适宜的培训场所进行。

2. 外部培训地点：应在专业培训机构、高校等地的培训场所和培训教室进行。

第 7 条　质量部应在实施培训前，将参加培训的质量检验人员名单报送人力资源部，经人力资源部进行检查和核准；未纳入质量部培训计划的临时决定的培训项目，必须经质量部经理、人力资源部经理和总经理审批。

第 3 章　培训实施管理

第 8 条　培训程序

1. 人力资源部在各培训项目实施前 1 周制定出详细的实施方案，按培训计划如期组织培训，做好培训场地安排、培训教材发放、教具借调、讲师沟通等工作。

2. 质量检验人员按时参加培训，对无故迟到、早退，或不参加培训的检验人员，将按公司考勤制度执行，人力资源部指定专人负责实施跟踪督察并填写"培训记录表"。

3. 外培质量检验人员应办理外派培训手续后外出培训；外培结束后，将受训的书籍教材、资格证件等资料送人力资源部归档保管；并将受训所学知识整理成册，列为讲习教材，并举办讲习会，担任讲师传授有关人员。

第 9 条　培训考核评估：每项培训结束后，均应进行培训效果评估，作为未来培训计划制定的依据。

第 10 条　培训档案管理：每次培训结束后，人力资源部应将所有的培训记录及时归档，记录内容包括：培训课程、内容、签到表、试卷、培训的成效评估等。

第 4 章　附　则

第 11 条　本制度由公司人力资源部负责解释。

第 12 条　本制度自公布之日起实施。

修订记录	修订标记	修订处数	修订日期	审批签字

5.2.2　质量检验人员考核管理规定

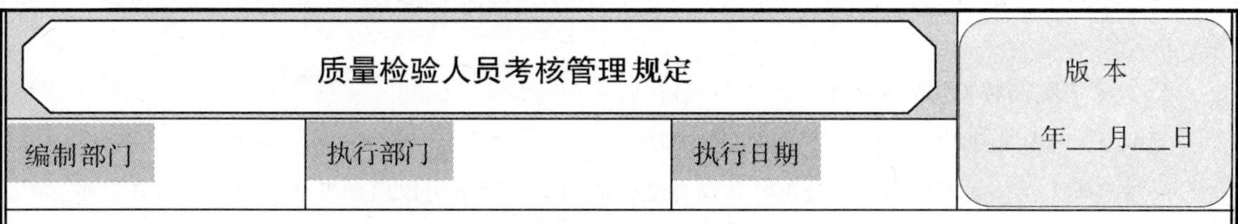

质量检验人员考核管理规定						版本
编制部门		执行部门		执行日期		____年__月__日

第 1 章　总　则

第 1 条　目的

为规范质量检验人员管理，提高质量检验人员的工作能力，调动质量检验人员工作的积极性和主动性，确保质量检验工作准确、及时完成，公司特制定本规定。

第 2 条　适用范围

本办法适用于公司质量部专门从事产品质量检验工作的人员（质量部经理除外）的考核管理。

第 3 条　考核原则

1. 提高绩效为导向的原则。

2. 遵循公平、公开、公正的原则。

第 2 章　考核管理

第 4 条　考核内容

1. 工作业绩：主要考核质量检验人员的工作成果，包括错检率、漏检率、检验设备完好率、检验规程执行率、检验费用支出额、检验报告出具及时率、有无重大责任事故等。

2. 工作能力：根据质量检验人员实际完成的工作成果及各方面的综合素质来评价其工作技能和水平，如专业知识掌握程度、分析能力、检测能力等。

3. 工作态度：主要对质量检验人员平时的工作表现予以评价，包括认真度、责任度、努力程度等。

第 5 条　考核组织和领导

1. 人力资源部成立绩效考核管理领导小组，对质量检验人员考核实施动态管理、跟踪考核。

2. 质量部经理参与主管以上职务检验人员的绩效考核评价工作。

第 6 条　考核时间和方式

质量检验人员考核分为季度考核和年度考核。季度考核在下一季度第一个月前 5 日内完成（仅考核工作业绩相关项目），年度考核于次年 1 月 10 日前完成。

第 7 条　考核程序

1. 人力资源部做好考核相关准备工作，评估人员根据检验人员的工作业绩和表现，对照考核指标评分标准进行打分。

2. 人力资源部在考核结束后____日内完成统计分析，并将考核结果上报总经理审核。

3. 质量部经理根据考核结果与检验人员进行绩效面谈，协商确定绩效改进目标和下一阶段考核标准。

4. 人力资源部对考核结果存档。

第 8 条　考核申诉

质量检验人员认为考核结果不公正，并确有证据证明的情况下可以启动考核结果申诉程序。质量检验人员可以直接向人力资源部反映，人力资源部在接到员工考核申诉后____个工作日内给予解决。

第 9 条　考核等级划分

绩效考核结果等次分为优秀、良好、一般、差四个等级，其中优秀比例一般控制在参加考核的质量检验人员总数的 5%以内。

第 3 章　奖惩规定

第 10 条　检验人员在年度考核中表现突出，除按规定比例发放绩效奖金外，质量部还可视具体情况给予____～____元现金奖励，并在公司内部予以表彰。

第 11 条　检验人员在考核过程中，出现下列行为，其考核成绩直接认定为不合格。

1. 病事假天数累计超过____天的。

2. 旷工天数累计超过____天的。

3. 无故不参加相关培训累计次数达____次以上的。

4. 产品质量检验过程中，玩忽职守，造成重大质量问题的。

5. 对可预见的质量问题疏于觉察，导致公司遭受不必要损失的。

第 12 条　检验人员在考核过程中，出现下列行为，报请免职、记过、记大过、申诫、降级等处罚，并取消其考核成绩。

1. 伪造虚假考核数据或证明的。

2. 其他严重违反考核规定的行为。

第 4 章　附　则

第 13 条　本规定由公司人力资源部负责解释。

第 14 条　本规定自公布之日起实施。

修订记录	修订标记	修订处数	修订日期	审批签字

5.3　质量部业务管理规章制度

5.3.1　抽样检验实施规定

编制部门： 编制日期：	抽样检验实施规定	执行部门： 制度版本：

第 1 章　总　则

第 1 条　目的

为规范抽样检验管理，确保制程质量稳定，从而有效降低整体运营成本，依据公司抽样检验实施管理需要，特制定本规定。

第 2 条　本规定所称抽样检验是利用抽取的样本对产品或过程进行的检验。

第 3 条　适用范围

本规定适用于制程质量控制中的抽样检验工作。

第 4 条　职责分工

1. 质量管理部指定专人负责抽样检验工作。

2. 生产部人员积极配合实施抽样检验工作。

第 2 章　抽样检验准备

第 5 条　抽样检验引用标准

以国家发布的统计抽样标准为执行标准。

第 6 条　抽样检验方法选择

抽样检验人员应根据抽样对象特征选择适当的抽样方法，按照抽取样本的次数可分为一次抽样、二次抽样、多次抽样、序贯抽样四种方法。本厂抽样检测以一次抽样和二次抽样为主，其他抽样方法为辅。

第 7 条　抽样检验方式选择

抽样检验人员可根据抽样对象特征选择适当的抽样检验方式，具体包括：单纯随即抽样、系统抽样、分层抽样、曲折抽样、区域抽样、分段抽样、反复抽样等。

第 3 章　抽样检验实施程序

第 8 条　抽样

抽样检验人员根据产品特征和抽样检验需要，选择适当的抽样检验方式和方法，确定如何进行抽样、抽取多少样本等问题。

第 9 条　检验

抽样检验人员采用具有一定检测能力的设备和正确的检测方法，对已抽取的样本逐个进行检验。

第 10 条　推断

抽样检验人员对样本检验结果发现的不合格品数或累计不合格品数，与方案规定的判定数组进行对比，进而对检验批次做出判断，并提交抽样检验报告。

第 4 章　抽样检验结果处理

第 11 条　抽样检验合格批次处理

1. 抽样检验合格的批次，样本中发现的不合格品要更换或返工返修。

2. 合格批次整体接收，入库或进入下一道工序。

第 12 条　抽样检验不合格批次处理

1. 进行返工、返修。

2. 进行全部更换。

3. 进行全检，挑出不合格品。

4. 做报废处理。

第 5 章　附　则

第 13 条　本规定未尽事宜，依照国家相关规定执行。

第 14 条　本规定由公司质量部负责解释。

第 15 条　本规定自公布之日起实施。

修订记录	修订标记	修订处数	修订日期	审批签字

5.3.2 不合格产品处理办法

编制部门： 编制日期：	不合格产品处理办法	执行部门： 制度版本：

第 1 章 总 则

第 1 条 目的

为对不合格产品进行有效识别与控制，防止不合格产品流入生产过程和出厂销售，确保产品质量，提高本厂的社会信誉和影响力，依据国家相关规定，结合本厂生产实际，特制定本办法。

第 2 条 适用范围

本办法适用于不合格原辅料、半成品、成品等的处理。

第 3 条 职责划分

1. 质量管理部负责不合格产品的识别、不合格产品的处理决定，以及处理结果的跟踪等工作。

2. 生产部负责对不合格产品标志、隔离，以及轻微质量问题产品的返工工作。

3. 采购部负责不合格原辅料的退货、另行采购工作。

第 2 章 不合格品的界定及分类

第 4 条 不合格品的界定

不合格品是指对照规定标准、工艺文件、技术要求进行检验和实验，存在一个或多个质量指标不符合规定要求的产品。

第 5 条 不合格品的分类

1. 生产所需原辅料检验发现的不合格品。

2. 对制程半成品检验发现的不合格品。

3. 对最终产品检验发现的不合格品。

4. 其他原因发现的不合格品。

第 3 章 不合格品的处理

第 6 条 不合格原辅料处理

1. 在入库检验中发现，原辅料主要指标不合格产品，应联系采购部门办理退货或另行采购事宜。

2. 原辅料次要指标不合格，不影响正常使用或经处理能够正常使用的原辅料，可允许入仓，但必须与合格原辅料隔离存放，并作出醒目标志，以防止误用。

第 7 条 不合格半成品处理

1. 在制程检验过程中，发现不合格半成品，应将该批半成品隔离、单独存放，并做出显著的标志，以防止误用。

2. 检验人员应对不合格半成品进行评估；对于存在轻微质量问题的，可作返工、返修处理，不能返工、返修的作降级处理或销毁处理；对于质量问题严重的，应立即销毁，并及时查明原因以防再次发生。

3. 对于返工的不合格半成品，应由责任车间制定返工方案，并规定负责返工的班组及个人，明确返工、返修期限、质量要求等；对返工、返修后的产品做明显区别于正常半成品的标志，并由质量部重新进行检验，确定其达到规定标准后方能进入下一环节。

4. 组织销毁的不合格半成品，应填写不合格品处置单，经主管负责人签字后进行销毁。

第 8 条　不合格成品处理

1. 制程检验过程中，发现不合格成品，应立即通知相关部门停发本批产品，并将信息及时反馈给本厂主管负责人。

2. 检验人员对不合格成品进行评估；对于通过返工、返修能达到合格品要求的成品，可办理批准手续作返工、返修处理；对于无法进行返工、返修处理的成品，则应按规定程序进行销毁处理。

3. 对完成返工、返修的成品应重新进行检验，确定其达到规定标准后方能进入销售环节。

第 9 条　客户产品质量投诉处理

1. 对于客户提出的产品质量问题，由质量部负责分析问题出现的原因，并及时将分析结果报送主管负责人。

2. 属于产品本身缺陷造成的质量问题，应进行产品回收或与客户协商解决；若属于客户使用不当造成的质量问题，应向客户提供专业检测报告。

第 10 条　本厂统一确定红色为不合格产品专用标志，黄色为轻微质量问题（可进行返工处理）的抽检产品标志。此类标志不得张贴于合格品、待检品及其他产品上。

第 4 章　附　则

第 11 条　本办法未尽事宜，依据国家相关规定执行。

第 12 条　本办法由公司质量部负责起草和修订。

第 13 条　本办法自____年____月____日起实施。

修订记录	修订标记	修订处数	修订日期	审批签字

第 6 章

技术部职位说明书与制度编制

6.1 技术部职位说明书

6.1.1 技术部经理职位说明书

<table>
<tr><td rowspan="3">岗位信息</td><td>岗位名称</td><td>技术部经理</td><td>所属部门</td><td>技术部</td></tr>
<tr><td>岗位编号</td><td></td><td>岗位序列</td><td></td></tr>
<tr><td>薪资标准</td><td></td><td>直接上级</td><td></td></tr>
<tr><td>职责概述</td><td colspan="4">负责公司的技术与工艺管理工作，确保公司的技术发展水平始终处于本行业前列，不断增强公司的市场竞争力</td></tr>
<tr><td rowspan="6">岗位职责及绩效标准</td><td colspan="2">岗　位　职　责</td><td colspan="2">绩　效　标　准</td></tr>
<tr><td colspan="2">制度与战略建设
1．组织制定并实施与技术管理、技术开发相关的规章制度
2．编制技术发展长远战略规划，并组织实施</td><td colspan="2">1．制度完善，操作性强
2．技术战略规划中，重大技术改进项目完成数达____项</td></tr>
<tr><td colspan="2">技术、工艺管理
1．组织对技术与工艺进行研究，制定各项技术、工艺标准
2．组织做好技术、工艺相关工作的管理与指导
3．负责处理生产中出现的关键技术、工艺问题</td><td colspan="2">1．技术、工艺标准合理
2．技术支持满意度评价不低于___分</td></tr>
<tr><td colspan="2">技术创新管理
1．组织做好国内外相关技术发展信息的收集、整理工作
2．带领本部门工作人员对技术信息进行专业分析与研究
3．提出技术创新项目并组织实施</td><td colspan="2">1．技术发展信息调研报告提交及时、准确
2．技术改造项目达____项</td></tr>
<tr><td colspan="2">技术合作与交流管理
1．引进国内外新技术，并组织做好新技术的消化工作
2．组织做好技术合作、技术交流相关活动</td><td colspan="2">1．通过技术创新，使得材料消耗降低了____%
2．开展技术交流活动达____次</td></tr>
<tr><td colspan="2">部门员工管理
1．负责对本部门员工的选拔、配备工作
2．组织技术人员培训、考核，调动部门员工的积极性</td><td colspan="2">1．核心员工流失率低于___%
2．部门员工综合考评得分不低于___分</td></tr>
</table>

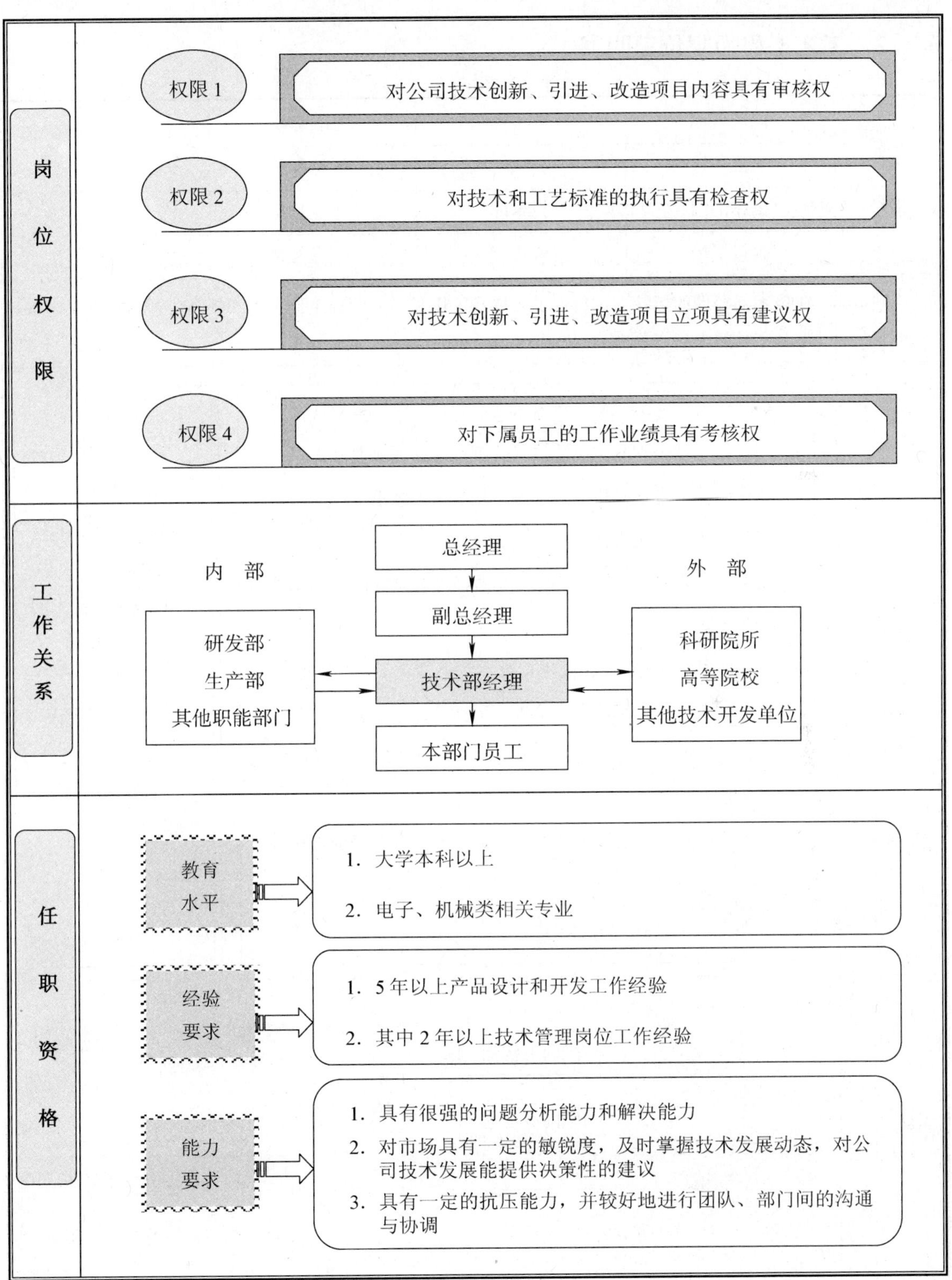
岗位权限
权限 1
对公司技术创新、引进、改造项目内容具有审核权
权限 2
对技术和工艺标准的执行具有检查权
权限 3
对技术创新、引进、改造项目立项具有建议权
权限 4
对下属员工的工作业绩具有考核权
工作关系
内　部
外　部
总经理
副总经理
技术部经理
本部门员工
研发部
生产部
其他职能部门
科研院所
高等院校
其他技术开发单位
任职资格
教育水平
1. 大学本科以上
2. 电子、机械类相关专业
经验要求
1. 5 年以上产品设计和开发工作经验
2. 其中 2 年以上技术管理岗位工作经验
能力要求
1. 具有很强的问题分析能力和解决能力
2. 对市场具有一定的敏锐度，及时掌握技术发展动态，对公司技术发展能提供决策性的建议
3. 具有一定的抗压能力，并较好地进行团队、部门间的沟通与协调

6.1.2 工艺工程师职位说明书

<table>
<tr><td rowspan="4">岗位信息</td><td>岗位名称</td><td>工艺工程师</td><td>岗位编号</td><td></td></tr>
<tr><td>岗位等级</td><td></td><td>薪资水平</td><td></td></tr>
<tr><td>工作部门</td><td>技术部</td><td>直接上级</td><td></td></tr>
<tr><td>直接下级</td><td></td><td>所辖人数</td><td></td></tr>
<tr><td>工作概述</td><td colspan="4">在技术部经理的指导下，负责工艺技术工作和工艺管理工作，不断提高公司的技术工艺水平和产品的市场竞争力</td></tr>
<tr><td>工作内容及绩效标准</td><td colspan="3">工作内容
1. 协助技术部经理制定工艺技术管理制度并监督其实施
2. 负责设计工艺方案和工艺流程，并编制工艺手册、质量控制点指导书等工艺文件
3. 负责新工艺的试验研究工作，并做好工艺试验课题的总结与成果鉴定
4. 定期或不定期进行工艺技术检查，对不符合工艺标准的生产行为，责令相关部门和人员进行限期整改
5. 深入生产现场，解决生产中出现的工艺技术问题，做好工艺技术服务工作
6. 协助人力资源部做好生产人员工艺技术教育及培训工作</td><td>绩效标准
1. 工艺规程编写科学、实用
2. 各项工艺试验按时完成
3. 现场工艺技术问题处理及时
4. 相关部门对工艺服务满意度评分不低于___分
5. 培训计划完成率不低于___%</td></tr>
<tr><td>沟通关系</td><td colspan="4">内部沟通：向上沟通——公司领导、技术部经理；同级沟通——实验室主管、技术主管
外部沟通：研究院所、高校、技术鉴定机构</td></tr>
</table>

任职资格		
	教育水平	1. 大学本科以上学历 2. 电子、机械类相关专业
	工作经验及业务了解范围	1. 3 年以上产品制造工艺经验 2. 熟悉国家有关工艺标准的政策，了解企业内部工艺流程、产品线布置，洞悉本行业工艺、技术未来发展趋势
	素质与能力要求	1. 熟悉相关工艺原理，具有丰富的工艺技术和管理经验 2. 具有很强的分析和解决问题的能力 3. 具有较好的人际技巧和压力承受能力 4. 有良好的沟通能力和协作精神 5. 创新意识强

6.1.3 技术专员职位说明书

<table>
<tr><td rowspan="2">岗位信息</td><td>岗位名称</td><td>技术专员</td><td>岗位编号</td><td></td></tr>
<tr><td>所属部门</td><td>技术部</td><td>直接上级</td><td></td></tr>
<tr><td>工作概述</td><td colspan="4">负责具体实施技术管理和开发工作，协助上级领导处理公司面临的技术问题，为相关部门提供技术支持</td></tr>
<tr><td>工作内容及绩效标准</td><td colspan="3">工作内容
1. 负责国内外技术研究情况及相关资料的收集、分类、汇总
2. 参与新技术研究、试验、技术标准和规范执行的监督工作
3. 定期或不定期进行技术检查，对不符合技术标准的生产行为，责令相关部门进行限期整改
4. 向研发部、生产部、质量部等部门提供技术咨询和相关数据，确保公司研究活动和生产活动顺利进行
5. 协助上级领导做好相关部门技术问题的处理工作
6. 参加技术分析会议，提交技术分析报告
7. 协助人力资源部门做好人员的技术培训工作
8. 负责技术档案资料的归档与保管，并做好保密工作</td><td>绩效标准
1. 相关资料收集准确、及时
2. 技术问题处理及时
3. 技术支持服务满意度评价达____分
4. 技术培训计划完成率不低于____%
5. 技术资料完整，无泄密发生</td></tr>
<tr><td rowspan="3">任职资格</td><td>教育水平</td><td colspan="3">1. 大专以上学历
2. 机械、电气自动化及相关专业</td></tr>
<tr><td>经验要求</td><td colspan="3">1 年以上相关工作经验</td></tr>
<tr><td>能力要求</td><td colspan="3">1. 具备丰富的生产技术、工艺管理以及相关专业知识和技能
2. 具有优秀的沟通能力、突出的技术钻研能力和学习能力
3. 具有一定的技术指导及现场管理能力</td></tr>
</table>

6.2　技术部人力资源管理制度

6.2.1　技术人员素质测评管理办法

技术人员素质测评管理办法			版本
编制部门	执行部门	执行日期	____年__月__日

第 1 章　总　则

第 1 条　为规范公司技术人员素质测评管理，全面、真实、客观地对技术人员进行综合素质评价，依据技术人员职业特点，结合技术工作内容，制定本办法。

第 2 条　公司内部从事技术研究、技术开发、技术支持等工作的人员素质测评管理均参照本办法执行。

第 2 章　技术人员素质测评管理

第 3 条　技术人员应具备的素质包括：生理与心理素质、知识经验素质、技能与能力素质等。

第 4 条　技术人员生理与心理素质测评：

1. 素质测评内容及权重分配：个人体质和精力（____%）、职业兴趣（____%）、职业素养（____%）、人格特质（____%）。

2. 各项测评内容应达到的标准

（1）个人体质和精力：状况良好，无“器质性”疾病。

（2）职业兴趣：霍兰德量表中，调研型得分最高。

（3）职业素养：良好级别以上。

（4）人格特质：指标得分处于高分值区域。

第 5 条　技术人员知识素质测评

1. 素质测评内容及权重分配：工作经验要求（____%）、专业技术知识（____%）。

2. 各项测评内容应达到的标准

（1）工作经验要求：中高级技术人员____年以上，一般技术人员____年以上。

（2）专业技术知识：中高级技术人员应达到良好以上，一般技术人员应达到中等以上。

第 6 条　技术人员技能与能力素质测评

1. 素质测评内容及权重分配：智力（____%）、创造力（____%）、关注细节能力（____%）、归纳思维能力（____%）、技术创新能力（____%）、实践操作能力（____%）、问题解决能力（____%）。

2. 各项测评内容应达到的标准

（1）智力：中高级技术人员IQ在____以上，一般技术人员IQ在____以上。

（2）创造力：中高级技术人员达到优秀水平，一般技术人员达到良好水平。

（3）关注细节能力：中高级技术人员达到高级水平，一般技术人员达到中级水平。

（4）归纳思维能力：中高级技术人员达到高级水平，一般技术人员达到中级水平。

（5）技术创新能力：中高级技术人员达到高级水平，一般技术人员达到中级水平。

（6）实践操作能力：中高级技术人员达到高级水平，一般技术人员达到中级水平。

（7）问题解决能力：中高级技术人员达到高级水平，一般技术人员达到中级水平。

第7条　技术人员素质测评方法

1. 生理与心理素质测评：可通过书面分析、体检、面谈、笔试、心理测试等方法进行测评。

2. 知识素质测评：可通过资格审查、笔试、专家面试的方法进行测评。

3. 技能与能力测评：可通过面谈、心理测试、笔试、操作测试等方式进行测评。

第8条　技术人员素质测评组织管理

1. 素质测评领导小组负责对素质测评实施监督，以及素质测评相关问题的最终裁决。

2. 人力资源部负责生理与心理素质测评实施，知识素质测评、技能与能力测评的组织管理工作。

3. 技术部、外聘专家等根据需要参与素质测评实施工作。

第9条　技术人员素质测评实施程序

1. 成立由公司主管负责人、技术部负责人、人力资源部负责人、相关专家等组成的，不少于5人的素质测评领导小组。

2. 实施素质测评工作，测评结果由人力资源部汇总、统计后上报素质测评领导小组。

3. 测评领导小组对测评结果作最后审定。

4. 人力资源部将测评结果以书面形式通知技术人员，若存在异议，技术人员应在收到测评结果后五日内提出，并由测评领导小组作出裁决。

第10条　技术人员素质测评结果作为技术人员职称评定、职位晋升推荐、年度综合考核依据之一。

第3章　附　则

第11条　本办法由公司人力资源部负责解释。

第12条　本办法自____年____月____日起实施。

修订记录	修订标记	修订处数	修订日期	审批签字

6.2.2　技术部工作目标管理考核办法

技术部工作目标管理考核办法			版本
编制部门	执行部门	执行日期	____年___月___日

第 1 章　总　则

第 1 条　目的

为准确评价技术部工作业绩表现，充分调动技术部工作人员的积极性和创造性，确保各项技术工作高效有序开展，特制定本办法。

第 2 条　适用范围

1. 技术部全体在岗位工作人员。

2. 技术部下列人员不参加考核。

（1）考核阶段未通过试用期的工作人员。

（2）外出学习进修超过半年以上的工作人员。

（3）考核期内请假超过____月的工作人员。

第 3 条　考核原则

1. 明确公开的原则。

2. 客观公正的原则。

第 2 章　目标管理考核

第 4 条　组织管理

1. 目标管理小组：由人力资源部经理与各职能部门负责人组成，具体负责监督目标管理责任书签订，对目标管理责任书执行情况进行监督、检查、考核，查找出工作中存在的问题，并提出整改措施和建议。

2. 人力资源部负责考核的组织、考核结果汇总、统计等工作。

3. 技术部配合目标管理考核工作的实施。

第 5 条　考核周期

技术部工作目标管理考核实施年度考核，于次年 1 月 10 日完成相关考核工作。

第 6 条　考核内容设计

1. 技术部工作人员的考核主要从工作业绩、工作态度、工作能力等方面展开，其中工作业绩为考核工作的重点。

2. 考核依据为技术部工作人员考核年度的工作目标、岗位职责、工作规范、工作数量和质量记录、考勤记录、考核成果记录、技术服务对象评价结果等。

3. 不同级别人员的业绩考核重点

（1）技术部经理考核重点为：技术管理制度与标准的完善程度、成本费用控制情况、技术交流与合作情况、技术改造和创新情况、部门员工管理情况等。

（2）技术部主管或工程师考核重点为：实际承担的技术改造和创新项目实施情况、本岗位工作任务的完成情况、技术保密工作管理以及下属员工的管理情况等。

（3）技术专员考核重点为：提供技术服务质量、工作任务的完成情况、参加培训活动的次数、技术资料归档与保管情况等。

第 7 条　考核结果管理与运用

1. 本次绩效考核结果分为优秀、良好、一般、较差四个等级。其中优秀比例不超过 10%。年度目标考核期内病、事假累计超过______天及以上者不得被评定为优秀。

2. 被考核者存在下列情况之一者，考核结果直接认定为不合格。

（1）年度目标考核期内出现技术保密责任事故者。

（2）忽视操作安全、违反操作规程，导致严重事故责任者。

3. 工作目标管理考核结果作为技术部工作人员奖金发放、职位晋升的依据。

第 8 条　考核程序

1. 由被考核者对照目标责任书进行自评，然后由同事和上级主管对照目标责任书对被考核者进行评分；人力资源部汇总考核结果，并确定考核等级。

2. 人力资源部向目标管理小组提交考核结果，并由目标管理小组审核确定后下发至技术部。

3. 被考核者直接上级应及时与下属进行绩效面谈，明确绩效改进内容，并确定下一阶段绩效工作目标。

第 3 章　附　则

第 9 条　本办法由公司人力资源部负责解释。

第 10 条　本办法自公布之日起实施。

修订记录	修订标记	修订处数	修订日期	审批签字

6.3　技术部业务管理规章制度

6.3.1　技术引进办法

编制部门： 编制日期：	技术引进管理办法	执行部门： 制度版本：

第 1 章　总　则

第 1 条　目的

为更好地借鉴和学习国内外先进技术，增强公司的技术研发和生产能力，提高公司市场竞争实力，依据国家和相关部门对技术引进工作的要求，结合本公司实际情况，制定本办法。

第 2 条　适用范围

本办法仅适用于公司技术引进相关工作的处理。

第 3 条　本办法所称技术引进，是通过贸易或经济技术合作的途径，从国外企业、团体、个人（以下简称供方）所获得的技术。

第 2 章　技术引进组织与实施

第 4 条　技术引进组织管理

1. 技术部是技术引进的归口管理部门，具体负责技术引进的准备与实施工作。

2. 财务部按照合同规定，做好技术引进的付款、结算工作。

3. 相关职责部门负责技术引进后的具体应用工作。

第 5 条　技术引进前期准备

1. 根据公司发展战略规划，明确本阶段需要引进的技术。

2. 通过市场调查和分析，明确公司所需引进的技术在国内外的发展状况。

3. 在与供方进行技术交流与初步询价的基础上，选择 3 家供方作为对象，进行深入了解，必要时可由总经理指派专人进行出国考察。

4. 编制技术引进可行性报告，经总经理审核通过后由技术部组织实施技术引进工作。

第 6 条　技术引进实施管理

1. 通过与供方进行技术、价格、供给条件等方面的讨论，筛选出对本公司最为有利的供方作为拟签约的供方。

2. 由技术部、财务部、办公室相关工作人员组成谈判小组，并指定谈判负责人，与拟签约供方就技术引进相关事宜及合同条款内容进行谈判；谈判小组在每次谈判前应认真做好预案，在谈判后应及时研究，为下次谈判做好准备，以保障公司合法权益。

3. 谈判小组负责拟定技术引进合同，经总经理审核通过后，签订技术引进合同。

4. 技术部根据合同规定，办理技术引进的验收工作，验收合格后提交合格证明，交财务部办理款项支付手续。

第 7 条　技术引进合同与资料的管理

1. 技术引进合同内容及程序应符合国家相关规定。

2. 技术部管理技术合同，并根据合同执行情况，对遇到的问题进行及时处理。

3. 供方按规定提供的与引进技术有关的资料，由技术部依照技术引进图纸资料管理办法的相关规定进行妥善保管。

第 3 章　引进技术的消化与吸收

第 8 条　为确保引进技术的消化与吸收，技术部应指派专人或成立研究小组，具体负责引进技术的消化与吸收工作，其具体的职责如下：

1. 参加供方组织的技术培训或技术指导。

2. 负责编制引进技术的消化和吸收计划，报技术部经理审批。

3. 负责对引进技术所运用的理论与方法、工艺流程、技术标准等内容进行深入分析和研究，具体实施技术引进的内化工作。

4. 负责对所引进技术使用过程中面临的问题进行处理。

第 9 条　公司技术人员在参加供方进行的技术培训或指导时，应达到如下学习目标：

1. 掌握其设计理论或方法、技术标准。

2. 在引进技术的基础上作进一步发展和创新。

第 4 章　附　则

第 10 条　本办法未尽事宜，依照国家相关规定执行。

第 11 条　本办法由公司技术部负责解释。

第 12 条　本办法自____年____月____日起实施。

修订记录	修订标记	修订处数	修订日期	审批签字

6.3.2　工艺管理规定

编制部门： 编制日期：	工艺管理规定	执行部门： 制度版本：

第 1 章　总　则

第 1 条　目的

为加强公司的工艺技术管理，确保生产产品的质量，依据相关规定，结合本公司的生产实际，制定本规定。

第 2 条　适用范围

本公司工艺管理相关工作均依照本制度执行。

第 2 章　工艺管理内容及要求

第 3 条　工艺方案管理

1. 技术部制定生产工艺方案，经技术部经理审核后，制定详细的计划来监督落实。

2. 生产车间根据工艺方案内容，进行培训、学习并分解落实到各生产工序；并确定相关责任人以便于监督管理。

第 4 条　工艺指标和参数管理

1. 技术部会同生产车间制定工艺指标和工艺参数，生产车间负责分解、落实各工序的工艺指标和工艺参数。

2. 各生产车间应认真阅读并严格执行工艺指标和工艺参数，在执行中发现问题应及时提出改进建议，并经技术部进行修改后重新下达，重新下达前，生产车间或个人在此之前不得自行修改或拒绝执行。

3. 工艺指标和工艺参数的制定、修改、补充，必须由技术部经理审批后方可生效；未经技术部经理审核签字的，生产车间有权拒绝执行。

第 5 条　工艺技术整改

在生产过程中，发生重大工艺技术改变时，应经技术部经理同意报总经理批准后执行。

第 6 条　监督管理

1. 各工序操作人员严格按照操作规程或作业指导书要求操作，不得违章操作。

2. 工序负责人对本工序加工操作过程工艺执行情况进行监督。

3. 车间主任对本车间工艺执行情况进行监督。

4. 技术部应在生产过程中给予必要的技术指导。

5. 技术部有权对工艺规定的执行情况进行监督检查，对违反工艺规定，影响产品质量的操作者，有权规劝制止并实施相应的处罚措施。

6. 工艺管理人员必须经常深入车间，检验每道工序所下达的工艺、技术标准的执行情况，同时对产品质量进行监督检查。

7. 质量管理部应对整个生产过程加工质量进行跟踪检查，制定相应的质量检验制度与规范，记录有关技术数据和检验数据，并对出现的问题提出整改意见。

8. 公司内部任何违反工艺管理规定的行为，均应视情节严重程度给予相应的处理。

第 7 条　工艺文件管理

1. 接收工艺文件的各生产单位，必须按照公司文件管理制度的要求，进行接收登记、借阅和发放，并有具体负责人负责管理。

2. 工艺文件应保持完整，不得随意涂改乱画及有缺失的现象。

第 3 章　附　则

第 8 条　本规定由技术部负责制定。

第 9 条　本规定自公布之日起施行。

修订记录	修订标记	修订处数	修订日期	审批签字

第 7 章

研发部职位说明书与制度编制

7.1 研发部职位说明书

7.1.1 研发经理职位说明书

<table>
<tr><td rowspan="3">岗位信息</td><td>岗位名称</td><td>研发经理</td><td>所属部门</td><td>研发部</td></tr>
<tr><td>岗位编号</td><td></td><td>岗位序列</td><td></td></tr>
<tr><td>薪资标准</td><td></td><td>直接上级</td><td></td></tr>
<tr><td>职责概述</td><td colspan="4">领导和组织公司新产品开发研究、新技术推广应用和管理工作，实现公司产品开发的目标并提升公司的技术竞争力</td></tr>
<tr><td rowspan="6">岗位职责及绩效标准</td><td colspan="2">岗位职责</td><td colspan="2">绩效标准</td></tr>
<tr><td colspan="2">市场调研
1. 组织相关人员收集产品的功能、性能信息
2. 研究市场信息，包括市场动态、技术发展动态等</td><td colspan="2">信息收集及时、准确</td></tr>
<tr><td colspan="2">新产品开发
1. 负责制定、实施新品开发的工作流程和相关管理制度
2. 负责现有产品的设计变更、技术改进
3. 推动研发团队的工作，保证产品研发项目的进行，并对产品质量和技术工艺进行持续监督和监控</td><td colspan="2">1. 研发项目阶段成果达成率达 100%
2. 所获专利数量较上期增长 50%</td></tr>
<tr><td colspan="2">技术论证与交流
1. 负责跟踪和掌握同类技术发展趋势，组织部门内部技术论证会
2. 同国内外企业、科研院所开展技术合作和交流活动</td><td colspan="2">对外参加技术交流的次数不少于 3 次</td></tr>
<tr><td colspan="2">技术支持
1. 协助解决客户在产品使用过程中遇到的问题
2. 组织公司研发人员提供技术支持</td><td colspan="2">技术服务满意度评价达 85 分以上</td></tr>
<tr><td colspan="2">部门日常管理
1. 管理研发人员的工作分配
2. 组织业务学习，提高研发人员技能水平</td><td colspan="2">1. 核心员工流失率低于 5%
2. 培训计划完成率达 100%</td></tr>
</table>

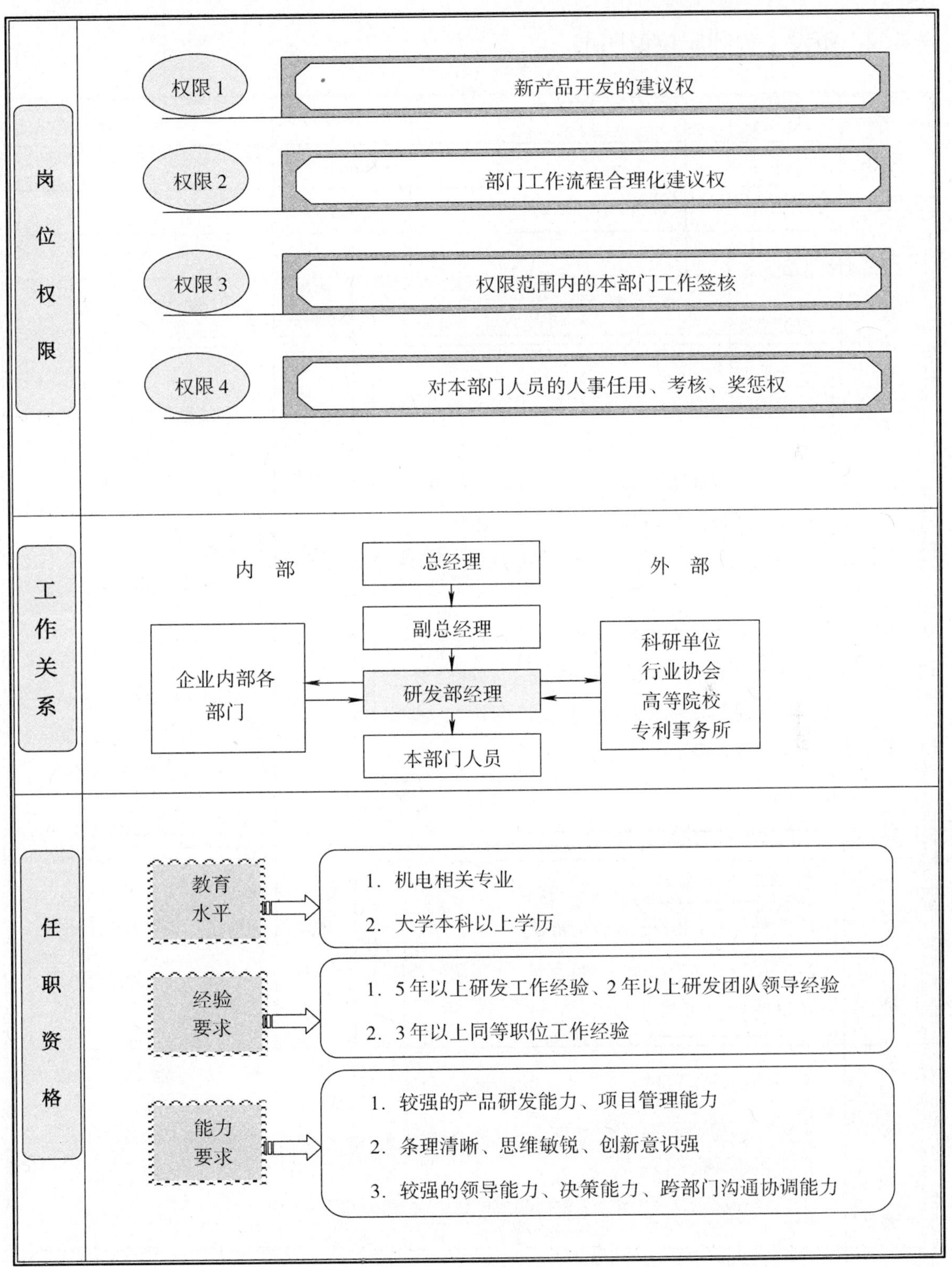
岗位权限
权限 1
新产品开发的建议权
权限 2
部门工作流程合理化建议权
权限 3
权限范围内的本部门工作签核
权限 4
对本部门人员的人事任用、考核、奖惩权
工作关系
内　部
总经理
外　部
副总经理
企业内部各部门
研发部经理
科研单位
行业协会
高等院校
专利事务所
本部门人员
任职资格
教育水平
1. 机电相关专业
2. 大学本科以上学历
经验要求
1. 5 年以上研发工作经验、2 年以上研发团队领导经验
2. 3 年以上同等职位工作经验
能力要求
1. 较强的产品研发能力、项目管理能力
2. 条理清晰、思维敏锐、创新意识强
3. 较强的领导能力、决策能力、跨部门沟通协调能力

7.1.2 研发工程师职位说明书

<table>
<tr><td rowspan="4">岗位信息</td><td>岗位名称</td><td>研发工程师</td><td>岗位编号</td><td></td></tr>
<tr><td>岗位等级</td><td></td><td>薪资水平</td><td></td></tr>
<tr><td>工作部门</td><td>研发部</td><td>直接上级</td><td></td></tr>
<tr><td>直接下级</td><td></td><td>所辖人数</td><td></td></tr>
<tr><td rowspan="3">工作职责及绩效标准</td><td colspan="2">职 责 描 述</td><td>责任划分</td><td>绩 效 标 准</td></tr>
<tr><td colspan="2">业 务 职 责
1. 组织人员收集行业研发信息，跟踪最新的研发发展态势
2. 协助研发部经理制定公司产品的研发规划
3. 积极关注行业发展动态，积累研发素材
4. 进行新技术、新工艺、新产品的立项、调研和可行性分析
5. 负责新产品的研发、试验、工艺改进
6. 对生产或试验中工艺异常情况进行分析、处理
7. 参与公司及部门各项质量活动，解决客户投诉中出现的质量技术问题</td><td>全责
协助
全责
部分
全责
全责
全责</td><td>1. 信息收集及时、准确
2. 申请立项通过率达____%
3. 所获专利数量达____项
4. 技术服务满意度评价不低于____分</td></tr>
<tr><td colspan="2">管 理 职 责
1. 对研发人员提供技术性的指导
2. 协助研发部经理进行项目管理、人员调配及技术考核</td><td>部分
协助</td><td>1. 员工绩效考核达标率达____%
2. 领导满意度评价不低于____分</td></tr>
<tr><td rowspan="3">职位关系</td><td colspan="2">可晋升职位</td><td colspan="2">研发部经理</td></tr>
<tr><td colspan="2">可相互轮换的职位</td><td colspan="2">研发项目经理</td></tr>
<tr><td colspan="2">可降低职位</td><td colspan="2">研发人员</td></tr>
</table>

<table>
<tr><td rowspan="3">任职资格</td><td>教育水平</td><td>1. 机电相关专业
2. 大学本科以上学历</td></tr>
<tr><td>工作经验及业务了解范围</td><td>1. 三年以上相关工作经验
2. 了解本行业产品和技术发展现状，掌握国内外最新技术、材料、工艺信息，熟悉研发流程</td></tr>
<tr><td>技能/能力</td><td>

能力项目	能力要求
研发能力	对新产品的研发、新技术的开发和应用等具备较强的专业开发能力
解决问题能力	能独立解决本职范围内专业方面的问题
学习能力	对本行业技术发展的信息和研究成果能进行快速的学习以及掌握

</td></tr>
</table>

7.1.3 测试员职位说明书

<table>
<tr><td rowspan="2">岗位信息</td><td>岗位名称</td><td>测试员</td><td>岗位编号</td><td></td></tr>
<tr><td>所属部门</td><td>研发部</td><td>直接上级</td><td></td></tr>
<tr><td>工作概述</td><td colspan="4">参照测试程序和相关标准对产品的性能进行测试，确保产品符合严格的质量标准</td></tr>
<tr><td>工作内容及绩效标准</td><td colspan="3">工作内容
1. 负责新产品实验检测
2. 检测数据统计
3. 对测试的结果进行评估，并对项目的优化给出可行的方案或建议
4. 协助产品故障分析
5. 测试设备的维护</td><td>绩效标准
1. 检测工作完成及时
2. 数据统计准确
3. 设备完好率达____%以上</td></tr>
<tr><td rowspan="3">任职资格</td><td>教育水平</td><td colspan="3">1. 机电相关专业
2. 大专以上学历</td></tr>
<tr><td>经验要求</td><td colspan="3">1 年以上本职工作经验，掌握常用测试工具、测试流程及其各项规范</td></tr>
<tr><td>能力要求</td><td colspan="3">1. 有较强的数据分析能力、学习能力
2. 有良好的团队合作能力及严谨的工作态度</td></tr>
</table>

7.2　研发部人力资源管理制度

7.2.1　项目团队考核制度

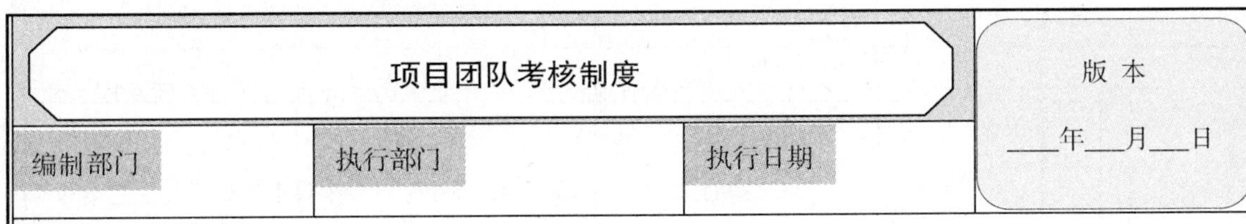

项目团队考核制度			版本
编制部门	执行部门	执行日期	____年___月___日

第 1 章　总　则

第 1 条　目的

为调动研发人员积极性、主动性，提高研发效率，结合公司实际，特制定本制度。

第 2 条　适用范围

1. 研发项目的整体考核

2. 项目负责人的考核

3. 项目组成员的考核

第 2 章　项目考核

第 3 条　项目整体考核

项目整体考核主要以“项目推进表”作为主要依据，项目整体考核内容分为项目周期执行情况、项目预算执行情况、项目质量执行情况三类。

1. 项目周期执行情况采用延期率考核

2. 项目预算执行情况采用预算费用超支率考核

3. 项目质量执行情况考核从返修率及产品创意两方面进行，其中，产品创意主要包括产品功能概念、文字说明、卖点等方面，考核主要由研发中心的客户、专业人员、消费者调查等组成。

第 4 条　项目负责人考核

对项目负责人的考核指标计分办法如下：

1. 管理及协调能力 20 分，分为五个等级（好、良好、一般、较差、差）。

2. 项目输出资料的完整性 10 分，分为三个等级（符合要求、基本符合、不符合）。

3. 项目进度的控制效果 30 分，按设计开发计划书，每延期一次扣 10 分，延期两次此项不得分。

4. 研发产品质量（试产前）40 分，根据试产出现问题的多少（多、较多、一般、较少、少）进行考核评分。

第 5 条　项目组成员考核

对项目组成员的考核由两部分组成，一是工作业绩考核，二是工作表现考核。工作业绩考核占总体考核的 80%，工作表现考核占总体考核的 20%。具体内容如下表所示。

项目组成员考核表

考核内容		评分办法
工作业绩	项目进度	1. 提前完成研发任务，工作效率高，对推动项目进度发挥了较大的作用，______分 2. 按时按质地完成研发计划任务，工作效率较高，______分 3. 基本上能够完成研发计划任务，工作成果一般，______分 4. 部分关键性的研发任务未能完成，______分 5. 未能按期完成工作任务，影响了总体进度，______分
	研发产品质量（试产前）	根据试产出现问题的多少（多、较多、一般、较少、少）进行评分
工作表现	工作主动性	分别根据设定的标准（差、较差、一般、好、良）进行评定
	工作积极性	
	创新性	

第 3 章　项目考核管理

第 6 条　对项目总体考核过程

1. 开发项目完成后，由项目经理提出考核申请，公司组织考评小组根据考评的办法进行考核。公司财务部提供项目费用明细表并测算项目预算执行情况。

2. 项目经理提供项目实际执行周期。项目质量执行情况根据具体考评办法由考评主体组织考核。相关部门测评有关数据，考评小组组织对项目总体的测算得出考核结果。

第 7 条　对项目负责人的考核

1. 项目负责人的考核由公司高层领导牵头，由管理部牵头组织，财务部、采购部、预结算部、设计部等部门参与，按月或进度对项目经理进行考核。

2. 考核办法以项目经常性检查、项目阶段性考核和项目完成后总体评定相结合的方式对项目负责人进行考核

第 8 条　对项目成员的考核过程

对“项目任务书”的确认，由直接上级（一般直接上级为项目经理，对于项目下设组的，对组员的考核由项目组组长负责）完成。由直接上级评定其工作表现得分。

第 4 章　考核结果的运用

第 9 条　考核结果作为发放项目奖金的依据。公司针对每一个研发成功的项目设立专项奖金，奖金数额按项目的技术复杂程度（技术含量）及项目完成后在一年内的预计净收益的一定比例提取。项目奖金总额与项目完成情况挂钩。

第 10 条　确定项目组成员的奖金额。对于组成项目的不同岗位在项目中所起的贡献不同，在项目初期，由公司考评小组和项目经理等共同确定不同岗位对奖金额的不同分成比例，结合项目成员的考核分数给予奖励。

第 11 条　除了项目奖金以外，公司还设定了特别奖惩规定。研发产品投放市场半年以后反映良好，销量超出预期的目标，为公司带来了良好的效益，公司视实际情况给予项目组按该产品销量的一定比例给予奖励。如研发产品投放市场以后反映不良，或反映出产品开发上的问题，公司视实际损失情况给予项目组一定的处罚。

第 12 条　考核结果作为项目负责人后备人才培训和选拔的依据。

修订记录	修订标记	修订处数	修订日期	审批签字

7.2.2 研发人员奖惩制度

研发人员奖惩制度			版本
编制部门	执行部门	执行日期	____年___月___日

第1条 目的

为严明纪律，奖惩分明，提高员工工作积极性，提高工作效率和经济效益，特制定本制度。

第2条 适用范围

研发部所有员工。

第3条 奖惩原则

1. 奖惩有据：奖惩的依据是公司的各项管理规章制度、员工岗位职责及工作目标等。

2. 奖惩及时：为及时地鼓励员工对公司的贡献和正确的行为以及纠正员工的错误行为，使奖惩机制发挥应有的作用，奖惩必须及时。

3. 奖惩公开：为了使奖惩公平、公正，并达到应有的效果，奖惩结果必须公开。

第4条 奖励

公司对研发部员工设置的奖励方式及规定的奖励范围如下表所示。

奖励方式及奖励范围

奖励方式	奖励范围
奖金 加薪 其他（带薪休假、培训机会等）	1. 通过技术改造和工艺试验，寻找到质优价廉的新材料、新配方或新工艺，对参与者按贡献大小进行奖励 2. 成功开发新产品并投入市场的，根据产品的销量及利润情况对参与者按贡献大小给予奖励 3. 能积极收集信息，提出产品开发项目的 4. 对研发中心工作提出合理化建议，经采纳后有成效的 5. 成功申请专利、成果，成功发表论文的 6. 为公司争取到项目资金的 7. 对现有检验方法、检验设备进行改进取得成效的 8. 新增检验项目被采纳的 9. 积极维护公司形象，在客户中树立良好公司形象和口碑的 10. 品行端正，工作努力，能适时完成重大或特殊交办任务的 11. 全年从未迟到、早退及请假而且工作勤奋的 12. 能热心帮助他人进步，起到传帮带作用的 13. 其他奖励参照公司相关规定

第5条 处罚

有下列事由之一的员工，经调查核实后，应根据情节轻重给予相应的惩处。具体内容如下表所示。

处罚方式及处罚范围

处罚方式	处罚范围
警告	1. 无正当理由未按时完成开发、设计任务的 2. 不服从部门领导安排或阳奉阴违的 3. 员工之间相互攻击，未达成团队合作精神的 4. 违反公司规章制度的
记过	1. 未按时完成检验任务或检验结果不准确的，多次发生类似错误的 2. 违反各项业务操作流程发生差错，情节轻微的 3. 工作不负责任，管理混乱，情节轻微的 4. 发现了问题但不及时处理又隐瞒不报的 5. 未按要求操作和保养试验设备的
辞退	1. 违反公司保密规定，致使公司造成重大损失的 2. 工作不负责任，造成公司财产严重损失；擅离职守，出现重大差错，给公司带来重大损失的 3. 其他规定的情形

第 6 条　奖惩程序

1. 员工有符合奖惩条件的，由研发中心经理统一申报并提供相应的材料。

2. 人力资源部负责调查落实，其审核批准权限按人事管理责权划分执行。

第 7 条　附件

奖惩审批表

被建议人	部门		姓名	
	职位		入职时间	
建议类别	奖励类别			
	惩处类别			
事实说明				
所在部门意见				
人力资源部意见				
公司领导意见				

修订记录	修订标记	修订处数	修订日期	审批签字

7.3 研发部业务管理规章制度

7.3.1 新产品开发管理制度

编制部门： 编制日期：	新产品开发管理制度	执行部门： 制度版本：

第1章 总 则

第1条 目的

为规范公司新产品开发管理，优化产品结构，提高产品的市场竞争力，特制定本制度。

第2条 适用范围

本制度适用于公司新产品开发、旧产品改良、产品更新换代等。

第3条 权责单位

1. 研发部负责本办法制定、修改、废止之起草工作。

2. 总经理负责本办法制定、修改、废止之核准。

第2章 市场调研与可行性分析

第4条 调查研究内容

新产品开发前首先应进行可行性分析，新产品开发小组必须从产品的市场需求、技术现状、发展趋势及资源效益四个重要方面分析论证及科学预测。

第5条 调研对象

1. 调查国内市场以及国际重点市场的技术现状和改进要求。

2. 以国内同类产品市场占有率在前三名的产品以及国际名牌产品为对象，调查同类产品的质量、价格及使用情况。

3. 广泛收集国内外有关信息和专利，然后进行新产品开发可行性分析研究。

第6条 可行性分析的主要工作

1. 论证该产品的技术开发方向和动向。

2. 论证市场动态及发展该产品具备的技术优势。

3. 论证该产品开发所具备的资源条件和可行性（含物资、设备、能源、外协配套设备等因素）。

4. 初步论证新产品经济效益。

5. 编制该产品批量投产的“可行性分析报告”。

第 3 章　新产品试制

第 7 条　试制一般分为样品试制和小批量试制两个阶段：

1. 样品试制是指根据设计图纸、技术文件和少数必要的工装，由试制车间试制出一件或数十件样品，然后按要求进行试验，以考查产品的性能和设计的合理性。此阶段应完全在研究所内进行。

2. 小批量试制是在样品试制的基础上进行的，它的主要目的是考核产品工艺性，进一步校正和审验设计图纸。此阶段以研究所为主，由工艺室负责技术文件和工具设计，试制工作部分转移到生产车间进行。

第 8 条　在样品试制和小批量试制结束后，应分别对考核情况进行总结，并编制下列文件：

1. 试制总结。

2. 型式试验报告。

3. 试用（运行）报告。

第 4 章　新产品鉴定

第 9 条　在完成样品试制和小批量试制的全部工作后，按项目管理级别申请鉴定。

第 10 条　新产品样品鉴定须具备下列条件：

1. 新产品符合可行性研究报告规定的技术、经济指标等要求。

2. 有新产品开发计划、产品图纸、标准、研制报告等技术文件。

3. 有产品检验报告、用户试用证明。

第 5 章　新产品投产及评价

第 11 条　新产品鉴定完成后移交生产部门管理，并同时移交产品技术标准、工艺规程及其他有关技术资料。

第 12 条　移交投产后______个月，企业对新产品的投资效果、质量标准、市场前景等情况进行分析。

第 13 条　涉及知识产品的新产品开发项目，企业向国家相关部门进行申报。

第 6 章　技术文件管理

第 14 条　研发部必须将新产品开发的相关技术资料进行分类归档管理。

第 15 条　任何人员、任何部门均不得擅自更改公司的技术文件，对制定审批后的文件应严格执行。

第 16 条　在使用中发现文件中有差错或需进行更改，由使用部门提出报研发部，负责人签注意见后，由原开发人员进行更改，如指定其他人员更改，应取得相应的背景资料。

修订记录	修订标记	修订处数	修订日期	审批签字

7.3.2 技术资料管理制度

编制部门： 编制日期：	技术资料管理制度	执行部门： 制度版本：

第1章 总 则

第1条 目的。为建立、健全公司技术档案工作，完整地保存和科学地管理公司的技术资料和信息，特制定本制度。

第2条 公司技术资料界定。公司技术资料包括但不限于如下类别：

1. 公司的产品设计图纸，各种技术标准、技术档案和技术资料。

2. 项目的研究资料。

3. 工艺规程、工艺技术参数等技术资料。

4. 打印出图的、尚在计算机里的图纸资料、技术文档等。

第2章 技术资料的管理与归档

第3条 公司的技术资料应该按照资料性质、机密程度分类归档，登记建卡，记录该资料的归档时间、存档期限、机密程度、产生部门、借阅记录等。

第4条 公司的技术资料由____________统一保管，并设技术资料管理岗位，专门负责公司技术资料管理。

第5条 员工借阅技术资料，必须填写“技术资料借阅申请单”，申请单上必须经该员工的所在部门负责人和______部负责人签字，否则，技术资料管理员可拒绝借阅请求。借阅者必须妥善保管，不得遗失。

第6条 技术文件应分类保存，管理要科学系统，能有效控制，确保各相关部门能得到有效的版本，防止作废的技术文件误用。作废的技术文件须经技术部门鉴定且公司总经理批准后销毁。

第7条 技术资料管理员必须做好技术资料的安全防护工作，进行严格的防火、防盗、防潮工作，保持技术资料的完整。

第3章 技术文件的更改

第8条 技术文件更改的前提

1. 客户要求更改。

2. 由于开发试制的疏忽而必须更改。

3. 技术要求过高，生产设备无法达到而必须进行更改等。

第 9 条　各部门如确需对技术文件进行更改，须由各部门负责人填写技术文件更改申请单，报技术负责相关领导审核，总经理批准。

第 4 章　技术资料的保密管理

第 10 条　各部门对载有技术秘密的文件材料、图纸、磁（光）盘、图像、声像等资料及样品，必须注明保密和密级字样，并根据密级采取保密措施，归档保存，严格查阅、借阅制度。

第 11 条　非工作人员未经允许，不得随意翻阅技术档案。

第 12 条　保密内容的科技成果，进行技术转让时，应在协议中明确规定相应的保密要求，受让单位和有关人员应承担保密义务。

第 13 条　工作调动时，办理好技术保密资料移交手续，私人不得带走保密资料。

第 14 条　本单位科技人员、行政管理人员以及因业务上可能知悉技术秘密的人员或业务相关人员，必须与法人签订包括有保护技术秘密的《知识产权保护协议》。

第 15 条　人力资源部门在调入新职工时，应当主动了解该职工在原单位所承担的保密义务和竞业限制义务，以免侵犯他人的合法权益。

第 16 条　技术档案如有丢失、被盗、泄密等情况，应立即上报并采取措施作妥善处理。

修订记录	修订标记	修订处数	修订日期	审批签字

第 8 章

采购部职位说明书与制度编制

8.1 采购部职位说明书

8.1.1 采购经理职位说明书

<table>
<tr><td rowspan="3">岗位信息</td><td>岗位名称</td><td>采购部经理</td><td>所属部门</td><td>采购部</td></tr>
<tr><td>岗位编号</td><td></td><td>岗位序列</td><td></td></tr>
<tr><td>薪资标准</td><td></td><td>直接上级</td><td></td></tr>
<tr><td>职责概述</td><td colspan="4">全面负责公司生产所需原材料及消耗品等物资的采购工作，确保及时采购优质物资，降低采购成本，保证公司生产经营正常进行</td></tr>
<tr><td rowspan="7">岗位职责及绩效标准</td><td colspan="2">岗位职责</td><td colspan="2">绩效标准</td></tr>
<tr><td colspan="2">采购制度管理
1. 制定采购管理制度、采购工作流程及规范
2. 监督采购管理制度、流程、规范的执行</td><td colspan="2">制度完善、规范且得到全面实施</td></tr>
<tr><td colspan="2">供应商管理
1. 负责组织供应商的开发工作，并建立评估系统组织评估
2. 负责组织供应商档案的建立、更新和完善工作</td><td colspan="2">1. 供应商开发计划达成率达___%
2. 供应商档案完整</td></tr>
<tr><td colspan="2">采购实施
1. 负责主持采购招标、合同评审、大宗业务的洽谈工作
2. 根据生产进度和仓储情况合理控制采购进度
3. 负责采购费用的审核和采购价格的控制工作
4. 负责采购报表的统计和分析工作</td><td colspan="2">1. 采购成本降低率达___%
2. 采购及时率达___%
3. 采购质量合格率达___%
4. 采购计划完成率达___%</td></tr>
<tr><td colspan="2">采购检验
1. 组织检验人员对采购物资进行检验
2. 对物资检验过程中发生的各种问题提出处理意见和建议</td><td colspan="2">1. 采购检验及时率达___%
2. 采购检验异常处理及时</td></tr>
<tr><td colspan="2">部门内部管理
1. 负责对下属员工进行业务指导和相关培训工作
2. 负责对下属员工进行考核及提出升职、调动等意见</td><td colspan="2">1. 培训计划完成率达100%
2. 核心人才流失率低于___%</td></tr>
</table>

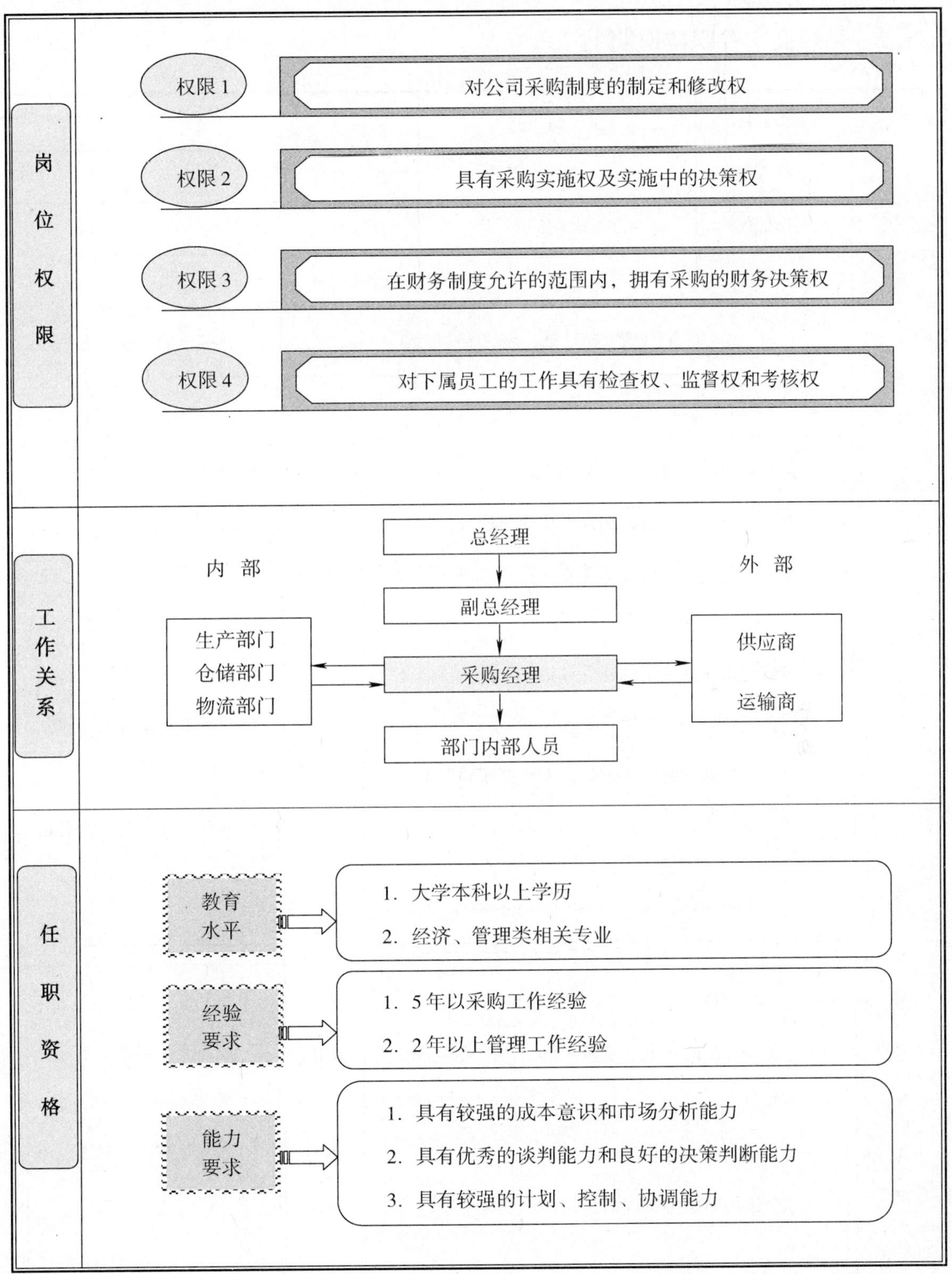
岗位权限
权限 1
对公司采购制度的制定和修改权
权限 2
具有采购实施权及实施中的决策权
权限 3
在财务制度允许的范围内，拥有采购的财务决策权
权限 4
对下属员工的工作具有检查权、监督权和考核权
工作关系
总经理
内 部
外 部
副总经理
生产部门
仓储部门
物流部门
采购经理
供应商
运输商
部门内部人员
任职资格
教育水平
1．大学本科以上学历
2．经济、管理类相关专业
经验要求
1．5 年以采购工作经验
2．2 年以上管理工作经验
能力要求
1．具有较强的成本意识和市场分析能力
2．具有优秀的谈判能力和良好的决策判断能力
3．具有较强的计划、控制、协调能力

8.1.2 供应商主管职位说明书

<table>
<tr><td rowspan="4">岗位信息</td><td>岗位名称</td><td>供应商主管</td><td>岗位编号</td><td></td></tr>
<tr><td>岗位等级</td><td></td><td>薪资水平</td><td></td></tr>
<tr><td>工作部门</td><td>采购部</td><td>直接上级</td><td></td></tr>
<tr><td>直接下级</td><td></td><td>所辖人数</td><td></td></tr>
<tr><td rowspan="3">工作职责及绩效标准</td><td colspan="2">职责描述</td><td>责任划分</td><td>绩效标准</td></tr>
<tr><td colspan="2">业务职责
1. 负责组织潜在供应商的拜访工作，选择潜在供应商进行开发，为公司提供优质供应商
2. 建立完善的供应商评估体系，定期对供应商进行评估和判断
3. 负责与供应商关系的建立和维护，保持供应商与公司良好的业务关系
4. 负责组织供应商信息收集，不断更新和完善供应商资料库</td><td>全责
全责
全责
部分</td><td>1. 新供应商开发数达____家
2. 优质供应商比率达____%
3. 供应商履约率达____%
4. 供应商评估体系科学、完善
5. 供应商档案完整、更新及时、有效真实
6. 供应商满意度评价不低于____分</td></tr>
<tr><td colspan="2">管理职责
1. 根据企业战略规划和资源市场，协助采购经理制定供应商管理工作计划，及相关管理制度
2. 负责下属的业务指导工作
3. 监督下属对相关制度的执行</td><td>协助
全责
协助</td><td>1. 供应商管理制度规范、完善
2. 下属考核达标率达____%</td></tr>
</table>

<table>
<tr><td rowspan="3">职位关系</td><td>可晋升职位</td><td>采购经理</td></tr>
<tr><td>可相互轮换职位</td><td>采购主管</td></tr>
<tr><td>可降低职位</td><td>供应商管理员、采购专员</td></tr>
<tr><td rowspan="3">任职资格</td><td>教育水平</td><td>1. 大学本科以上学历
2. 经济、管理类相关专业</td></tr>
<tr><td>工作经验及业务了解范围</td><td>1. 3 年以上供应商管理经验
2. 熟悉采购谈判方法、供应商管理系统等基本知识</td></tr>
<tr><td>技能/能力</td><td><table>
<tr><th>能力项目</th><th>能力要求</th></tr>
<tr><td>谈判能力</td><td>能够准确把握对方的观点，合理推测对方意图，灵活应变，一般可以取得商务谈判的主动权</td></tr>
<tr><td>沟通能力</td><td>能够在不同场合与不同对象采取不同的沟通方式，捕获相关信息</td></tr>
<tr><td>计划能力</td><td>具有良好的计划能力，根据工作需要，提出具体可行的工作规划和建议，能够区分工作的轻重缓急，并制定优化的方案和执行时间表</td></tr>
</table></td></tr>
</table>

8.1.3 采购计划专员职位说明书

<table>
<tr><td rowspan="2">岗位信息</td><td>岗位名称</td><td>采购计划专员</td><td>岗位编号</td><td></td></tr>
<tr><td>所属部门</td><td>采购部</td><td>直接上级</td><td></td></tr>
<tr><td>工作概述</td><td colspan="4">在采购经理的领导下，根据公司物料需求情况和库存情况，编制采购计划并监督执行，以满足公司销售订单和生产需求</td></tr>
<tr><td>工作内容及绩效标准</td><td colspan="2">工作内容
1. 根据公司的生产计划和物料消耗，编制物料需求计划和采购成本预算
2. 根据物料需求计划、预算采购成本、销售计划及库存状况，编制采购计划
3. 根据生产、销售和库存的实际情况随时调整采购计划
4. 对非计划货物需求，编制临时采购计划
5. 监督采购计划执行，定期向采购经理汇报计划执行情况
6. 及时解决采购计划中出现的问题</td><td colspan="2">绩效标准
1. 采购计划编制及时合理，无重大偏差
2. 临时采购计划编制及时
3. 采购成本预算编制准确
4. 采购物资按期准时到达</td></tr>
<tr><td rowspan="3">任职资格</td><td>教育水平</td><td colspan="3">1. 大学专科以上学历
2. 经济、管理类相关专业</td></tr>
<tr><td>经验要求</td><td colspan="3">2年以上相关工作经验</td></tr>
<tr><td>能力要求</td><td colspan="3">1. 具有较强的分析计划能力，对事物的分析合理、计划周详且科学
2. 具有良好的协调能力，可以充分利用、协调各种资源，达成工作目标</td></tr>
</table>

8.1.4　采购专员职位说明书

<table>
<tr><td rowspan="2">岗位信息</td><td>岗位名称</td><td>采购专员</td><td>岗位编号</td><td></td></tr>
<tr><td>所属部门</td><td>采购部</td><td>直接上级</td><td></td></tr>
<tr><td>工作概述</td><td colspan="4">主要负责公司采购工作，提高采购质量和采购效率，降低采购成本，保证生产物资及时供应</td></tr>
<tr><td>工作内容及绩效标准</td><td colspan="3">工作内容
1. 收集、分析、汇总及考察评估供应商信息，并进行供应商关系的维护
2. 不断开拓有价值的供货渠道，保证货源的充足及品质
3. 按公司采购流程进行询价、比较、审样、订购产品
4. 完成采购订单制作，确认、安排发货及跟踪到货日期
5. 负责签订采购合同，保障合同正常如期地履行，并催讨欠款、退货或索赔款项及其他事项
6. 负责采购物资的收货、验货与入库办理
7. 填写有关采购表格，提交采购分析和总结报告</td><td>绩效标准
1. 采购计划完成率达___%
2. 新开发供应商数量达___家
3. 采购物资质量合格率达___%
4. 采购物资及时到货率达___%
5. 采购成本降低率达___%
6. 货款回收率达___%</td></tr>
<tr><td rowspan="3">任职资格</td><td>教育水平</td><td colspan="3">1. 专科以上学历
2. 采购、物流管理等相关专业</td></tr>
<tr><td>经验要求</td><td colspan="3">1 年以上采购相关工作经验</td></tr>
<tr><td>能力要求</td><td colspan="3">1. 具有较强的商务谈判能力
2. 具有良好的沟通协调能力
3. 具有较强的团队合作能力</td></tr>
</table>

8.2 采购部人力资源管理制度

8.2.1 采购人员培训制度

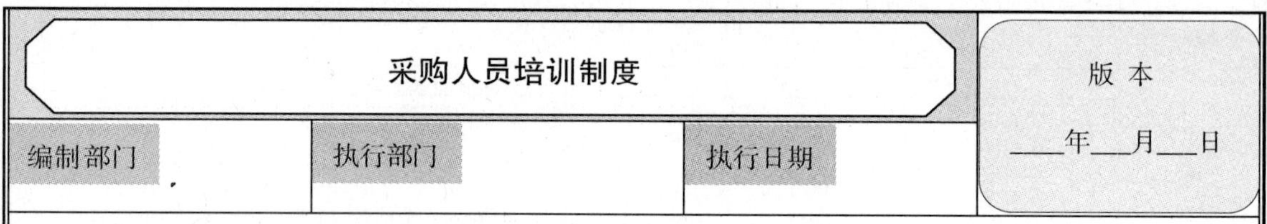

采购人员培训制度			版本
编制部门	执行部门	执行日期	____年___月___日

第1章 总 则

第1条 为了提高采购人员的采购工作能力和采购水平，加强采购队伍的建设，确保采购质量，降低采购成本，结合公司实际情况，特制定本制度。

第2条 本制度适用于采购人员的培训管理。

第2章 培训管理细则

第3条 培训目标

提高采购人员选择最佳供应商和采购策略的能力，确保采购工作高质量、高效率及低成本执行，与供应商保持良好的战略伙伴关系。

第4条 培训分类

1. 采购管理人员培训：综合考虑工作年限和岗位两大因素确定初级培训和高级培训。
2. 采购一线人员培训。

第5条 培训计划

1. 人力资源部每年根据员工具体情况和目标要求制定当年培训计划并作好相应的培训预算。
2. 制定好的培训计划提交公司总经理审批。
3. 根据审批后的培训计划实施培训。

第6条 培训实施

1. 培训计划的实施采取公司内部训练、参加外部培训课程、提供进修支持等方式。
2. 培训前人力资源部做好培训准备工作，包括提前通知参训人员、准备好培训资料、与外部培训机构的联络、培训场地的布置等事项。
3. 培训中由培训部和采购部门直属管理层参与监督和跟踪，强化培训效果，对培训进行监督。
4. 培训后人力资源部要及时做好培训总结，做好培训记录和培训档案管理工作，并形成书面文件。

第7条 培训内容

对于采购人员的培训，分为三大块内容：专业技能、一般技能、专业认证。

1. 专业技能

公司采购人员专业技能培训内容

采购管理人员		采购专业人员
初级	高级	——
采购策略；采购项目管理；供应商管理和联盟；采购问题分析和解决	采购策略；现代采购技术；供应链管理；采购绩效与目标管理；采购与公关	采购基础训练；采购成本管理 采购法务知识 采购谈判策略和技巧；电子采购和电子合约 供应商管理

2. 一般技能

公司采购人员一般技能培训内容

采购管理人员		采购专业人员
初级	高级	——
压力管理；自我激励；沟通技巧	采购公关；采购人事管理；冲突管理；激励技巧；领导力	沟通技巧；行为规范 采购绩效管理；压力管理

3. 专业认证

公司采购人员专业认证培训内容

采购管理人员		采购专业人员
初级	高级	——
APP 国际专业采购认证	CPM 认证采购经理	APP 国际采购专业认证

第 3 章　附　则

第 8 条　本制度最终解释权归公司人力资源部所有。

第 9 条　本制度自颁布之日起实行。

修订记录	修订标记	修订处数	修订日期	审批签字

8.2.2 采购经理目标责任书

采购经理目标责任书			版本
颁布部门	执行部门	执行日期	____年___月___日

一、目的

为了公正客观地评价采购经理的工作绩效，确保完成公司各项采购目标，特制定本目标责任书。

二、考核期限

________年______月______日至________年______月______日。

三、采购经理的职权

1. 建立和完善采购部规章制度，并对公司采购发展及规划提出建议。
2. 有权确定采购方式，在财务制度规定的范围内对采购资金进行支配。
3. 有权代表公司选择、评估、确定、解除供应商。
4. 有权代表公司签订采购合同。
5. 有权指导、监督下属，对下属职位升降、培训等有建议权。

四、绩效目标及考核标准

公司对采购经理拟定的绩效目标及考核标准如下表所示。

××公司采购经理量化考核表

工作大项	绩效工作	考核标准
采购计划制定	公司采购战略规划合理、各项采购计划编制及时且科学	领导对采购规划满意度评分达____分以上，每低于____分，减____分；各项采购计划提交每有1次延迟，减____分
采购制度建设	公司各项采购制度规范、完善	制度体系存在重大漏洞，减____分
采购预算及成本控制	组织编制公司采购预算方案并及时提交，采购成本分析和控制	采购预算方案每有1次延迟提交，减____分；成本分析报告提交每延迟1次，减____分；成本分析报告质量评分达____分以上，每低于____分，减____分
采购数量和质量	根据生产、销售和库存的实际情况，确定最佳采购数量，并按目标完成采购任务，确保采购质量	采购计划完成率达____%，每低于____%，减____分；质量合格率达____%，每低于____%，减____分
采购时间和效率	根据库存情况和生产需要紧急程度，按时采购物资，确保采购高效率进行	采购物资每有1次延期到达，减____分；每有1次订单处理延迟，减____分，3次以上得0分

续表

工作大项	绩效工作	考核标准
供应商管理	选择并开发优质供应商，建立并维护与供应商之间的关系，定期对供应商进行评估，更新和完善供应商资料库	新开发供应商数量达____家，每少于 1 家，减____分；优秀供应商比率达____%，每低于____%，减____分；供应商满意度评价低于______分，减______分
部门管理	做好采购人员队伍建设，制定部门培训计划为下属人员培训，并指导好下属人员工作，确保无重大差错事故	培训计划完成率达____%，每低于____%，减____分；下属人员重大违规每发现 1 次，减____分

五、附则

1. 责任人在工作期间若出现重大责任事故，则公司有权对责任人提出终止聘用合同。
2. 本公司在生产经营环境发生重大变化或发生其他情况时，有权修改本责任书。
3. 本目标责任书未尽事宜在征求公司总经理意见后，由公司另行研究确定解决办法。
4. 本责任书解释权归公司人力资源部。

修订记录	修订标记	修订处数	修订日期	审批签字

8.3 采购部业务管理规章制度

8.3.1 供应商管理制度

编制部门： 编制日期：	供应商管理制度	执行部门： 制度版本：

第1章 总 则

第1条 为了选择优质的供应商，并维护好良好的关系，使其为公司提供优质的物资和服务，根据公司采购战略规划和当前供应商管理的实际情况，此特制定本制度。

第2条 本制度适用于与公司有业务联系的所有供应商的管理。

第2章 供应商开发与选择

第3条 供应商开发权责

采购部负责供应商的开发工作。

第4条 供应商开发流程

1. 按照公司供应商选择标准寻找供应商。
2. 收集供应商的相关信息，填写供应商基本资料表。
3. 与供应商进行实际洽谈，了解其基本情况。
4. 供应商调查，了解供应商实际情况。
5. 提出供应商调查评核之申请。
6. 根据实际调查情况确定是否为合格供应商。

第5条 供应商选择应该考虑的因素

1. 供应商的经营资质，是否有经营许可证、经营是否合法等。
2. 供应商是否有完善的质量管理体系，是否获得了质量管理体系认证。
3. 供应商管理状况：是否有完善的管理制度、是否有良好的应急能力、是否有优化的组织系统等。
4. 供应商的企业声誉：是否有良好的声誉、信誉等。
5. 供应商的生产状况和技术水平：是否具有良好的生产设备、生产环境和生产技术水平等。
6. 供应商价格、售后服务等：价格是否合理、是否具有良好的售后服务管理等。

第3章 供应商评估

第6条 权责组织

对于供应商评估主要由采购经理、供应商主管等相关人员进行。

第 7 条 供应商评估内容及标准

供应商评估内容主要包括产品质量、产品价格、产品交期、售后服务、供应商自身状况 5 个方面，具体权重及评价标准如下。

供应商评估内容及标准

评估项目	权重（%）	评估标准
产品质量	40	进料批次合格率达 100%，每低于_____%，扣_____分
产品价格	20	产品价格比市场平均价格每高_____%，扣_____分；产品价格比市场平均价格每低_____%，加_____分
产品交期	20	每有 1 批次延迟_____日以内，扣_____分；每有 1 批次延_____日以内，扣_____分；每有 1 批次延_____日及以上，扣_____分
售后服务	10	服务态度恶劣，扣_____分/次；退换货效率低下，扣_____分/次
供应商自身状况	10	视供应商财务状况、信誉状况、生产技术水平状况等具体情况酌情加减分

第 8 条 供应商评估结果管理

1. 根据供应商的评估结果，对供应商进行等级划分，划分原则为正态分布，一般划分为 5 个等级。

2. 对于各等级的供应商进行奖惩，对于优秀供应商增加订单量，或给予一定的优惠；对于较差的供应商给予必要的沟通，或者予以终止业务合作关系，视具体情况而定。

第 4 章 供应商档案管理

第 9 条 供应商档案管理

1. 将确定合格的供应商进行造册，形成供应商名录，建立档案。

2. 供应商档案主要包括供应商的资质证书复印件、价格、履约情况以及管理情况的有关资料。

3. 供应商主管应安排相关人员对供应商档案妥善保管。

4. 要定期修改和更新供应商档案，保证其有效性。

修订记录	修订标记	修订处数	修订日期	审批签字

8.3.2 采购招标管理制度

编制部门： 编制日期：	采购招标管理制度	执行部门： 制度版本：

第1章 总 则

第1条 为了进一步规范公司采购招标行为，保证公平竞争，提高采购物资的质量，降低采购成本，保障公司的合法权益，根据相关规定，结合公司实际情况，特制定本制度。

第2条 本制度适用于公司采购招标的全过程管理。

第3条 招标活动应当遵循公开、公平、公正、择优和诚实信用的原则。

第4条 招标施行“推荐、评标、定标、监督四分离”的原则，推荐或筛选投标单位的人员、评标人员、定标人员和监督人员职责相互分离。

第2章 招标管理实施细则

第5条 招标管理组织及职责

1. 采购部成立招标领导小组，由公司总裁、财务总监、采购总监组成。同时，公司成立招标监督小组，由公司领导、财务部、生产部负责人等组成。

2. 招标领导小组主要负责招标的实施等具体工作，招标监督小组主要负责招标的监督工作。

第6条 招标范围和规模

1. 公司采购物资在____万元以上的采取公开招标的方式，且公开招标时投标人不得少于6家。

2. 公司采购物资在____万元以下专业性较强的特殊物资，进行邀请招标，邀请招标时投标人不得少于3家。

第7条 招标方式的确立

招标时要根据招标的内容和规模，综合确定采取何种招标方式。具体招标方式由采购部招标小组确定。

第8条 招标流程

1. 编制招标文件，招标文件包括招标项目的技术文件、商务招标文件，招标公告或邀请投标书，对投标人资格审查的标准、评审办法等所有实质性要求和条件等。

2. 采取公开招标方式的，要在媒体或相应刊物上公开发布招标公告。采用邀请招标的，应当向至少3个以上的具备投标能力、信誉良好的法人或组织发出邀请投标书。

3. 对公开招标的，按照公告公布的资格审查标准对申请人进行资格预审。

4. 向资格预审合格的供应商发售招标文件。

第9条 开标

1. 开标必须邀请所有投标人以及监督人员参加，并应有法律顾问或公证人员见证。

2. 开标应当在招标文件确定的提交投标文件的截止时间的同一时间公开进行。

3. 开标地点应当为招标文件中预先确定的地点。

4. 采用公开招标，对投标单位提交的投标文件必须当众予以拆封、宣读。

5. 开标时应当众检查投标文件的密封情况，经确认无误后，由工作人员当众拆封，宣读投标人名称、投标价格和投标文件其他内容。

第 10 条　评标

1. 公司评标一律封闭进行，做好评标保密工作。

2. 评标委员会应该按照招标文件确定的评标办法，遵循公平公正和择优的原则进行评审。

3. 评标委员会推荐中标候选人采用票决制。评标完成后，提交评标报告。

第 11 条　定标

1. 在评标委员会推荐的中标人中，确定中标供应商。

2. 发送中标通知书，并将中标结果通知所有投标供应商。

3. 进行合同谈判，并与中标供应商签订合同。

第 12 条　招标工作纪律

1. 招标人及公司相关部门、各职能工作人员不得向投标人及其他第三方透露有关招标的任何情况。

2. 编制的标底，编制人员应负责保密，不得向其他部门及任何无关方透露。

3. 招标领导小组及其小组成员、各职能部门的工作人员，应遵守职业道德，不得接受投标人任何形式的馈赠。对违反规定的工作人员和相关人员公司将严肃处理。

第 3 章　附　则

第 13 条　本制度由采购部负责解释、修订。

第 14 条　本制度自颁布之日起执行。

修订记录	修订标记	修订处数	修订日期	审批签字

第 9 章

设备部职位说明书与制度编制

9.1 设备部职位说明书

9.1.1 设备经理职位说明书

岗位信息	岗位名称	设备经理	所属部门	设备部
	岗位编号		岗位序列	
	薪资标准		直接上级	
职责概述	全面负责管辖区域内各项设备设施的运行、管理、保养、维修等工作，为企业生产和职能部门做好设备支持工作			
岗位职责及绩效标准	岗位职责		绩效标准	
	设备管理制度 1. 负责编写设备管理各项规章制度，并监督制度执行 2. 组织编写设备使用管理操作规范，并指导相关人员执行		1. 制度完善、规范 2. 无重大违反制度事例	
	设备采购管理 1. 负责设备采购管理工作，确保采购设备的质量 2. 负责与设备供应商建立良好的关系，努力降低设备成本		1. 采购任务达成率达100% 2. 采购成本降低率达___%	
	设备日常管理 1. 负责组织设备的大修及日常维修工作，确保设备完好 2. 负责组织设备的日常维护保养工作，确保设备运行 3. 负责定期组织设备检查工作，杜绝设备安全事故		1. 设备完好率达___% 2. 设备维修及时率达___% 3. 无设备安全事故	
	设备动力管理 1. 做好设备动力设施的日常维护，确保动力设施正常运行 2. 做好设备动力供应工作，并节约动力资源		1. 动力资源正常供给天数达___天 2. 动力设施完好率达___%	
	部门建设管理 1. 做好部门团队建设 2. 制定部门培训计划，并按计划进行培训 3. 负责下属人员工作指导、监督和考核工作		1. 核心人才流失率低于___% 2. 培训计划完成率达100%	

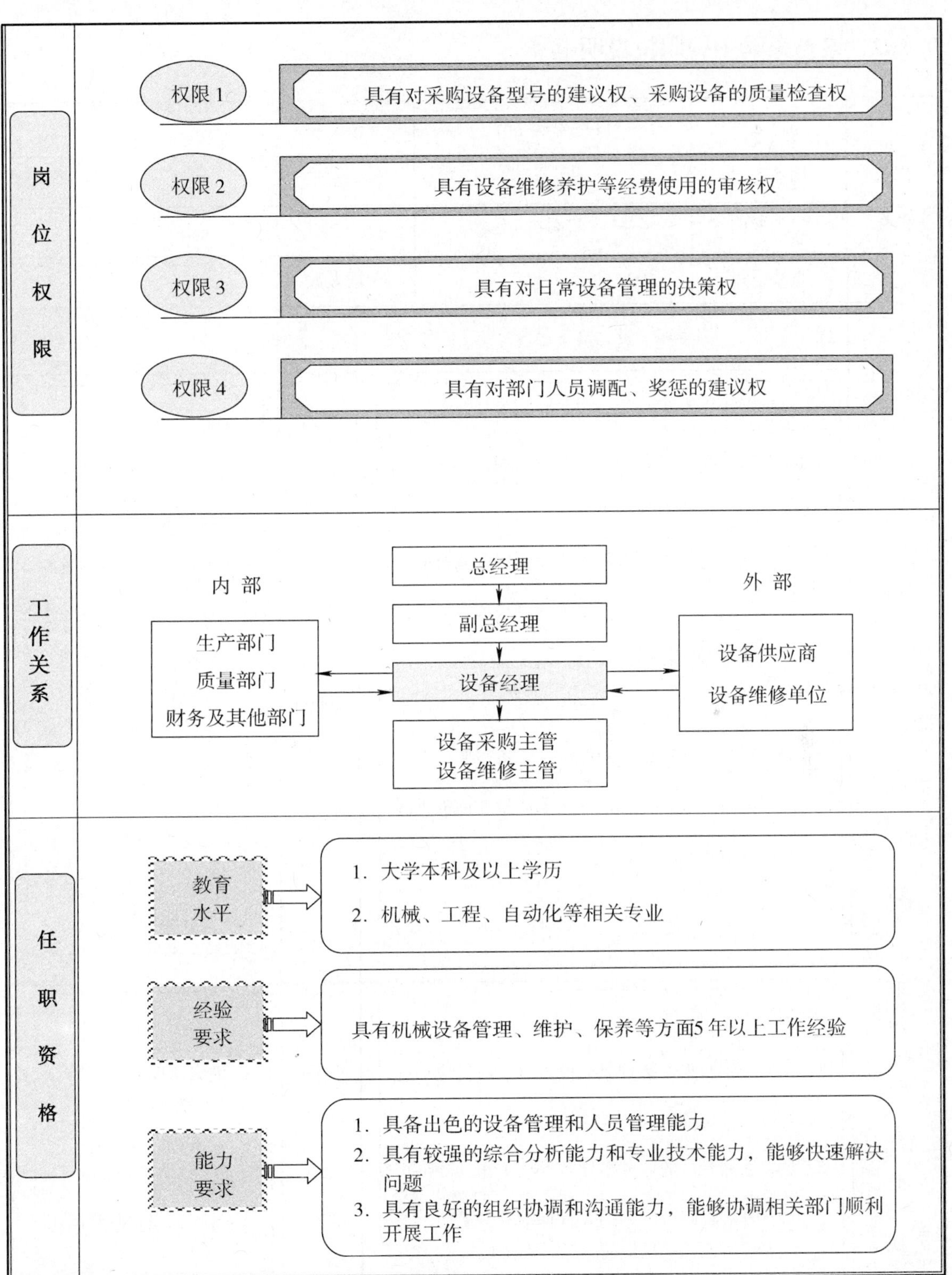
岗位权限
权限 1
具有对采购设备型号的建议权、采购设备的质量检查权
权限 2
具有设备维修养护等经费使用的审核权
权限 3
具有对日常设备管理的决策权
权限 4
具有对部门人员调配、奖惩的建议权
工作关系
内 部
生产部门
质量部门
财务及其他部门
总经理
副总经理
设备经理
设备采购主管
设备维修主管
外 部
设备供应商
设备维修单位
任职资格
教育水平
1. 大学本科及以上学历
2. 机械、工程、自动化等相关专业
经验要求
具有机械设备管理、维护、保养等方面5 年以上工作经验
能力要求
1. 具备出色的设备管理和人员管理能力
2. 具有较强的综合分析能力和专业技术能力，能够快速解决问题
3. 具有良好的组织协调和沟通能力，能够协调相关部门顺利开展工作

9.1.2 设备采购主管职位说明书

<table>
<tr><td rowspan="4">岗位信息</td><td>岗位名称</td><td>设备采购主管</td><td>岗位编号</td><td></td></tr>
<tr><td>岗位等级</td><td></td><td>薪资水平</td><td></td></tr>
<tr><td>工作部门</td><td>设备部</td><td>直接上级</td><td></td></tr>
<tr><td>直接下级</td><td></td><td>所辖人数</td><td></td></tr>
<tr><td rowspan="3">工作职责及绩效标准</td><td colspan="2">职 责 描 述</td><td>责任划分</td><td></td></tr>
<tr><td colspan="2">业 务 职 责
1. 落实设备采购的各项管理制度，协助实施采购计划
2. 组织招投标工作，参与谈判及签署采购合同
3. 制作、签订、送审、下发采购订单和合同，按照合同条款向供应商催货，落实货期
4. 严格采购手续，把好进货质量关
5. 合理安排采购进度，确保满足设备需要
6. 合理选择供应商，在确保采购质量的前提下降低采购成本</td><td>协助
部分
部分
部分
全责
部分</td><td>1. 设备采购合同达成率达到____%
2. 采购设备及时到货率达___%
3. 采购质量合格率达____%
4. 采购资金节约率达到____%</td></tr>
<tr><td colspan="2">管 理 职 责
1. 负责组织收集、整理供应商信息，对供应商进行等级评定和定期的关系维护
2. 负责采购专员的业务指导和考核工作
3. 负责采购合同及采购档案资料的管理工作</td><td>协助
全责
部分</td><td>1. 供应商投诉次数低于____次
2. 下属考核得分达 ____分
3. 采购资料及时归档</td></tr>
</table>

<table>
<tr><td>职位关系</td><td>
可晋升职位：设备经理
可相互轮换职位：设备维修主管、设备安装主管
可降低职位：设备维护员、设备安装员、设备采购员
</td></tr>
<tr><td>任职资格</td><td>
教育水平
1. 大学本科及以上学历
2. 采购管理相关专业

工作经验及业务了解范围
1. 3年以上相关设备采购经验
2. 熟悉采购流程，了解所采购设备的性能及市场情况

技能/能力
<table>
<tr><th>能力项目</th><th>能力要求</th></tr>
<tr><td>沟通谈判能力</td><td>在采购过程中，能够比较熟练地运用各种谈判技巧和方法，展开采购工作，并能够与供应商建立良好的关系</td></tr>
<tr><td>协调组织能力</td><td>能够充分协调部门内外、供应商之间的关系，组织下属人员顺利开展工作</td></tr>
<tr><td>解决问题能力</td><td>能够深刻分析问题产生的原因，并找出有效的解决办法</td></tr>
</table>
</td></tr>
</table>

9.1.3 设备维修主管职位说明书

<table>
<tr><td rowspan="4">岗位信息</td><td>岗位名称</td><td>设备维修主管</td><td>岗位编号</td><td></td></tr>
<tr><td>岗位等级</td><td></td><td>薪资水平</td><td></td></tr>
<tr><td>工作部门</td><td>设备部</td><td>直接上级</td><td></td></tr>
<tr><td>直接下级</td><td></td><td>所辖人数</td><td></td></tr>
<tr><td rowspan="11">工作职责及绩效标准</td><td colspan="2">职 责 描 述</td><td>责任划分</td><td>绩 效 标 准</td></tr>
<tr><td colspan="2">业 务 职 责</td><td></td><td rowspan="7">1. 维修计划及时提交
2. 维修规范、流程完善
3. 设备故障处理及时
4. 设备维修任务完成率达___%
5. 设备事故抢修及时率达___%
6. 设备故障修复率达___%</td></tr>
<tr><td colspan="2">1. 按照公司设备情况和维修保养说明，制定设备日常维修及定期大修计划</td><td>全责</td></tr>
<tr><td colspan="2">2. 建立公司设备维修作业操作规范和流程，督促下属严格按照操作规范和流程进行设备维修</td><td>部分</td></tr>
<tr><td colspan="2">3. 做好日常设备的巡检工作，发现问题及时解决</td><td>全责</td></tr>
<tr><td colspan="2">4. 负责组织公司设备的日常维修、故障处理工作</td><td>部分</td></tr>
<tr><td colspan="2">5. 负责组织设备事故抢修工作，及时快速地进行设备抢修，使其恢复正常运行</td><td>全责</td></tr>
<tr><td colspan="2">6. 负责组织对设备使用人员提供技术指导和支持</td><td>全责</td></tr>
<tr><td colspan="2">管 理 职 责</td><td></td><td rowspan="3">1. 维修费用控制在预算内
2. 下属人员考核达标率达___%</td></tr>
<tr><td colspan="2">1. 负责维修费用的审核工作，降低维修成本</td><td>部分</td></tr>
<tr><td colspan="2">2. 负责下属人员的指导、考核等管理工作</td><td>部分</td></tr>
</table>

<table>
<tr><td rowspan="3">职位关系</td><td>可晋升职位</td><td>设备经理</td></tr>
<tr><td>可相互轮换职位</td><td>设备采购主管、设备动力主管</td></tr>
<tr><td>可降低职位</td><td>设备维修专员、设备维护专员</td></tr>
<tr><td rowspan="3">任职资格</td><td>教育水平</td><td>1. 大学本科及以上学历
2. 机械、电气或自动化专业</td></tr>
<tr><td>工作经验及业务了解范围</td><td>1. 3 年以上相关设备维护管理经验
2. 熟悉机械设备的基本构造、原理</td></tr>
<tr><td>技能/能力</td><td>

能力项目	能力要求
沟通协调能力	具有良好的沟通协调能力，可以与上级、同事、下属进行顺畅有效沟通，顺利开展工作
专业技术能力	具有较强的专业技术能力，能够解决设备维修中的重大疑难问题
员工培养能力	能与团队成员共享工作经验，关注团队成员工作能力的提高

</td></tr>
</table>

9.1.4 设备安装工程师职位说明书

<table>
<tr><td rowspan="4">岗位信息</td><td>岗位名称</td><td>设备安装工程师</td><td>岗位编号</td><td></td></tr>
<tr><td>岗位等级</td><td></td><td>薪资水平</td><td></td></tr>
<tr><td>工作部门</td><td>设备部</td><td>直接上级</td><td></td></tr>
<tr><td>直接下级</td><td></td><td>所辖人数</td><td></td></tr>
<tr><td>工作概述</td><td colspan="4">主要负责设备的安装、调试工作，及时处理设备安装中的问题，妥善保管设备安装资料</td></tr>
<tr><td>工作内容及绩效标准</td><td colspan="3">工作内容
1. 对准备购进的设备进行评估和选择
2. 负责设备的检验、安装、调试工作
3. 组织安装方面专业技术方案的讨论评审
4. 负责机电设备的质量监控
5. 解决合作方的技术问题，对客户的要求及时作出响应
6. 配合进行其他技术支持工作
7. 认真填写设备安装记录，保管好设备安装相关资料</td><td>绩效标准
1. 设备安装任务完成率达____%
2. 技术问题解决率达____%
3. 设备资料及时归档</td></tr>
<tr><td>沟通关系</td><td colspan="4">内部沟通：向上沟通——设备部经理、技术部经理等；同级沟通——公司内部各部门相关人员
外部沟通：设备厂商、客户</td></tr>
</table>

<table>
<tr><td rowspan="3">任职资格</td><td>教育水平</td><td>1. 大学本科以上学历
2. 机械制造专业</td></tr>
<tr><td>工作经验及业务了解范围</td><td>1. 5 年以上设备安装调试工作经验
2. 掌握设备的基本结构、性能与原理</td></tr>
<tr><td>素质与能力要求</td><td>1. 有一定的项目管理能力
2. 具有良好的专业能力
3. 良好的沟通能力，能协调好各方面的关系</td></tr>
</table>

9.1.5 设备专员职位说明书

<table>
<tr><td rowspan="2">岗位信息</td><td>岗位名称</td><td>设备专员</td><td>岗位编号</td><td></td></tr>
<tr><td>所属部门</td><td>设备部</td><td>直接上级</td><td></td></tr>
<tr><td>工作概述</td><td colspan="4">负责公司设备的调拨、维护、保养等工作，确保设备运作正常</td></tr>
<tr><td>工作内容及绩效标准</td><td colspan="3">工作内容
1. 协助主管制定设备管理规章制度并组织实施和推进
2. 根据设备申请表，进行设备调拨、分配及清点
3. 负责公司设备、设施的日常点检、维护和保养管理工作
4. 负责对操作工正确使用、维护设备的培训与指导
5. 办理设备的折旧、报损及报废等手续
6. 负责公司设备的盘点、登记、入账
7. 负责更新设备台账</td><td>绩效标准
1. 设备维护及时率达___%
2. 设备故障率低于___%
3. 设备完好率达___%
4. 设备维修及时率达___%
5. 设备台账完整、数据准确</td></tr>
<tr><td rowspan="3">任职资格</td><td>教育水平</td><td colspan="3">1. 中专以上学历
2. 机电、机械相关专业</td></tr>
<tr><td>经验要求</td><td colspan="3">1 年以上设备管理经验</td></tr>
<tr><td>能力要求</td><td colspan="3">1. 具有较强的细节把控能力
2. 具有良好的沟通和协调能力</td></tr>
</table>

9.2　设备部人力资源管理制度

9.2.1　设备部人员招聘管理制度

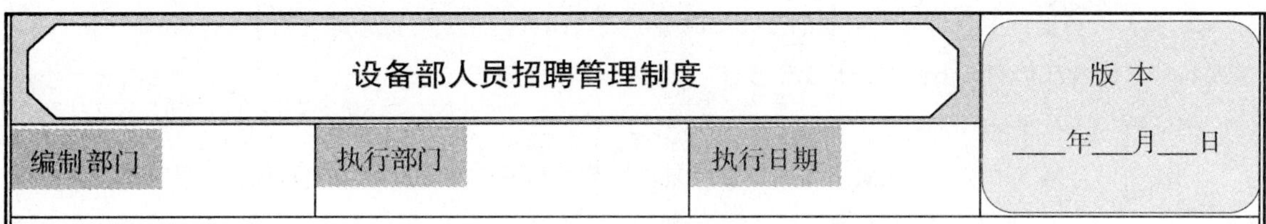

设备部人员招聘管理制度			版本
编制部门	执行部门	执行日期	____年____月____日

第 1 章　总　则

第 1 条　为了加强设备部人员队伍建设，规范设备部人员招聘管理，提高招聘质量，根据公司人力资源管理制度和设备部实际情况，特制定本制度。

第 2 条　设备部人员招聘本着“公开、公正、公平”的原则进行。

第 2 章　招聘需求及申请

第 3 条　人员需求评估

进行人员需求评估，以确定是否需要增补人员，评估内容具体如下：

1. 评估是否可以通过对本部门人员整合或知识技能的培训来满足人力需求。
2. 评估是否可以通过对本部门内部岗位职能的整合来满足人力需求。
3. 评估是否可以通过对技术革新、流程再造等改进来满足对人员的需求。

第 4 条　人员需求申请

1. 设备部根据评估后的人员需求情况，填写“设备部人员需求表”，提交人力资源部。
2. 人力资源部对设备部的人员需求申请进行审核，并交有关领导审批。
3. 根据审批后的人员需求，人力资源部组织招聘工作。

第 3 章　招聘实施管理

第 5 条　招聘渠道选择

设备部人员招聘渠道选择要考虑三点因素：一是考虑招聘人员的岗位特点，二是招聘渠道的成本，三是用人的紧急程度。对于设备经理的招聘可以选择网络招聘、高级人才招聘会招聘、猎头公司及内部推荐等方式；对于主管及专员招聘可以选择专业技术人才招聘会、网络招聘、校园招聘等渠道。

第 6 条　人员初选

人力资源部在进行人员初选时，应注意以下标准：

1. 应聘者的能力。

2. 应具备的资格证书。

第7条　人员面试

1. 对设备人员的面试可以采取笔试、面谈、现场操作三种考查形式。笔试主要考核设备管理及操作专业理论知识。面谈主要考核应聘者的基本素质、人际沟通能力，了解其以往工作经历。现场操作主要考核其对设备的实际操作技能。

2. 设备人员面试主要由人力资源部及设备部负责人共同进行。人力资源部主要考核其职业性格、个人品行等，设备部负责人主要核查其工作技能、设备操作技能等。

第8条　人员复试

初次面试合格者由设备部负责人进行复试，复试主要考核其工作胜任能力和岗位匹配度。

第4章　录用及试用

第9条　录用通知

人力资源部在5个工作日内向面试合格人员发送录用通知，告知相关事项。

第10条　入职手续办理

所招聘录用的设备人员报到时，人力资源部按录用手续办好证件审核及资料存档工作，同时签订劳动合同，做好入职前的协调工作。

第11条　试用考核

试用期一般为2个月，设备部负责人可以根据录用人员的情况酌情缩短或增长，报请人力资源部审批。在试用期结束前，设备部和人力资源部对试用人员的工作态度、工作能力、工作业绩进行考核，并做出相应决策，考核资料存档。

第12条　转正申请

试用考核合格者，填写“转正申请表”，由设备部及人力资源部进行审批予以转正。

修订记录	修订标记	修订处数	修订日期	审批签字

9.2.2 设备维护人员考核制度

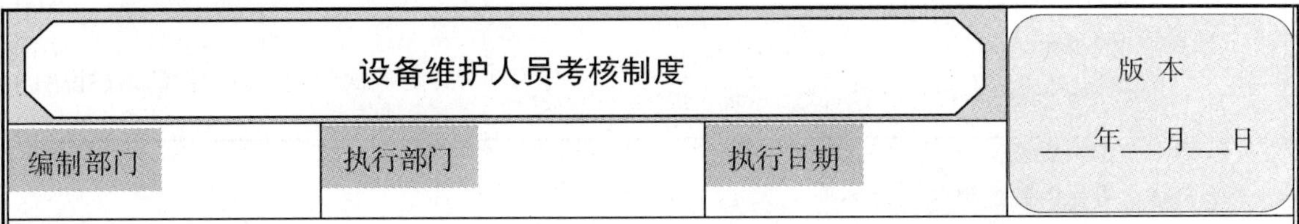

设备维护人员考核制度			版本
编制部门	执行部门	执行日期	____年___月___日

第1章 总 则

第1条 为了规范设备维护人员的工作，加强设备管理，保证设备的安全正常高效运行，同时对设备维护人员的工作进行客观评价，提高设备维护人员的工作积极性，结合公司考核制度，特制定本考核制度。

第2条 对设备维护人员的考核本着客观公正、注重实绩、量化操作的原则进行。

第3条 本制度考核对象为设备部所有的设备维护人员。

第2章 考核实施

第4条 考核组织

成立考核组织，组织成员由设备部经理、设备主管及人力资源相关考核人员组成。

第5条 考核时间

1. 季度考核：考核在下季度第一个月的前5个工作日内完成。
2. 年度考核：考核在下年度1月的前15个工作日内完成。

第6条 考核内容及指标

对于设备维护人员的考核内容及指标具体如下表所示。

设备维护人员考核内容及指标

考核项目	考核指标	指标说明
工作业绩	设备完好率	从设备维护效果方面考核设备维护情况
	设备维护计划完成率	从设备维护任务完成情况考核设备维护工作
	设备维护费用	从财务角度考核设备维护成果
	设备故障次数	—
	设备维护及时性	从时间角度考核设备维护工作的情况
	设备维护记录完整率	—
工作能力	专业技能	分为5个评分档次分别予以定性的描述说明
	沟通能力	

续表

工作态度	出勤率	—
	主动性	分为3个评分档次分别予以定性的描述说明
	积极性	

第7条　考核内容权重及评分标准

1. 根据设备部具体设备人员配置及设备情况、设备人员对指标的把控程度进行指标权重的设定。

2. 根据设备维护工作实际情况及行业水平等因素确定评分标准。

第3章　考核结果应用

第8条　设备维护人员考核结果主要用于以下3个方面：

1. 设备维护人员绩效工资的发放。

2. 设备维护人员职位变动的依据。

3. 设备维护人员下一步工作的指导和培训。

第4章　附　则

第9条　本制度自颁布之日起执行。

第10条　本制度最终解释权归公司人力资源部所有。

修订记录	修订标记	修订处数	修订日期	审批签字

9.3　设备部业务管理规章制度

9.3.1　设备检修管理制度

编制部门： 编制日期：	设备检修管理制度	执行部门： 制度版本：

第 1 章　总　则

第 1 条　为了使设备的检修管理科学化、高效率，做到有组织、有计划、有准备地进行，达到公司对设备管理的目标要求，特制定本制度。

第 2 条　设备检修是为了保持和恢复设备规定的性能采取的技术措施，包括检测和修理。其主要是以经济合理的费用，减少设备故障，消除设备缺陷，保持设备良好性能，确保设备安全、稳定运行。

第 3 条　设备检修要坚持“以防为主”的计划检修，减少临检，切实做到“应修必修，修必修好”的原则，使公司设备经常处于良好状态。

第 2 章　设备检修计划

第 4 条　检修计划的编制依据

设备检修计划的编制要根据设备的缺陷、上次检修资料、技术组织措施等资料进行编制。

第 5 条　年度检修计划

主要设备的年度大小修计划的编制，于上年度 11 月上旬由检修部门提出意见，交车间负责编制检修及材料计划，于 11 月下旬交检修部，检修部整理补充后，于 12 月上旬报公司领导批准后编入下一年度检修工作计划，打印并发放有关车间，相关车间应按计划实施。

第 6 条　月度检修计划

每月 15 号前，由各检修车间，根据年度检修计划提出下月检修计划，并附书面补充意见，提交检修部，检修部汇总审查后，报公司副总批准，由检修部会同运行部，向检修各车间下达下月检修计划。

第 7 条　临时检修计划

主要设备临时检修要报公司高层领导审批后编制检修计划，辅助设备临时检修经设备使用部门领导批准后编制临时检修计划。其中机电、锅炉等特殊设备临时检修要经电业局等单位批准后方可编制临时检修计划。

第 3 章　设备检修实施

第 8 条　设备检修要下达设备检修任务书，任务书经设备管理部门和使用部填具相应内容后交由检修部门。

第 9 条　设备修理前由设备使用部门和检修部门共同进行设备状况检查，检查结果经双方认可后填入修理技术档案。

第 10 条　设备检修前检修部门要按设备管理部门下达的任务书及相关资料制定详细的检修计划和方案，确定各环节负责人，做好材料配件等工作。

第 11 条　设备检修要严格按照检修方案和检修规程进行，若检修项目进度、内容等需要变更，必须经设备管理部门同意后调整。

第 12 条　设备检修中，设备使用部门必须和检修部门保持联系配合，做好过程记录、数据测量等工作。

第 4 章　设备检修验收

第 13 条　设备检修后由设备管理部门组织设备主修技术人员、车间设备负责人、设备技术人员、检验员、主修工人、操作工人参加验收。验收合格后，填写“设备检修完工验收通知单”一式四份，送设备管理部门、使用部门、财务部门和生产部门各一份。

第 14 条　设备维修完毕后配齐安全装置所必要的附件。

第 15 条　设备验收后由计划员将有关的修理资料（包括设备送修移交单、维修技术准备书、技术性能实验记录等），收集整理交由设备管理员存档。

第 16 条　设备验收投产三个月内，由于修理质量造成的故障，由原维修人员负责返修。

第 17 条　验收中交接双方意见不统一时，应由设备管理部门负责人组织研究作出决定。

第 18 条　设备检修验收后，由设备使用部门设备送修人员填制“设备移交单”一式三份，设备管理部门、检修部门、设备使用部门各存一份。

第 5 章　附　则

第 19 条　本制度自颁布之日起执行。

第 20 条　本制度最终解释权归公司设备部所有。

修订记录	修订标记	修订处数	修订日期	审批签字

9.3.2　设备事故管理制度

编制部门： 编制日期：	设备事故管理制度	执行部门： 制度版本：

第 1 章　总　则

第 1 条　为了加强设备管理，规范设备事故处理工作，杜绝重大设备事故，降低设备事故的损失，根据公司设备管理的实际情况，特制定本制度。

第 2 条　设备事故管理是公司全体员工的管理，也是全过程的管理。公司各级领导和全体职工要高度重视，严格执行设备各项规程和管理制度。

第 2 章　设备事故分类

第 3 条　设备事故范围及分类

1. 特大设备事故：有下列情况之一的为特大设备事故。

（1）设备修复费达______万元以上。

（2）资产损失费达______万元以上。

（3）因设备发生事故，直接导致人员伤亡。

2. 重大设备事故：有下列情况之一的为重大设备事故。

（1）设备事故损失费达______万元及以上。

（2）设备事故的修复费用达______万元及以上。

（3）主要生产设备发生事故使生产系统停机______小时以上。

（4）动能设备发生事故，使动能供应突然中断，不论中断时间长短，只要造成主要生产车间系统生产终端，或设备损害严重，达上述三者之任何一条。

（5）凡设备发生事故，直接引起火灾、水灾、爆炸等，或使人中毒、重伤。

3. 一般设备事故：有下列情况之一的为一般设备事故。

（1）设备事故损失费在______万元以上______万元以下。

（2）设备事故修复费在______万元以上______万元以下。

（3）主要生产设备发生事故使生产系统停产______小时以上______小时以下。

4. 微小设备事故：其他不足为一般设备事故的，均为微小设备事故。

第 3 章　设备事故报告

第 4 条　特大及重大设备事故，需立即保护现场，并立即报告车间设备组和总经理，设备组在______小时内报告设备经理。

第 5 条　一般事故和微小事故发生后，要在______小时内上报设备部门，设备部门负责处理。

第 6 条　各设备使用部门每半年进行设备安全事故管理总结和分析，上报公司设备部。设备部根据上报情况及公司设备事故发生情况进行汇总、整理、分析总结，并上报总经理。

第 4 章　设备事故调查处理

第 7 条　设备事故调查执行“三不放过”的原则，即事故原因分析不清不放过，事故责任者和员工没有受到教育不放过，没有防范措施不放过。

第 8 条　事故调查分级管理

1. 一般和微小事故由事故发生部门负责组织调查，并提出处理意见，设备管理部门派人参加。

2. 重大设备事故由公司领导或公司领导指定有关部门及人员组成事故调查组。

3. 发生特大设备事故，事故单位应及时采取紧急措施，防止事故扩大。并由公司领导和安全、生产、设备等有关部门组成调查组，必要时上级主管部门派人参加。认真执行“四检”（首检、自检、互检、巡检）和“三不放过”原则。

第 9 条　事故管理要贯彻“预防为主”的原则，事故发生时，要注意事故原因的调查，找出相关事故隐患，防止事故再次发生。

第 5 章　设备事故预防

第 10 条　设备部应及时总结分析设备事故发生的原因，查找设备事故安全隐患，结合各项设备的性能、保养规定等，制定设备事故预防措施。

第 11 条　设备部应定期检查督促设备使用部门严格遵守设备操作规范、设备管理各项制度等，指导其设备使用等，尽量杜绝设备事故。

修订记录	修订标记	修订处数	修订日期	审批签字

第 10 章

安全部职位说明书与制度编制

10.1 安全部职位说明书

10.1.1 安全经理职位说明书

岗位信息	岗位名称	安全经理	所属部门	安全部
	岗位编号		岗位序列	
	薪资标准		直接上级	
职责概述	根据上级有关部门关于安全工作的指示和方针，制定相关管理制度，协调其他部门做好安全管理工作，杜绝安全事故，为公司营造一个安全和谐的环境			

岗位职责及绩效标准	岗位职责	绩效标准
	安全制度制定 1. 贯彻安全生产方针政策，建立完善的安全管理制度 2. 督促和检查各部门对安全制度的执行	1. 制定的制度完善、规范 2. 制度可操作性强
	安全培训管理 1. 制定安全培训工作计划 2. 根据制定的培训计划，组织开展安全培训工作	安全教育培训计划完成率达 100%
	安全措施落实 1. 组织制定严格的安全防范措施，加强重点部位的管理 2. 加强对突发事件和安全事故的安全措施管理 3. 指导和检查各部门落实安全措施，杜绝安全事故的发生	1. 安全事故发生次数控制在____次以内 2. 事故处理及时率达100%
	安全检查实施 1. 积极配合上级部门做好安全检查工作，组织公司定期和不定期安全检查，并参加各类安全工作会议 2. 检查中发现安全隐患的，提出整改措施，并监督落实	1. 安全检查计划完成率达____% 2. 安全隐患整改率达____%
	部门内部管理 1. 加强部门管理制度建设，规范部门费用支出 2. 负责本部门员工的培训、考核、奖惩等工作	1. 部门管理费用在预算内 2. 培训计划完成率达 100%

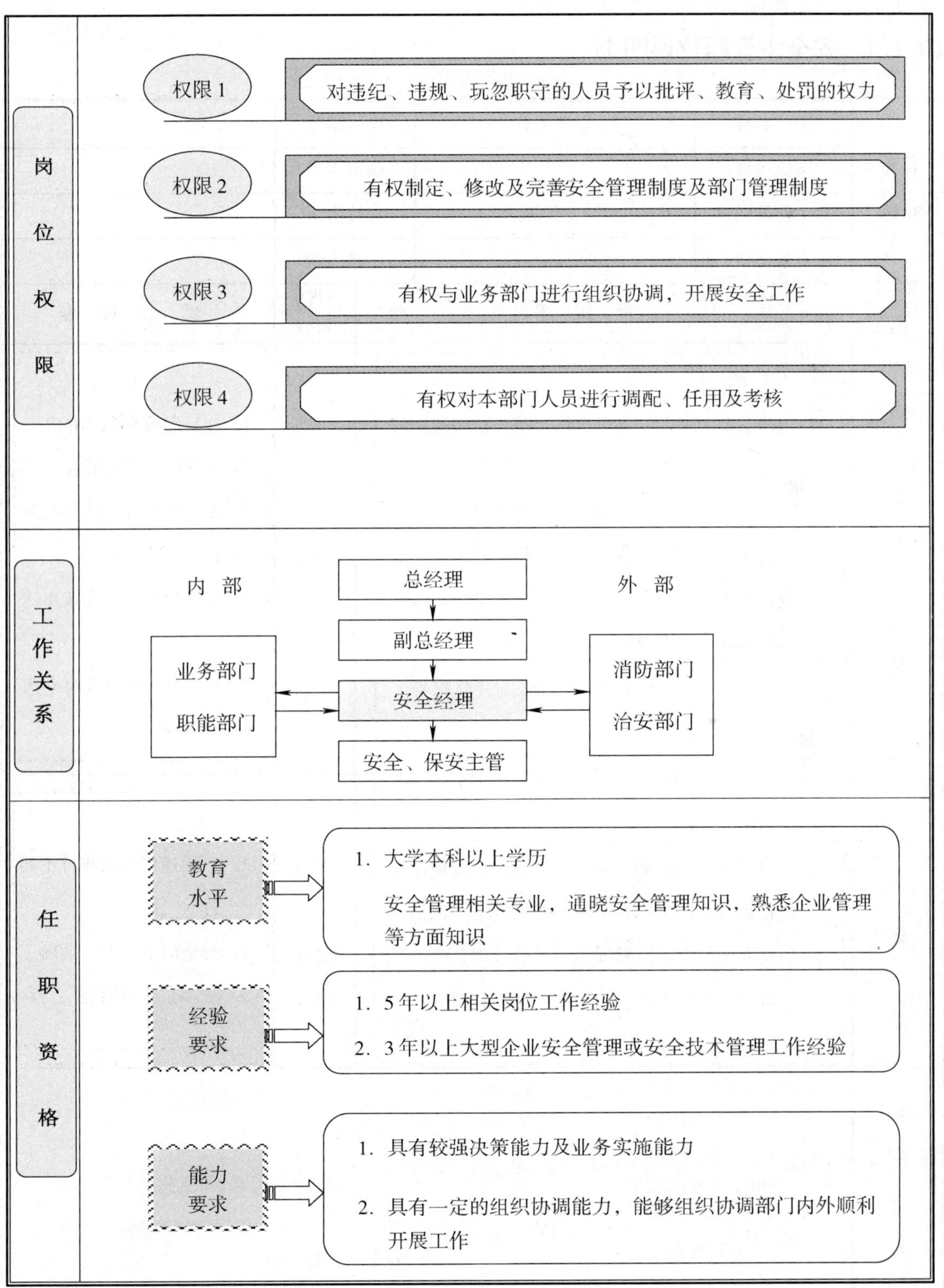

岗位权限
权限 1
对违纪、违规、玩忽职守的人员予以批评、教育、处罚的权力
权限 2
有权制定、修改及完善安全管理制度及部门管理制度
权限 3
有权与业务部门进行组织协调，开展安全工作
权限 4
有权对本部门人员进行调配、任用及考核
工作关系
内部
总经理
外部
副总经理
业务部门
职能部门
安全经理
消防部门
治安部门
安全、保安主管
任职资格
教育水平
1. 大学本科以上学历
安全管理相关专业，通晓安全管理知识，熟悉企业管理等方面知识
经验要求
1. 5 年以上相关岗位工作经验
2. 3 年以上大型企业安全管理或安全技术管理工作经验
能力要求
1. 具有较强决策能力及业务实施能力
2. 具有一定的组织协调能力，能够组织协调部门内外顺利开展工作

10.1.2 安全主管职位说明书

<table>
<tr><td rowspan="4">岗位信息</td><td>岗位名称</td><td>安全主管</td><td>岗位编号</td><td></td></tr>
<tr><td>岗位等级</td><td></td><td>薪资水平</td><td></td></tr>
<tr><td>工作部门</td><td>安全部</td><td>直接上级</td><td></td></tr>
<tr><td>直接下级</td><td></td><td>所辖人数</td><td></td></tr>
<tr><td rowspan="3">工作职责及绩效标准</td><td colspan="2">职责描述</td><td>责任划分</td><td>绩效标准</td></tr>
<tr><td colspan="2">业务职责
1. 协助安全经理做好安全工作，带头落实安全管理各项政策、制度
2. 按照安全培训计划组织实施安全培训
3. 根据各项制度组织管理安全工作，杜绝安全事故，发现隐患及时整改，做好重点部位防范
4. 组织做好安全检查和安全例会工作
5. 定期做好安全工作总结，提交安全工作报告</td><td>协助
全责
全责
全责
全责</td><td>1. 违反制度次数为0次
2. 培训计划完成率达___%
3. 安全事故发生次数控制在___次以内
4. 安全检查计划完成率达___%
5. 安全报告提交及时率达到100%</td></tr>
<tr><td colspan="2">管理职责
1. 负责下属人员管理，对其工作指导，发现违规时批评教育，定期对下属工作表现给予评估
2. 负责安全生产记录和安全档案的管理
3. 负责安全生产设备、消防等设施的管理</td><td>部分
部分
部分</td><td>1. 下属违规次数累计不超过___次
2. 安全记录完整、准确
3. 安全设备完好率达___%</td></tr>
<tr><td rowspan="3">职位关系</td><td colspan="2">可晋升职位</td><td colspan="2">安全经理</td></tr>
<tr><td colspan="2">可相互轮换职位</td><td colspan="2">治安主管</td></tr>
<tr><td colspan="2">可降低职位</td><td colspan="2">安全员、保安员</td></tr>
</table>

任职资格

教育水平

1. 本科及以上学历
2. 安全管理等相关专业

工作经验及业务了解范围

1. 3 年以上相关工作经验
2. 熟悉国家和地方的安全法规及安全保卫各项操作流程

技能/能力

能力项目	能力要求
组织管理能力	可以合理地配置人员及财产物资，顺利开展安全工作
沟通协调能力	能够与上级、同事及下属顺畅沟通，协调内外部门完成工作任务
分析解决能力	能够客观正确地分析问题，并就问题提出切实可行的相关解决方案

10.1.3 安全员职位说明书

<table>
<tr><td rowspan="2">岗位信息</td><td>岗位名称</td><td></td><td>岗位编号</td><td></td></tr>
<tr><td>所属部门</td><td></td><td>直接上级</td><td></td></tr>
<tr><td>工作概述</td><td colspan="4">在安全经理和安全主管的领导下，负责具体的安全工作事项的实施、安全资料及安全防护用品的管理工作</td></tr>
<tr><td rowspan="2">工作内容及绩效标准</td><td colspan="3">工作内容</td><td>绩效标准</td></tr>
<tr><td colspan="3">1. 落实安全制度，深入一线指导，进行人员安全培训教育
2. 参加编写安全技术措施、安全操作流程
3. 定期或不定期进行安全检查，对事故隐患下发整改通知书，并监督实施整改
4. 发现安全事故及时处理并上报，参与事故调查处理工作
5. 负责安全管理资料的归档及整理工作
6. 负责安全防护用品的管理和发放工作</td><td>1. 无违反安全制度的重大事例
2. 安全隐患整改率达__%
3. 安全事故处理及时率达100%
4. 安全防护用品发放及时
5. 安全资料齐全</td></tr>
<tr><td rowspan="3">任职资格</td><td>教育水平</td><td colspan="3">1. 大学专科以上学历
2. 了解安全管理相关知识</td></tr>
<tr><td>经验要求</td><td colspan="3">1年以上相关工作经验</td></tr>
<tr><td>能力要求</td><td colspan="3">1. 具有突发情况处理的能力
2. 良好的组织协调与沟通能力</td></tr>
</table>

10.2 安全部人力资源管理制度

10.2.1 安全人员招聘管理制度

安全人员招聘管理制度			版本 ____年___月___日
编制部门	执行部门	执行日期	

第 1 章 总 则

第 1 条 目的

为达成公司的人才规划目标，根据公司人力资源招聘制度，结合安全部人力资源的实际情况及特点，特制定本制度。

第 2 条 适用范围

本制度适用于公司安全部选聘新进人员。

第 3 条 权责单位

公司人力资源部负责本制度的制定、修改、废止之起草工作。

第 2 章 招聘流程与原则

第 4 条 招聘流程

安全人员招聘流程与其他部门招聘流程基本相同，具体如下：

1. 依据核准的“人员增补申请单”，确定招聘的职位和人数。
2. 依据本公司的录用标准，确定该职位的任用条件。
3. 根据招聘人员的等级及招聘的季节性等因素确定具体的招聘方式。
4. 人力资源部进行初步资格审核，初审后由安全部进行资格复审。
5. 资格复审通过后安排面试，必要岗位增加现场操作。
6. 对面试通过者发出录用通知，对招聘工作进行总结。

第 5 条 招聘原则

1. 安全人员招聘本着客观、公正、公平的原则。
2. 以选择适合本公司和部门的人才为原则，可不受学校、学历、资格等的限制。

第3章　招聘实施

第6条　确定招聘方式

对于安全部经理的招聘方式一般采用猎头公司、网络招聘、推荐及内部晋升或转岗；对于安全部主管通常采用网络招聘、推荐、内部晋升或转岗方式；对于一般的安全人员主要采取现场招聘会、网络招聘的方式。在选择招聘方式时要考虑用人紧急性因素、招聘方式的特点因素。

第7条　进行资格审核

人力资源部门负责初审应聘者的履历表、工作经历、相关证件等；安全部门复审合格者任职资格，审核通过后告知人力资源部门；人力资源部门发出面试通知，组织面试。

第8条　考核方式

面试主要有三大类：笔试、面谈和实际操作。对于安全部经理主要采取面谈的方式。对于安全部主管主要采取笔试加面谈两种方式；对于安全部一般员工主要采取笔试、面谈和实际操作三种考查方式。

第9条　考核内容

1. 对于安全部经理面谈主要了解的内容为：应聘者的基本素质和性格特点，应聘者对安全政策及相关法律法规的了解程度，应聘者的领导力、执行力、突发情况处理能力等。

2. 对于安全部主管笔试主要考核安全法律法规及相关实务操作知识、安全管理专业知识、心理素质测试三方面的内容，对于面谈内容主要为了解应聘者的主要工作经历、工作能力、意愿及目标。

3. 对于安全部门一般人员的笔试主要测试具体的安全知识、心理素质测试；面谈主要考查应聘者的基本沟通情况、基本素质等；实际操作的内容主要涉及基本的、具体的安全操作知识及实际操作技能。

第4章　附　则

第10条　本制度未尽事宜参考公司人事管理制度。

修订记录	修订标记	修订处数	修订日期	审批签字

10.2.2　安全管理人员考核制度

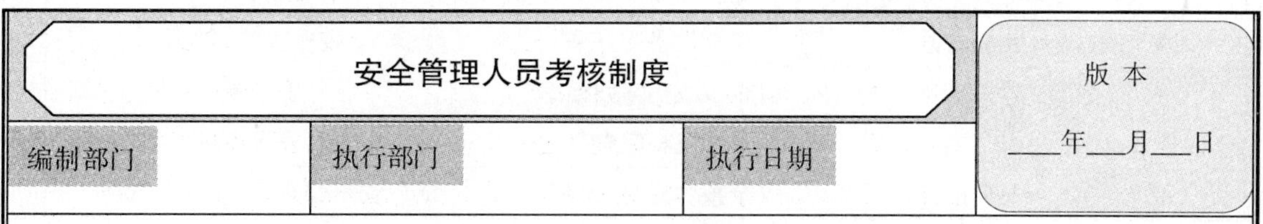

第 1 章　总　则

第 1 条　考核目的

为了对安全管理人员的工作绩效进行客观公正的评价，提高安全管理的水平，确保公司安全生产，根据公司绩效考核制度，结合安全部的实际情况，特制定本考核制度。

第 2 条　考核要求

1. 遵循客观公正原则，尽量避免个人因素和晕轮效应。

2. 考核目标设定在被考核者可以改变的范围内。

第 2 章　考核方法及考核内容

第 3 条　考核方法

对安全管理人员的考核方法主要采取考核期评分法和安全事故奖惩法。具体如下：

1. 考核期评分法：在每个考核期对安全管理人员的工作绩效进行考核评分，考核结果主要用于安全管理人员绩效工资的发放。

2. 安全事故奖惩法：主要是考核期内发生安全事故对安全管理人员奖金的否决，考核结果主要用于安全管理人员奖金的发放。

第 4 条　考核评分内容及指标

对于安全管理人员的考核评分指标主要如下表所示。

安全管理人员考核指标

序号	考核项目	考核指标	主要应用范围
1	安全制度	安全制度体系完善性、规范性	安全经理
2	安全培训	安全培训计划完成率	安全经理、主管、专员
3	安全检查	安全检查计划完成率	安全经理、主管、专员
4	安全隐患	安全隐患整改率	安全经理、主管、专员
5	安全事故	安全事故发生次数	安全经理、主管、专员
		安全事故上报及时率	安全经理、主管、专员
		安全事故处理及时率	安全经理、主管、专员

续表

6	安全防护用品	安全防护用品发放及时率	安全主管、专员
7	安全设备	安全设备完好率	安全主管、专员
8	安全资料	安全事故档案归档率	安全专员
		安全资料完整率	安全专员
9	安全报告	安全报告提交及时率	安全经理、主管、专员

第 5 条　安全事故奖惩法内容

1. 安全经理、安全主管、安全员的年度奖金分别为____元、____元、____元。若年度内无安全事故发生则全额发放奖金。

2. 重大安全事故发生 1 起（无人员伤亡，损失金额在______元以上），扣除安全经理、主管及专员全部奖金，并处罚安全经理____元、主管____元、当班安全专员____元。

3. 一般安全事故每发生 1 起（损失金额在______元以内），扣除安全经理奖金____元、主管____元、当班安全专员____元，并处罚安全经理____元、主管____元、当班安全专员____元。

第 3 章　考核结果的应用

第 6 条　安全管理人员考核结果主要应用于以下几个方面。

1. 安全管理人员的培训及下步工作指导。

2. 安全管理人员绩效工资及奖金的发放。

3. 安全管理人员职位变动。

第 4 章　附　则

第 7 条　本制度最终解释权归公司人力资源部所有。

第 8 条　本制度自颁布之日起执行。

修订记录	修订标记	修订处数	修订日期	审批签字

10.3　安全部业务管理规章制度

10.3.1　安全检查管理制度

编制部门： 编制日期：	安全检查管理制度	执行部门： 制度版本：

第 1 章　总　则

第 1 条　为认真贯彻落实“安全第一、预防为主”的安全生产方针，防止和减少安全事故，加强安全管理工作，根据相关安全管理规章制度，结合本企业的实际情况，特制定本安全检查制度。

第 2 条　本制度的安全检查是指为了防止和减少安全生产事故而进行的各种检查。

第 3 条　本制度的安全检查主要偏重安全管理部门对所负责区域内的安全检查管理。

第 4 条　安全检查主要依据国家法律法规和行业规范、本企业的规章制度和相关规程等要求进行。

第 2 章　安全检查原则与类别

第 5 条　安全检查的原则

1. 安全检查要遵循“有计划、有组织、有针对性、有重点”的原则。
2. 安全检查要遵循“检查之后有奖惩”的原则，使检查结果充分应用到奖惩中。
3. 安全检查要遵循“客观求实、真实反映”的原则，检查一定要客观、公正。

第 6 条　安全检查的类别

1. 对公司各部门安全管理的检查。
2. 组织专项安全管理检查。
3. 对作业现场进行安全抽查。
4. 邀请政府有关部门的专项安全检查（如防雷、特种设备、放射源、尘毒等）。
5. 对重大危险源进行安全评价。

第 7 条　单位各部门要协助安全部门做好安全检查工作。

第 3 章　安全检查方式和周期

第 8 条　安全检查方式

1. 定期检查：安全部门要根据规定的检查时间进行定期检查。
2. 不定期抽查：安全部门要不定期地对各部门、作业现场安全工作进行抽查，每月组织抽查一次。

3. 专职安全员日常巡查：安全部门的安全员对安全工作要进行日常巡查，发现安全违规行为或现象及时制止，发现安全隐患及时提出建议监督整改。

4. 安全联合检查：安全部门组织各相关专业人员对安全工作进行联合检查。

第 9 条　对定期进行的安全检查，安全检查周期要根据检查的内容和安全工作实际情况，具体制定，要切实合理，在检查时严格按照检查周期进行检查。

第 4 章　安全检查内容和记录

第 10 条　重点检查内容

1. 各部门对于安全管理制度、安全管理措施、安全管理规程的落实情况。

2. 安全责任制的贯彻执行情况，从业人员的安全教育是否到位。

3. 安全隐患情况，特种设备、作业安全管理情况。

4. 安全警示标志及危险源安全管理情况。

5. 其他需要检查的重点内容。

第 11 条　安全检查记录

1. 安全检查之后要形成安全检查记录，确保安全检查记录全面、真实、准确。

2. 定期汇总、总结安全检查记录，编写安全情况报告，并及时提交。

第 5 章　附　则

第 12 条　本制度未尽事宜参考公司其他安全管理制度。

第 13 条　本制度自颁布之日起执行。

修订记录	修订标记	修订处数	修订日期	审批签字

10.3.2　安全事故调查处理制度

编制部门： 编制日期：	安全事故调查处理制度	执行部门： 制度版本：

第 1 章　总　则

第 1 条　为规范安全事故的报告和调查处理，防止和减少安全生产事故，根据相关规定并结合公司实际，特制定本制度。

第 2 条　本制度的重点侧重于安全部门对安全事故的调查处理。

第 3 条　事故的具体调查处理必须坚持“四不放过”的原则：一是事故原因和性质不查清不放过，二是防范措施不落实不放过，三是事故责任者和职工群众未受到教育不放过，四是事故责任者未受到处理不放过。

第 4 条　安全部负责事故的调查处理工作，人力资源部负责事故有关的奖惩工作的执行。

第 2 章　调查处理规定

第 5 条　安全部门对于安全事故处理主要职责如下：

1. 协助调查或调查清楚事故原因、经过、性质、人员伤亡、财产损失等情况。
2. 调查或协助调查事故，确定事故责任。
3. 提出事故处理建议，总结事故教训。
4. 审查或出具事故调查报告。

第 6 条　对于不同等级的安全事故，由不同的调查组进行调查处理，具体如下：

1. 特大事故调查组由上级安全部门组成，安全部门负责协助调查。
2. 重大事故及大事故调查组由公司领导及安全部门组成。
3. 一般事故调查组由事故所在部门负责人及安全部门组成。

第 7 条　凡发生事故时，当事人应立即报告直属上级，同时上报安全部门，并逐级上报，不得隐瞒。安全部门接到上报后立即进行事故处理和展开事故调查工作，不得延误。

第 8 条　安全部门接到事故后，应立即对事故进行调查，认定事故等级。公司安全事故分为四个等级，即一般事故、大事故、重大事故、特大事故。

第 9 条　事故发生 24 小时以后，仍未按规定呈报者，一经查出按隐瞒事故处理，并追究责任。安全部门在接到特大、重大、大事故后______分钟内立即到达事故现场，进行安排处理。

第 10 条　事故发生后除了紧急处理外，严格保护事故现场，任何人不得擅自清理事故现场，安全部门一定要做好现场管理工作和现场调查取证工作。

第 11 条　事故报告应当及时、准确、完整，任何单位和个人对事故不得迟报、漏报、谎报或者瞒报。

第 12 条　一般事故则由事故发生部门上报安全部，并自行处理，写出事故报告，报安全部门，安全部门对事故报告进行审查。

第 13 条　大事故、重大事故及特大事故发生时，事故部门应立即作出紧急措施防止事故进一步扩大，并快速报告安全部门，安全部门立即上报，并赶赴现场勘察事故情况，作出紧急处理。处理完毕，安全部门出具事故报告，报上级安全部门。

第 14 条　处理后的事故，应填写“纠正与预防措施报告”。

第 15 条　事故发生单位的负责人和有关人员在事故调查期间不得擅离职守，并应当随时接受事故调查组的询问，如实提供有关情况。

第 16 条　安全部门负责安全事故的统计工作，安全部门定期上报月度、季度统计报表，并附事故情况说明。

第 17 条　严禁向当事人收取没有法律依据的各种费用。

第 18 条　严禁向当事人提出与事故调查处理无关的各种不合理要求。

第 3 章　附　则

第 19 条　本制度未尽事宜参考公司安全管理相关制度。

第 20 条　本制度最终解释权归公司安全部。

修订记录	修订标记	修订处数	修订日期	审批签字

第 11 章

仓储部职位说明书与制度编制

11.1 仓储部职位说明书

11.1.1 仓储经理职位说明书

岗位信息	岗位名称	仓储经理	所属部门	仓储部
	岗位编号		岗位序列	
	薪资标准		直接上级	
职责概述	主要负责公司的仓储规划，制定合理的库存量，确保仓储物资的安全，实现仓储的规范化管理，为公司做好物料管理工作			

岗位职责及绩效标准	岗位职责	绩效标准
	拟定制度计划 1．负责编制各项仓储管理制度，完善各种流程和规范 2．根据公司年度经营目标制定仓储部工作计划	1．制度完善、规范 2．仓储计划及时提交
	出、入库管理 1．负责组织物料入库审核工作，办理各种入库手续 2．组织落实物料出库手续办理工作	1．出入库手续办理及时 2．出入库手续办理无差错
	库存管理 1．负责合理规划仓储空间，保持合理库存，降低仓储成本 2．改善仓储环境，做好仓储安全工作，确保仓储物资安全 3．定期组织物资盘点，对盘盈盘亏及损坏等进行调查处理	1．仓容利用率达___% 2．仓储物资完好率达___% 3．仓储安全事故在___次内
	仓储账务管理 1．负责建立物资出入库、库存台账 2．组织盘点，并将盘点结果与财务部核对，做到账实相符	1．账货相符率达___% 2．物资台账差错在___次内
	部门事务管理 1．协调本部门各项工作，做好人员调配 2．严格审核部门费用支出，降低部门管理费用 3．组织部门人员培训、考核工作，提高部门人员整体绩效	1．培训计划完成率达100% 2．部门管理费用在预算内

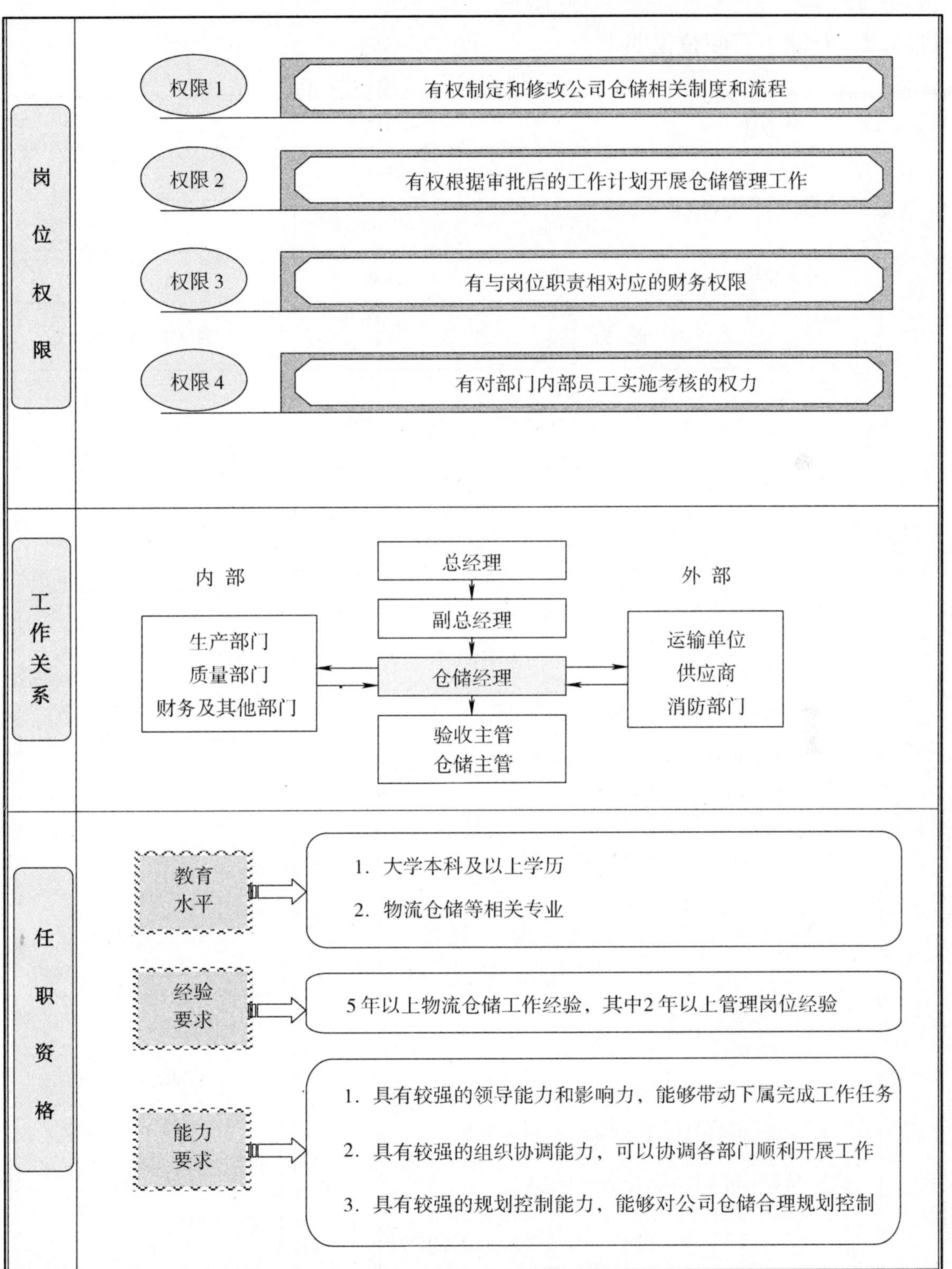
岗位权限
权限 1
有权制定和修改公司仓储相关制度和流程
权限 2
有权根据审批后的工作计划开展仓储管理工作
权限 3
有与岗位职责相对应的财务权限
权限 4
有对部门内部员工实施考核的权力
工作关系
内 部
生产部门
质量部门
财务及其他部门
总经理
副总经理
仓储经理
验收主管
仓储主管
外 部
运输单位
供应商
消防部门
任职资格
教育水平
1. 大学本科及以上学历
2. 物流仓储等相关专业
经验要求
5 年以上物流仓储工作经验，其中2 年以上管理岗位经验
能力要求
1. 具有较强的领导能力和影响力，能够带动下属完成工作任务
2. 具有较强的组织协调能力，可以协调各部门顺利开展工作
3. 具有较强的规划控制能力，能够对公司仓储合理规划控制

11.1.2 仓储主管职位说明书

<table>
<tr><td rowspan="4">岗位信息</td><td>岗位名称</td><td>仓储主管</td><td>岗位编号</td><td></td></tr>
<tr><td>岗位等级</td><td></td><td>薪资水平</td><td></td></tr>
<tr><td>工作部门</td><td>仓储部</td><td>直接上级</td><td></td></tr>
<tr><td>直接下级</td><td></td><td>所辖人数</td><td></td></tr>
<tr><td rowspan="3">工作职责及绩效标准</td><td colspan="2">职责描述</td><td>责任划分</td><td>绩效标准</td></tr>
<tr><td colspan="2">业务职责
1. 协助仓储经理做好仓储规划和布局工作
2. 按照相应流程，组织货物验收工作，并安排货物存放地点
3. 按照相关程序，组织货物出库管理工作
4. 负责对货物进行库存盘点，确保账实相符
5. 做好库存的防火、防盗等安全工作
6. 负责仓库环境管理，做好仓库通风及卫生工作，确保库存物资的完好性
7. 负责物资台账的管理</td><td>协助
全责

部分
部分
全责
全责

全责</td><td>1. 仓库空间利用率达___%
2. 出库、入库手续齐全率达___%
3. 入库货物合格率达___%
4. 按时、定期盘点
5. 物资完好率达___%
6. 物资台账账实不符的次数在___次内</td></tr>
<tr><td colspan="2">管理职责
1. 负责监督仓储制度、流程、规范等的执行
2. 负责仓储耗材管理，审核仓储费用支出
3. 负责下属人员的工作指导和培训</td><td>协助
全责
部分</td><td>1. 仓储费用控制在预算内
2. 下属考核得分不低于____分</td></tr>
</table>

<table>
<tr><td>职位关系</td><td>可晋升职位：仓储经理
可相互轮换职位：物流主管
可降低职位：仓库保管员、出库员、入库员</td></tr>
<tr><td>任职资格</td><td>教育水平：
1. 大学专科以上学历
2. 物流、仓储等相关专业

工作经验及业务了解范围：
1. 3 年以上相关工作经验
2. 熟悉物流仓储作业流程及仓储设备的使用和维护规范

技能/能力：
<table><tr><th>能力项目</th><th>能力要求</th></tr><tr><td>计划控制能力</td><td>能够对工作进行合理计划，并且对计划具有较强的控制能力</td></tr><tr><td>沟通协调能力</td><td>能够与工作中的相关人员顺畅沟通，确保工作任务顺利完成</td></tr><tr><td>现场管理能力</td><td>具有较强的现场协调、控制能力，能够迅速果断的处理现场问题</td></tr></table></td></tr>
</table>

11.1.3 入库专员职位说明书

<table>
<tr><td rowspan="2">岗位信息</td><td>岗位名称</td><td>入库专员</td><td>岗位编号</td><td></td></tr>
<tr><td>所属部门</td><td>仓储部</td><td>直接上级</td><td></td></tr>
<tr><td>工作概述</td><td colspan="4">在仓储主管的领导下，负责公司物资的验收及入库工作，确保入库物资的质量</td></tr>
<tr><td>工作内容及绩效标准</td><td colspan="2">工作内容
1. 根据公司物资验收流程，进行物资入库验收工作
2. 妥善处理不可入库的物资，出现不能解决的问题及时上报
3. 认真填写并出具入库验收报告，确保报告的真实、准确
4. 做好物资验收记录，并对物资验收情况进行统计、分析
5. 负责物资的入库登记及入库手续办理工作
6. 根据公司仓库规划，合理安排货物存放地点
7. 完成领导交办的其他工作</td><td colspan="2">绩效标准
1. 严格遵守验收流程
2. 验收及时率达___%
3. 入库货物质量合格率达100%
4. 物资验收报告出具及时、准确
5. 入库手续办理及时准确</td></tr>
<tr><td rowspan="3">任职资格</td><td>教育水平</td><td colspan="3">1. 中专以上学历
2. 熟悉物资验收及仓库管理知识</td></tr>
<tr><td>经验要求</td><td colspan="3">1年以上物资验收、采购、仓库管理等相关工作经验</td></tr>
<tr><td>能力要求</td><td colspan="3">1. 具有较强的沟通能力，能够与相关工作人员良好地沟通，顺利完成工作
2. 具备熟练的计算机操作能力，可以熟练应用仓储管理软件</td></tr>
</table>

11.1.4　出库专员职位说明书

<table>
<tr><td rowspan="2">岗位信息</td><td>岗位名称</td><td>出库专员</td><td>岗位编号</td><td></td></tr>
<tr><td>所属部门</td><td>仓储部</td><td>直接上级</td><td></td></tr>
<tr><td>工作概述</td><td colspan="4">在仓储主管的领导下，做好仓储物资出库工作，及时办理出库手续并保管好出库单据</td></tr>
<tr><td>工作内容及绩效标准</td><td colspan="3">工作内容
1. 严格执行出库管理制度和出库管理流程
2. 负责出库物资出库手续的办理工作
3. 负责出库物资的检验工作，主要检验物资质量、数量等
4. 负责审核出库凭证和单据，确保凭证的完整真实性
5. 负责出库单据的收集、汇总、统计及保管工作
6. 完成领导交办的其他任务</td><td>绩效标准
1. 严格遵守出库流程
2. 物资出库手续办理及时
3. 物资出库差错次数在___次以内
4. 出库单据真实、准确
5. 出库单据完整</td></tr>
<tr><td rowspan="3">任职资格</td><td>教育水平</td><td colspan="3">1. 中专以上学历
2. 具备一定的仓储管理知识和计算机知识</td></tr>
<tr><td>经验要求</td><td colspan="3">1 年以上仓储管理经验</td></tr>
<tr><td>能力要求</td><td colspan="3">1. 具有良好的沟通协调能力和灵活应变能力
2. 工作认真负责，对数据有一定的敏感性</td></tr>
</table>

11.1.5 保管员职位说明书

<table>
<tr><td rowspan="2">岗位信息</td><td>岗位名称</td><td>保管员</td><td>岗位编号</td><td></td></tr>
<tr><td>所属部门</td><td>仓储部</td><td>直接上级</td><td></td></tr>
<tr><td>工作概述</td><td colspan="4">主要负责仓储物资的保管工作，确保仓储物资安全无损，为企业生产做好物资准备</td></tr>
<tr><td rowspan="2">工作内容及绩效标准</td><td colspan="3">工作内容</td><td>绩效标准</td></tr>
<tr><td colspan="3">1. 负责公司库房物资管理，协助物资出入库，核实数量、规格种类等与提货单一致
2. 物料分类、安全堆放，对货物进行编号管理
3. 做好防火、防盗、防爆、防鼠，保持库房清洁、整齐
4. 定期检查所保管的货物品种、数量、质量等情况
5. 根据物料存储数量和消耗量，协助制定合理的采购量
6. 做好物资单据管理工作，确保各种单据完整、真实、准确
7. 对库存物资进行盘点，确保账实相符</td><td>1. 物资完好率达____%
2. 违反货物摆放规范的次数在____次以内
3. 仓库安全事故发生次数为0次
4. 仓库单据记录准确
5. 账实不符的次数在____次以内</td></tr>
<tr><td rowspan="3">任职资格</td><td>教育水平</td><td colspan="3">中专以上学历，熟悉仓库管理的流程</td></tr>
<tr><td>经验要求</td><td colspan="3">1年以上仓库保管工作经验</td></tr>
<tr><td>能力要求</td><td colspan="3">1. 具较强的沟通协调能力及团队协作精神
2. 具有较强的细节把控能力</td></tr>
</table>

11.2　仓储部人力资源管理制度

11.2.1　仓储经理目标责任书

仓储经理目标责任书						版 本 ____年___月___日
编制部门		执行部门		执行日期		

一、目的

为了落实公司目标责任制，客观公正地评价仓储经理的工作，特制定本目标责任书，并以此作为对仓储经理考核的主要依据。

二、考核期限

______年______月______日至______年______月______日。

三、薪酬标准

1. 公司拟定仓储经理年薪为______万元（乙方年薪＝固定薪酬 65%＋浮动薪酬 35%）。

2. 浮动薪酬根据年度考核得分进行发放。

四、工作权限

1. 具有制定和修改仓储相关制度和流程的权利。

2. 具有根据审批后的工作计划开展仓储管理工作的权利。

3. 具有对仓储管理工作中的非重大问题进行决策处理的权利。

4. 具有对部门员工工作调配、考核的权利。

5. 具有对部门员工提出薪资、职位变动调整等的权利。

五、绩效目标及考核

对于仓储经理的考核主要从定量和定性两方面衡量，具体如下表所示。

仓储经理绩效考核表

	考核项目	考核指标	权重（%）	目标值	得分
定量考核	仓储规划	仓库空间使用率	5		
	出、入库	出、入库手续齐全率	10		
		入库物资合格率	10		
	仓储保管	仓储物资完好率	15		

续表

	考核项目	考核指标	权重（%）	目标值	得分
定量考核		重大仓储事故发生次数	5		
		仓储设施完好率	5		
	仓储成本	仓储成本降低率	15		
	仓储盘点	盘点差错次数	5		
	仓储台账	物资台账出错次数	5		
		账实不符的次数			
	部门管理	培训计划完成率	5		
		部门员工考核平均得分	5		
定性考核	仓储制度	仓储制度的规范、完善性	5		
	各种仓储报表及时性	各种仓储报表提交的及时性	5		
综合得分					

六、奖罚方式

1. 根据仓储经理工作的完成情况由公司考评小组进行打分测评。

2. 工资、奖金的增加或扣减按《浮动工资考核办法》中的规定进行操作。

七、附则

1. 仓储经理在工作期间若出现重大责任事故，公司有权对其提出终止聘用合同。

2. 本公司在生产经营环境发生重大变化或发生其他情况时，有权修改本责任书。

3. 本目标责任书未尽事宜在征求总裁意见后，由公司另行研究确定解决办法。

4. 本责任书解释权归公司人力资源部。

修订记录	修订标记	修订处数	修订日期	审批签字

11.2.2　仓库人员工作规范

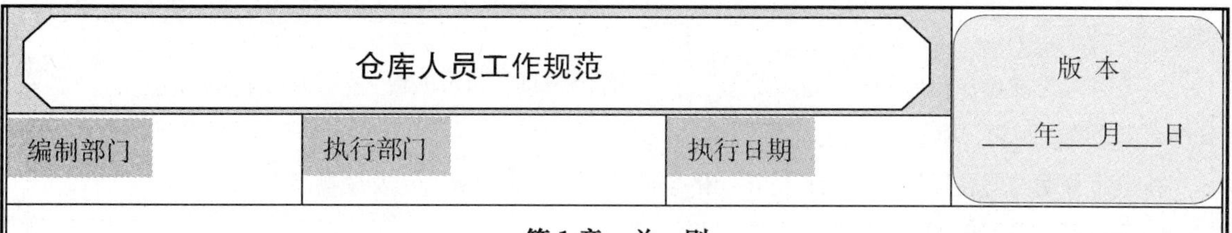

仓库人员工作规范			版本 ____年____月____日
编制部门	执行部门	执行日期	

第 1 章　总　则

第 1 条　为了规范仓库管理人员的工作行为，提高仓库管理水平，确保仓储物资的安全，根据公司仓库管理实际情况，结合相关人事制度，特制定本工作规范。

第 2 章　仓库工作人员工作规范

第 2 条　日常工作规范及奖惩

1. 仓库工作人员必须挂工作牌，着工作服上岗。
2. 仓库工作人员上岗须注重仪态、仪表，维护公司形象。
3. 每日上班应提前 5 分钟，仓库工作人员由主管召集班前会，对各项工作进行讲评。
4. 任何人不准在仓库内抽烟或干与工作无关的事情。
5. 仓库工作人员不得擅自离岗，如有事离开须向主管领导请示。
6. 仓库工作人员不得私存私拿货物，损害客户和公司利益。
7. 每日上午上班前，晚上下班前应各清扫仓库一次。
8. 仓库工作人员应积极创造整洁卫生的工作环境，做到杂物随时清理。
9. 仓库工作人员应主动维护库房安全及内部秩序；不允许与发货、提货无关人员随意进出仓库。
10. 仓库工作人员每日应做好消耗材料的统计工作，并提交仓库保管员汇总。
11. 仓库内必须配备消防器材，仓库人员应能熟练掌握其性能及使用技巧。
12. 仓库工作人员必须搞好仓库的“五防”工作，对消防器材、电器等重要设施应定期检查，发现隐患应及时向主管部门汇报。
13. 对于工作中发现的问题，必须及时向上级领导汇报并积极采取处理措施。

第 3 条　入库工作规范

1. 库管人员凭交接单进行复核，逐件核对、清点，确保交接单、货物两相符。交接过程完毕后，库管人员在交接单上签名并存档。
2. 办理入库手续时，库管人员检查对照物品与订购单、提货单、验收单、发票所列的品名、型号或规格是否相符。如发现品名、型号、规格或包装破损的，应通知采购部处理。
3. 仓库管理员对所有入库物品及时入账，对在存仓库物品造册登记。

第 4 条　出库工作规范

1. 仓库工作人员针对领用要求，于规定的时间内发货。如缺货或不足，则应回复预定或供货的日期。

2. 仓领双方在确认出库物料的品种、规格、数量和质量后，均应在一式多联领料单据上签字，各联分送、留仓管、领用、财务等有关部门。

3. 仓库保管员坚持原则，不徇私情，严格按批准数量、质量领取、发放物品。

4. 仓库管理员态度和蔼，热情主动服务。

第 5 条　物资储存工作规范

1. 按品种、规格、体积、重量等特征决定堆码方式及区位；仓库物品堆放整齐、平稳，分类清楚；储物空间分区及编号，标示醒目、朝外，便于盘存和领取。

2. 仓管员加强对仓库日常防火、防盗、防潮、防漏、防虫工作，注意清洁卫生，定期实施安全检查。

3. 仓库建立库存物资台账、总账、明细账、库存卡系统。应做到账实相符、账账相符。及时做好日常账簿登记、整理、保管工作。

4. 仓管员每日作出物料入出库的统计报表，以及每月和年度的出入库和库存统计。各种统计报表一式多联分送有关财务、生产、营销部门。

第 3 章　奖　惩

第 6 条　奖励

1. 仓库工作人员工作认真负责，成绩突出的，年终一次性奖励______～______元。

2. 仓库工作人员工作认真负责，为公司挽回损失在______元以上的，按挽回损失总额的______%予以奖励；为公司挽回损失在______元以上的，按挽回损失总额的______%予以奖励。

第 7 条　惩罚

1. 对于违反上述工作规范，情况较轻的罚款______～______元。

2. 对于违反上述工作规范，且情节较为恶劣者，给予相应的记过、解聘等处理。

修订记录	修订标记	修订处数	修订日期	审批签字

11.3　仓储部业务管理规章制度

11.3.1　仓储管理制度

编制部门： 编制日期：	仓储管理制度	执行部门： 制度版本：

第 1 条　目的

为了加强公司仓储规范化管理，确保仓储物资的安全，根据本公司仓储物资管理的实际情况，结合本公司仓储部相关管理制度，特制定本制度。

第 2 条　仓库环境管理

1. 仓库内应光线充足，严禁烟火，无关人员禁止入内。

2. 仓库内消防设施、防盗设施、安全报警设施等齐全，各个区域划分明确。

3. 根据所储存物资的需要，确保仓库的温度和湿度，并做好记录。

第 3 条　仓库卫生管理

1. 仓库内应保持环境干净、整洁、无垃圾污物堆放。

2. 仓库内应确保通风通畅，使仓库干燥，避免各种霉菌及细菌的滋生。

第 4 条　物资验收入库管理

1. 物资入库存，保管员要亲自同交货人交接手续，核对清点物资名称、数量是否一致，按物资交接本上的要求签字。

2. 物资入库存，应先入待验区，未经检验合格不准进入货位，更不准投入使用。

3. 材料验收合格，保管员凭发票所开列的名称、型号、数量、计量验收就位，入库存单各栏应填写清楚，并随同托收单交财务部门记账。

4. 不合格品，应隔离堆放，严禁投产使用。如工作马虎，混入生产，保管员应负失职的责任。

5. 验收中发现的问题要及时通知仓储主管或经办人。托收到而货未到，或货已到而无发票，均应向经办人反映查询，直到消除悬事挂账。

第 5 条　物资摆放管理

1. 仓储经理应依据库房的结构特点和存储物资的种类，制定物资储存规划，同时要考虑到物资对光、潮、尘、碰、压等的要求，合理安排好货位储存。

2. 不同性质的物资应分开存放，易燃、易爆、有毒、有腐蚀性及放射性物资应分类专库储存。

3. 在物资分区分类的基础上，将库房所有货位按顺序统一编号，做出明显标记。

4. 库存产品存放应做到“三齐”，即堆放齐、码垛齐、排列齐。离地、离墙 10～20 厘米，并与屋顶保持一定距离；垛与垛之间应有适当间隔。

第 6 条　物资发放管理

1. 生产部生产人员凭“配料单”和“领料单”到原料库领取原材料和半成品。

2. 原料库库员每天按“配料单”、“领料单”的实际数量备料、发放。

3. 原料库和成品库的库管员凭经审批的“领料单”、“发货单”发放物资。

4. 发放时认真核对“领料单”或“出库单”、“发货单”的各项内容，凡填写不齐全、字迹不清晰、审批手续不完备的不得发放。

5. 发放时，应认真核对实物的品名、型号和数量，符合领料或出库凭证要求的才能发放。

第 7 条　定期检查管理

1. 定期检查库房安全防护和消防设备用具是否齐备，药剂是否有效，库房门窗是否良好，有无漏雨。

2. 仓库内的物品应定期检查是否有霉变、生虫、有无异味及其他感官异常。

3. 要定期检查账、卡、物是否相符，是否做到账账相符、账物相符、账卡相符且日清月结。

4. 要定期检查仓储管理人员对仓储相关制度的执行情况。

第 8 条　本制度未尽事宜参考仓储部其他管理制度。

第 9 条　本制度最终解释权归仓储部所有。

第 10 条　本制度自颁布之日起执行。

修订记录	修订标记	修订处数	修订日期	审批签字

11.3.2　仓库安全管理规定

编制部门： 编制日期：	仓库安全管理规定	执行部门： 制度版本：

第 1 章　总　则

第 1 条　为了加强仓库管理工作规范化，保证仓库物资安全，从而保证生产的顺利进行，实现公司生产任务，特制定本规定。

第 2 条　仓库治安维护人员的岗位职责是维护仓库治安，做好仓库防盗等安全工作。

第 3 条　仓库保管员应熟悉仓库所存放物质的性质、保管办法及注意事项，正确使用本仓库的安全设施及消防器材，维护仓库内物资的安全，且定期参加仓库安全技术管理方面的教育。

第 2 章　治安管理规定

第 4 条　建立健全各级安全组织，做到制度成文、责任到人、逐级把关、不留死角，本着谁主管谁负责、宣传教育在前的原则，坚持岗位责任制。

第 5 条　严格执行公司安全保卫的各项规章制度。

第 6 条　严禁无关人员随便进入仓库。

第 7 条　加强对企业内门、窗、锁的管理，出现问题及时向有关部门汇报，及时采取措施。末班人员下班后，将钥匙交到保卫部门，方可离去。

第 8 条　做好来宾登记工作，严禁夜间留宿。特殊情况须报公司保卫部备案。

第 3 章　消防管理规定

第 9 条　认真执行有关仓库防火规章制度和消防安全规定。

第 10 条　仓库应当设置醒目的防火标志，禁止带入火种。

第 11 条　若库区配备消防器材和工具应按企业内部规定执行，不得私自挪用。

第 12 条　根据存放货物的不同性质配备相应的灭火器材，定人定期检查、更新。

第 13 条　库区的消防通道和安全出口等严禁堆放物品。

第 14 条　仓库区域严禁烟火和明火作业，确因工作需要动用明火，按公司有关安全保卫规定执行。

第 15 条　仓库用的一切防火设备要经常检查，保证完整好用。其数量按规定配备。

第 4 章　安全用电规定

第 16 条　要严格遵守安全用电的有关规定。

第 17 条　加强用电管理。建立班前班后检查记录制度，做好交接检查的详细记录。

第 18 条　仓库电源要装分闸，电源开关要装在库外。

第 19 条　下班要切断电源。

第 20 条　对电气设备要经常通知电工进行检查、维修保养。

第 5 章　仓库储存物资安全管理规定

第 21 条　库内存放的产品要按规定排列整齐，不得紊乱。入库时按产品日期分别挂牌标明，决不允许因保管不善造成意外事故和损失。

第 22 条　库内产品不得擅自堆积太高，应规定库内安全容量。

第 23 条　库内应保持良好通风，必要时可安装通风设备，防止仓储物资霉烂变质等。

第 24 条　同一库内不得乱放互相起作用或互相影响的产品，应放置性质相同的产品。

第 6 章　附　则

第 25 条　本规定自颁布之日起执行。

第 26 条　本规定最终解释权归公司仓储部所有。

修订记录	修订标记	修订处数	修订日期	审批签字

第 12 章

物流部职位说明书与制度编制

12.1 物流部职位说明书

12.1.1 物流经理职位说明书

<table>
<tr><td rowspan="3">岗位信息</td><td>岗位名称</td><td>物流经理</td><td>所属部门</td><td>物流部</td></tr>
<tr><td>岗位编号</td><td></td><td>岗位序列</td><td></td></tr>
<tr><td>薪资标准</td><td></td><td>直接上级</td><td></td></tr>
<tr><td>职责概述</td><td colspan="4">负责公司物流业务运作的指导、监督、协调，不断提高物流运作水平</td></tr>
<tr><td rowspan="5">岗位职责及绩效标准</td><td colspan="3">岗　位　职　责</td><td>绩 效 标 准</td></tr>
<tr><td colspan="3">部门制度管理
1. 组织制定、修改完善公司运输、仓储制度和流程
2. 监督实施物流体系职责与管理标准</td><td>内容全面、完善，可操作性强</td></tr>
<tr><td colspan="3">仓储管理
1. 根据物料特性及物流发展状况，进行合理的仓储规划
2. 保障货物安全并按相应需求及时供应
3. 降低货物保管成本</td><td>1. 仓库面积利用率达____%
2. 物资完好率达____%
3. 仓储成本降低____%</td></tr>
<tr><td colspan="3">配送管理
1. 负责审批物流配送计划
2. 提高货物流转效率，降低货物运输成本
3. 协调处理在合同执行过程中发生的储运问题，确保合同的履行
4. 负责协调处理货物运输损坏的索赔工作
5. 提高物流效率，及时解决客户的物流投诉，提高客户对物流配送的满意度</td><td>1. 货物准时送达率达100%
2. 货物破损率低于____%
3. 货差率低于____%
4. 客户投诉率低于____%</td></tr>
<tr><td colspan="3">部门员工管理
1. 结合物流业务特点，开展团队建设工作
2. 负责所在部门人员的工作考核、培训等工作</td><td>1. 培训计划完成率达100%
2. 培训考核达标率达100%</td></tr>
</table>

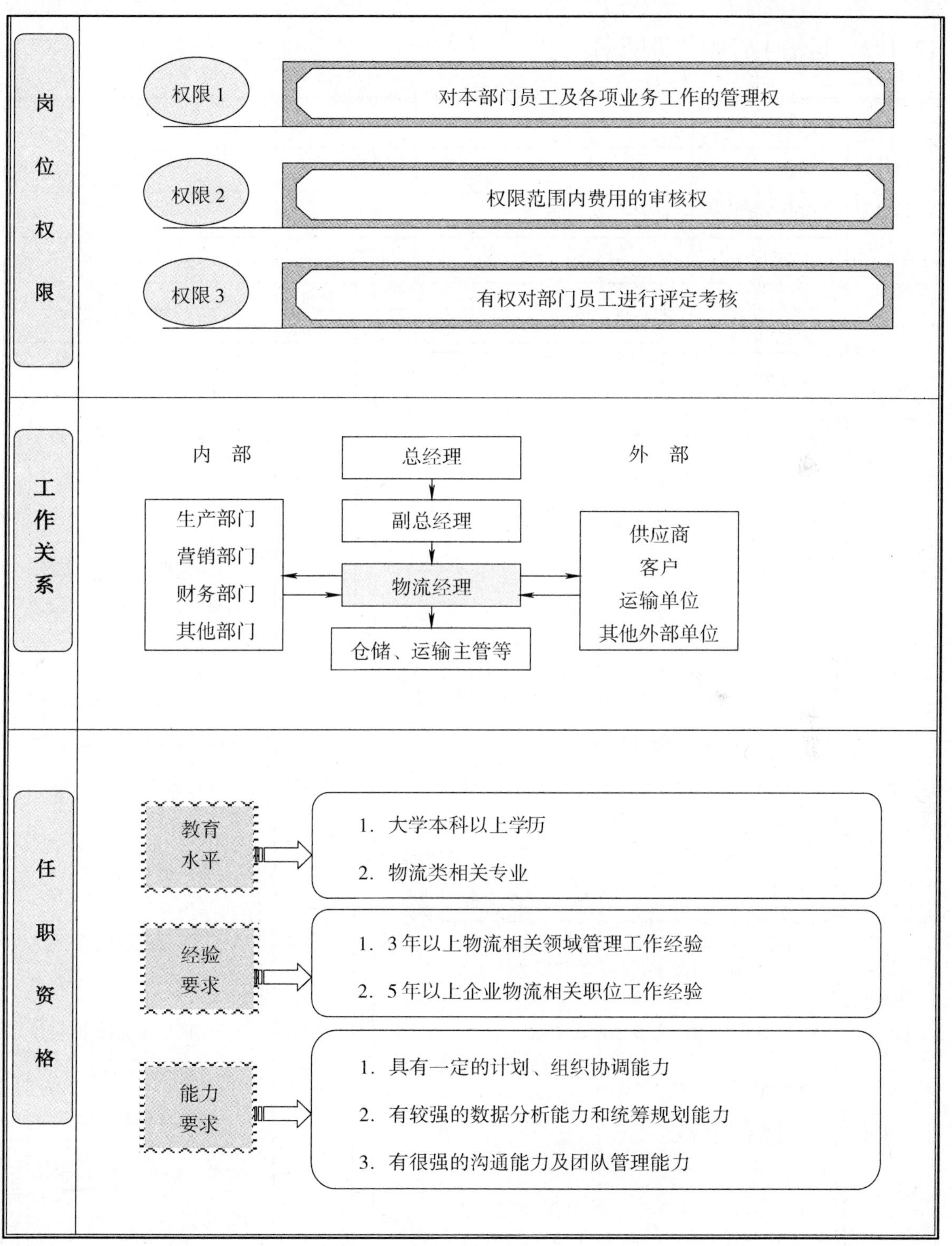
岗位权限
权限 1
对本部门员工及各项业务工作的管理权
权限 2
权限范围内费用的审核权
权限 3
有权对部门员工进行评定考核
工作关系
内　部
总经理
外　部
副总经理
生产部门
营销部门
财务部门
其他部门
物流经理
供应商
客户
运输单位
其他外部单位
仓储、运输主管等
任职资格
教育水平
1. 大学本科以上学历
2. 物流类相关专业
经验要求
1. 3 年以上物流相关领域管理工作经验
2. 5 年以上企业物流相关职位工作经验
能力要求
1. 具有一定的计划、组织协调能力
2. 有较强的数据分析能力和统筹规划能力
3. 有很强的沟通能力及团队管理能力

12.1.2 运输主管职位说明书

<table>
<tr><td rowspan="4">岗位信息</td><td>岗位名称</td><td>运输主管</td><td>岗位编号</td><td></td></tr>
<tr><td>岗位等级</td><td></td><td>薪资水平</td><td></td></tr>
<tr><td>工作部门</td><td>物流部</td><td>直接上级</td><td></td></tr>
<tr><td>直接下级</td><td></td><td>所辖人数</td><td></td></tr>
<tr><td rowspan="3">工作职责及绩效标准</td><td colspan="2">职责描述</td><td>责任划分</td><td>绩效标准</td></tr>
<tr><td colspan="2">业务职责
1. 运输市场调查、分析
2. 运输渠道的拓展、维护
3. 优化运输线路及配送模式，以降低公司的运输成本
4. 负责各区域运输业务协调、监督和指导，监控运输运作质量
5. 实时跟踪车辆在途情况，协调解决突发异常情况，以确保运输的顺利进行
6. 负责公司运输车辆安全管理及费用控制</td><td>全责
部分
部分

全责

部分

全责</td><td>1. 运输路线规划合理，无重复运输、空载等现象发生
2. 运输准点率达____%
3. 货损率低于____%
4. 货差率低于____%
5. 运输成本下降____%
6. 运输安全事故发生次数为0次</td></tr>
<tr><td colspan="2">管理职责
1. 负责运输组内人员管理和培训
2. 负责分配运输司机工作，并检查其工作状况</td><td>协助
全责</td><td>1. 培训计划完成率达100%
2. 运输车辆无违章行为</td></tr>
</table>

职位关系	
可晋升职位	物流经理
可相互轮换的职位	配送主管、仓储主管
可降低职位	运输组长

任职资格

教育水平

1. 专科以上学历
2. 交通运输、物流管理相关专业

工作经验及业务了解范围

1. 2 年以上工作经验
2. 熟悉相关物流政策、物流行业产品的运输方式、特征

技能/能力

能力项目	能力要求
协调能力	能够合理调配资源，完成运输任务
过程控制能力	能通过采取一系列作业技术和活动对运输过程予以掌控
应变能力	对运输过程中发生的各种突发事件，能快速提出合理的解决措施

12.1.3 配送主管职位说明书

<table>
<tr><td rowspan="4">岗位信息</td><td>岗位名称</td><td>配送主管</td><td>岗位编号</td><td></td></tr>
<tr><td>岗位等级</td><td></td><td>薪资水平</td><td></td></tr>
<tr><td>工作部门</td><td>物流部</td><td>直接上级</td><td></td></tr>
<tr><td>直接下级</td><td></td><td>所辖人数</td><td></td></tr>
<tr><td rowspan="3">工作职责及绩效标准</td><td colspan="2">职责描述</td><td>责任划分</td><td>绩效标准</td></tr>
<tr><td colspan="2">业务职责
1. 完善配送业务流程
2. 根据客户订单，确定配送方案，合理组织下属人员开展实施
3. 跟踪发运货物在途状态及实际抵达时间，确认相关收货情况并及时反馈相关信息
4. 控制物流配送成本
5. 负责处理物流配送过程中的各类问题及纠纷
6. 管理配送车辆，包括调度、保养、维修等</td><td>协助
全责

全责

部分
全责
全责</td><td>1. 配送任务完成率达到____%
2. 配送延误率低于___%
3. 货物货损率低于___%
4. 货物货差率低于___%
5. 配送成本降低于___%
6. 运输车辆完好率达____%
7. 客户投诉处理率达到____%</td></tr>
<tr><td colspan="2">管理职责
1. 下属人员的工作任务分配
2. 负责下属的业务指导及培训
3. 运输车队司机的管理</td><td>全责
部分
全责</td><td>1. 培训计划按时完成
2. 下属绩效考核平均分不低于____分</td></tr>
</table>

<table>
<tr><td rowspan="3">职位关系</td><td>可晋升职位</td><td>配送经理、物流经理</td></tr>
<tr><td>可相互轮换的职位</td><td>运输主管、仓储主管</td></tr>
<tr><td>可降低职位</td><td>配送专员、运输助理</td></tr>
<tr><td rowspan="3">任职资格</td><td>教育水平</td><td>1. 大学本科以上学历
2. 物流类专业</td></tr>
<tr><td>工作经验及业务了解范围</td><td>1. 3 年以上物流领域内相关工作经验
2. 具有专业物流配送知识和基本的相关交通工具维护知识</td></tr>
<tr><td>技能/能力</td><td><table><tr><th>能力项目</th><th>能力要求</th></tr><tr><td>物流配送能力</td><td>能有效运用各种方法和技巧，及时保量地将商品（物资）配送到位</td></tr><tr><td>分析能力</td><td>能对配送业务中的问题从不同方面进行分析，较为深入地指出问题所在并提出解决办法</td></tr><tr><td>协调能力</td><td>能有效协调配送 工作中各部门的工作关系</td></tr></table></td></tr>
</table>

12.1.4　配送专员岗位说明书

岗位信息	岗位名称	配送专员	岗位编号	
	所属部门	物流部	直接上级	
工作概述	根据配送要求，确保配送效率、质量及安全，并确保送货、退货手续及单据无差错			
工作内容及绩效标准	**工作内容** 1. 及时、准确地将配送物资送达至指定地点 2. 听取、收集客户对所供商品质量和品种的反馈意见，并及时反馈至相关部门 3. 保管好从客户处收到的货款，并及时交回公司 4. 送货单据的回收及整理 5. 协调配送过程中发生的问题 6. 协助做好公司客户关系维护			**绩效标准** 1. 配送任务完成率达到____% 2. 分拣准确率达到____% 3. 按时发货率达到____% 4. 配送单据完整 5. 客户满意度评价不低于____分
任职资格	教育水平	1. 大专以上学历 2. 物流或相关专业		
	经验要求	1 年以上本行业工作经验		
	能力要求	1. 具有良好的沟通协调能力 2. 具备良好的语言表达能力及应变能力		

12.2　物流部人力资源管理制度

12.2.1　员工培训管理制度

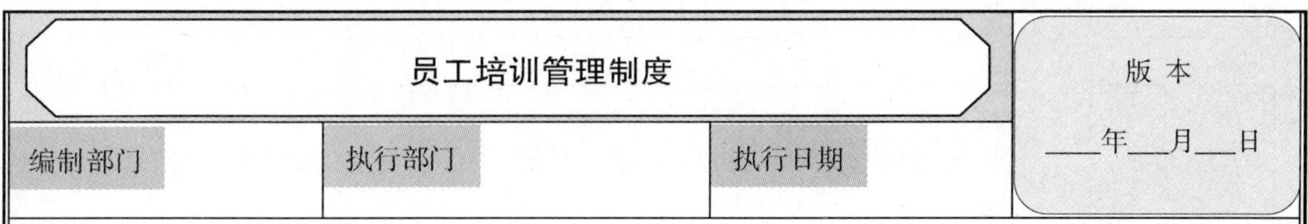

员工培训管理制度			版本
编制部门	执行部门	执行日期	____年___月___日

第 1 章　总　则

第 1 条　目的

使员工的知识技能更好地适应岗位工作需要，同时规范本部门员工培训管理工作，特制定本制度。

第 2 条　适用对象

物流部所有员工。

第 2 章　新员工入职培训

第 3 条　新员工入职培训时间为 2 天，培训科目分为：物流部考勤管理规定、物流部现场管理制度、物流部各个岗位指导书、物流部运作流程管理规定、工具安全使用规定。

第 4 条　实际操作培训时间为 1 个月。培训期间必须由经验丰富的员工带领。培训期满后将对该员工在期间的表现进行客观的评价，不能胜任工作岗位要求的将进行轮岗轮训培训，考核合格的员工可以独立工作。

第 3 章　在职培训

第 5 条　培训内容

公司从知识、技能、态度三方面对在职员工实施培训，具体内容如下：

第 6 条　培训方式

1. 讲授式

2. 分组讨论

3. 现场实际操作

4. 现场参观，将培训人员带到提供实景、声音、设备或作业的环境中去观摩。

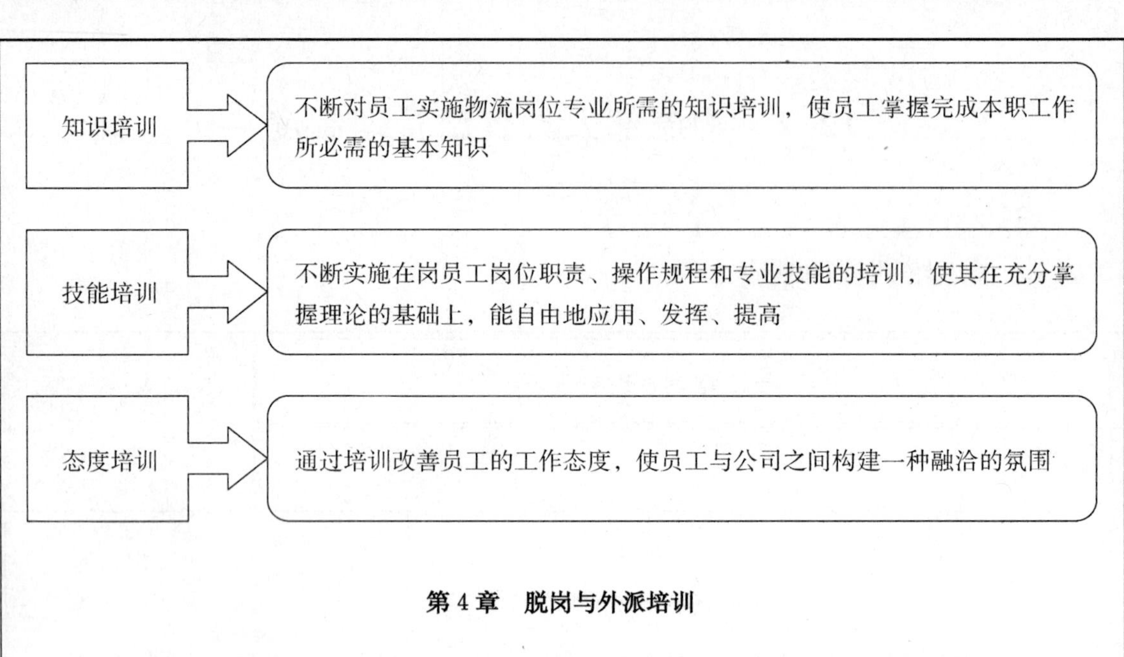

第 4 章　脱岗与外派培训

第 7 条　确因工作需要而进行脱岗或外派培训的，需填写外出申请表，由经理级（含）以上领导审核后交人力资源部，人力资源部根据公司实际及外部培训适用情形进行评审，公司总经理批准后方可实施。

第 8 条　培训申请经批准后，由人力资源部负责将培训相关事项通知受训人所在部门及受训人。

第 9 条　培训合同或协议的签订，凡公司出资培训的脱岗与外派培训人员，应与公司签订培训协议。

第 10 条　员工培训期间须遵守培训机构的相关管理规定。

第 5 章　附　则

第 11 条　本制度由公司培训中心负责解释。

第 12 条　本制度自发布之日起实施。

修订记录	修订标记	修订处数	修订日期	审批签字

12.2.2　物流部考核实施办法

物流部考核实施办法			版本 ____年___月___日
编制部门	执行部门	执行日期	

一、部门工作目标

1. 保障公司商品的正常流通。

2. 做好本部门的人员协调管理工作。

3. 保障公司营业目标达成。

二、考核要求与评估办法

公司对物流部的考核，主要从如下表所示的 7 个方面进行，具体内容如下：

物流部考核要求与评分办法

考核项	考核要求与评分办法
部门规章制定和执行	1. 考核要求 部门规章制度健全，且得到全面执行 2. 评分办法 （1）部门规章制度没有或不健全，以致出现错误问题无据可依，减______分 （2）有据可依，但未执行，减______分/项
业务操作管理	1. 考核要求 货物的交接，运单、标签、交货单据的制作，与客户委托发货单记录的信息一致，操作各环节应准确核对，做到正确操作，无错发货物 2. 评分办法 每出现一次操作错误或错误记录扣______分
运输管理	1. 考核要求 全天提（发）货车辆必须按照规定的批次、规定的线路，准时准点（在规定的时间点上下误差不超过 5 分钟）到达目的地或离开出发地 2. 评分办法 （1）因未按规定批次发车，驾驶员未经允许改变行驶路线，或不按规定交接，造成的晚点 （2）检查车辆的技术状况，导致病车上路抛锚，造成的晚点 （3）因不按规定批次进行配载货物，造成的晚点 （4）因操作现场不按规定操作，导致货物滞留车内，不能准点离开，造成的晚点 上述情况每出现一次，扣______分

续表

考核项	考核要求与评分办法
货物安全管理	1. 考核要求 （1）货物无丢失、损毁现象 （2）除能证明货物的损毁是因不可抗力或货物本身的自然性质合理损耗造成的，不纳入该项考核外，其余情况均纳入考核范围 2. 评分办法 （1）每出现破损一次（根据客户的货物破损投诉统计的次数），扣______分 （2）每出现一次货物丢失（根据客户的货物丢失投诉统计的次数），则全部扣除此项分值，并承担该货物的赔偿费用
仓储管理	仓储管理达标率100%，按公司《仓储管理考核细则》进行评定
客户管理	客户针对物流的严重投诉每出现1次，扣______分
部门员工培训管理	1. 考核要求 每月至少一次培训 2. 评分办法 （1）未做，减______分；按培训计划实行，员工培训参与率达到95%以上，______分，每低______%，减______分 （2）没有记录及提高，减______分 （3）员工出勤率，达100%，______分，每低______%，减______分

三、考核结果说明

1. 当期考核为“差”时，应提出工作整改方案；其部门不得参加公司先进集体的评选；部门负责人个人年度考核不得评为优秀。

2. 考核结果为优秀时，给予部门______元的奖励。

修订记录	修订标记	修订处数	修订日期	审批签字

12.3　物流部业务管理规章制度

12.3.1　物流配送管理制度

编制部门： 编制日期：	物流配送管理制度	执行部门： 制度版本：

第 1 章　总　则

第 1 条　目的

为及时、准确地满足零售终端客户的配送需求，特制定本制度。

第 2 条　职责

1. 物流部总体负责配送过程的管理。

2. 物流部负责对物流配送路线的设计、过程的设计和相关的改善工作，并应定期给予各个 DC 物流配送方面的指导。

3. DC 的配送组负责 DC 所在区域的物流配送的具体操作。

第 3 条　管理部门

本制度由公司物流部制定，其解释权及修改权属物流部。

第 2 章　分拣与理货作业管理

第 4 条　作业人员根据订单的需求制定不同的分拣方法。

第 5 条　分拣人员按照清单要求及合适的拣选方式进行分拣作业，并将拣出的货物进行集中，做好配送的准备。

第 6 条　补货：拣选完毕后，及时进行理货作业，发现有低于安全库存量的及时进行补货作业。

第 7 条　退货处理：分拣完毕后，对在分拣作业中因质量出现问题或客户因其他问题退回的货物，根据相关规定进行退货处理工作。

第 3 章　装运管理

第 8 条　根据装卸搬运任务量和作业量，编制作业计划，分配作业班组。

第 9 条　文明作业：杜绝野蛮装卸，不能损坏装卸设备，不能超负荷运转。

第 10 条　集中作业：使作业量达到一定规模，为实现装卸搬运机械化、自动化创造条件。

第4章　运输管理

第11条　在保证货物按时到达的前提下，选择合理的运输方式（主要包括海运、铁路、公路、空运）。

第12条　运输过程应严格按照运输路线行驶，保证送达各个客户时间的准确性。

第13条　运输过程中应保持和DC的联系，以便及时处理意外情况。

第14条　运输过程中发生耽搁情况，如堵车，应通知公司总部，并保持和相关客户的联系，得到客户对送达时间变更的同意。

第15条　运输过程中如发生严重事故，按照有关规定处理。

第5章　库存管理

第16条　配送中心必须根据耗用情况和市场供应情况，确定仓库物品的储存结构，以利保证货物的供应，减少资金占用，防止浪费、损失。

第17条　物资储存时，需根据仓库的地理位置、设备条件和仓储物资的自然属性，做到布局合理、编号有序、领用方便。

第18条　必须按物品的包装形状、重量、数量、性能特点和储存时间，合理堆放进仓物品，以保护仓储物品的质量。

第19条　必须建立货物盘点制度。按仓储物品特性确定合理储耗率，及时做好盘点工作和仓储损益的报批工作。

第20条　配送中心必须建立仓库保管相关制度，切实做好仓库管理工作，确保仓库及物品的安全及物品的及时发送，降低库存损耗。

第21条　做好仓库的消防和安全工作，确保仓储物资的安全，仓库不得擅自为私人、其他部门和单位代保管物品。

第22条　物资保存检核重点。

1. 温度、湿度控制。
2. 通风良好。
3. 防漏、排水情况。
4. 防鼠、防虫害情况。
5. 栈板台上货品高度及重量要符合规定。

修订记录	修订标记	修订处数	修订日期	审批签字

12.3.2　业务用车管理制度

编制部门： 编制日期：	业务用车管理制度	执行部门： 制度版本：

第 1 章　总　则

第 1 条　为加强公司运输车辆管理，规范日常业务操作，做到节约开支，明确责任，确保安全行车，完成公司物流运输任务，特制定本制度。

第 2 条　物流车辆安排及日常管理实行车队主管负责制。

第 2 章　车辆购置

第 3 条　车辆购置、更新应根据公司的实际情况，按照适用、经济、配套的原则选择车种、车型。

第 4 条　车辆购置必须按公司固定资产管理办法的固定资产购置程序进行。

第 5 条　验收车辆时应组织固定资产分管负责人、采购员、使用部门负责人及驾驶员同时验收，并了解使用注意事项。

第 6 条　新车购进后必须及时登记，建立登记卡。

第 7 条　车辆内部调拨必须经公司主管业务副总批准，并填写车辆调拨清单，由交换双方负责人签字，连同车辆登记本及相应的随车技术档案一并调拨。

第 3 章　车辆使用

第 8 条　物流车辆安排需做到送货及时，外不缺货、内无闲车。充分利用有限的车辆资源，满足公司业务的需求。

第 9 条　车辆由公司指定驾驶员专用，其他人员未经批准不得驾驶，专车司机不能将车转借他人或其他单位使用。

第 10 条　严禁车辆超限装载，否则出现任何事故和故障由当事人自己承担。

第 11 条　车辆除执行运输任务外，未经批准不得随便驶离指定的停车场，包括不得私自开车回家和办私事，任务完成后应及时将车辆开回指定的停车场。

第 4 章　车辆维修与保养

第 12 条　车辆维修

1. 车辆报修：驾驶员提前一天（特殊情况另定）向车队报修车辆，并填写报修单报车队审批，一次修理或配件金额在______元以上的，车队报运营部经理审批，任何人不得自作主张。

2. 车辆维修：将车辆送至公司指定的汽车维修厂进行修理，并现场监督修理过程。

3. 维修费报销：车辆维修完成经鉴定无误后，在维修厂出具的维修单上签字，按照公司规定予以月报销。

4. 责任认定：车辆在维修的同时车队主管对此次故障进行认定分析。

（1）在保修期内发生的问题，如没有维修质量问题，由当事人负责，具体赔偿按照公司规定执行。

（2）在保修期内发生的维修质量问题，由维修厂负责。

（3）驾驶员在行车中发现异常未及时汇报造成更大损坏的，其维修费用超出部分按照公司规定的比例进行赔偿。

第 13 条　车辆维护与保养

1. 道路运输车辆的维护分为日常维护、一级维护、二级维护。日常维护是由驾驶员每日出车前、行车中和收车后负责执行的车辆维护作业。

2. 车辆的一级、二级保养，由运管处指定的维修厂完成。

第 5 章　安全行车

第 14 条　司机调到车队驾驶车辆时，必须经过驾驶技术考核合格才能安排驾驶车辆。

第 15 条　司机必须严格遵守交通规则和安全技术操作规程。

第 16 条　司机应积极参加安全学习，加强安全行车意识。

第 17 条　司机应加强业务知识的学习，钻研车辆的保养和维修技术，不断提高驾驶技术和服务水平。

第 18 条　在运输作业过程中，对安全行车的司机，公司根据其全年实际表现设立安全行车奖，年终时一次性奖励给司机，以作鼓励。对表现差的司机按公司有关制度进行处罚。

第 6 章　车辆事故处理

第 19 条　发生交通事故，驾驶员应立即通知车辆调度和小车班长，并积极协同交警、保险公司处理。

第 20 条　驾驶员在交通事故中应承担的责任，以交警判决为依据，分为全部责任、主要责任、同等责任、次要责任、无责任。

第 21 条　根据交警部门认定的责任大小，驾驶员应就交通事故承担赔偿责任，其赔偿比例如下：

1. 全部责任赔偿实际损失额的______%。

2. 主要责任赔偿实际损失额的______%。

3. 同等责任赔偿实际损失额的______%。

4. 次要责任赔偿实际损失额的______%。

修订记录	修订标记	修订处数	修订日期	审批签字

第 13 章

工程部职位说明书与制度编制

13.1 工程部职位说明书

13.1.1 工程经理职位说明书

<table>
<tr><td rowspan="3">岗位信息</td><td>岗位名称</td><td>工程经理</td><td>所属部门</td><td>工程部</td></tr>
<tr><td>岗位编号</td><td></td><td>岗位序列</td><td></td></tr>
<tr><td>薪资标准</td><td></td><td>直接上级</td><td></td></tr>
<tr><td>职责概述</td><td colspan="4">负责组织公司工程的施工管理，对项目进度、质量、成本、安全进行控制</td></tr>
<tr><td rowspan="6">岗位职责及绩效标准</td><td colspan="2">岗位职责</td><td colspan="2">绩效标准</td></tr>
<tr><td colspan="2">预算管理工作
1. 组织拟定并完成公司工程预算管理办法
2. 组织编制并审核工程项目预算及材料、设备采购的预算</td><td colspan="2">工程预算误差率控制在____%以内</td></tr>
<tr><td colspan="2">招投标管理
1. 组织初步筛选投标单位
2. 协助对投标单位进行资质审查和招标文件、标底的审核
3. 协助通过招投标程序确定投标单位</td><td colspan="2">工程中标率达____%</td></tr>
<tr><td colspan="2">项目进度管理
1. 负责审核施工进度总计划和具体工程进度计划
2. 确保工程施工进度按合同要求完成</td><td colspan="2">项目工期符合计划要求</td></tr>
<tr><td colspan="2">项目质量管理
1. 确保施工项目的质量符合工程技术质量标准和验收规范
2. 负责组织工程质量验收
3. 负责施工安全事故的调查、处理并采取整改和预防措施</td><td colspan="2">1. 工程质量合格率达____%
2. 工程质量优良率达____%
3. 工程安全事故发生次数为0次</td></tr>
<tr><td colspan="2">部门内部日常管理
1. 负责部门内部人员的工作任务分配
2. 负责部门内部人员的绩效考核、技能培训等工作</td><td colspan="2">1. ××计划完成率达100%
2. ××计划完成率达100%</td></tr>
</table>

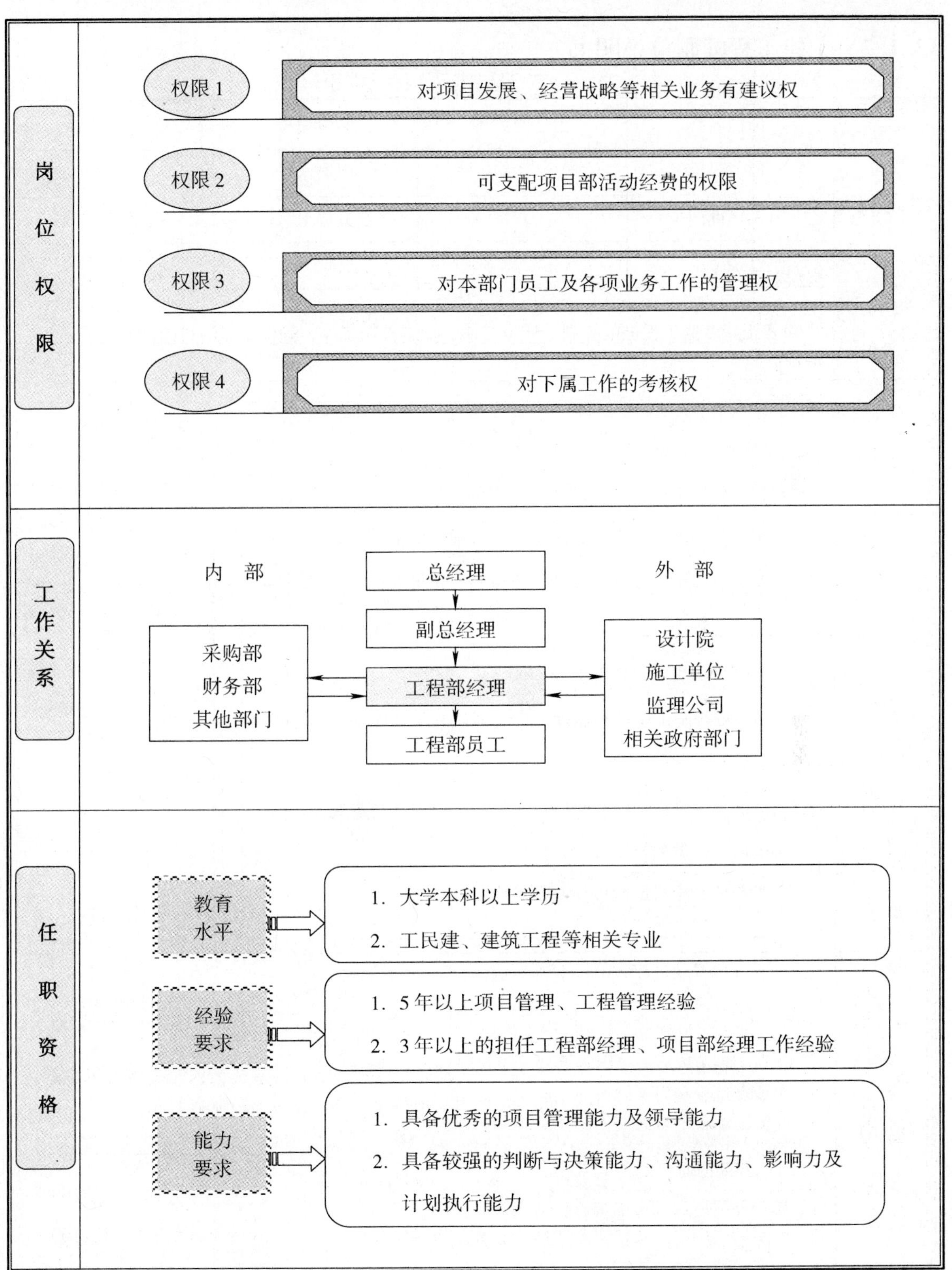

岗位权限
权限 1
对项目发展、经营战略等相关业务有建议权
权限 2
可支配项目部活动经费的权限
权限 3
对本部门员工及各项业务工作的管理权
权限 4
对下属工作的考核权
工作关系
内　部
总经理
外　部
副总经理
采购部
财务部
其他部门
工程部经理
设计院
施工单位
监理公司
相关政府部门
工程部员工
任职资格
教育水平
1. 大学本科以上学历
2. 工民建、建筑工程等相关专业
经验要求
1. 5 年以上项目管理、工程管理经验
2. 3 年以上的担任工程部经理、项目部经理工作经验
能力要求
1. 具备优秀的项目管理能力及领导能力
2. 具备较强的判断与决策能力、沟通能力、影响力及计划执行能力

13.1.2 土建工程师职位说明书

<table>
<tr><td rowspan="4">岗位信息</td><td>岗位名称</td><td>土建工程师</td><td>岗位编号</td><td></td></tr>
<tr><td>岗位等级</td><td></td><td>薪资水平</td><td></td></tr>
<tr><td>工作部门</td><td>工程部</td><td>直接上级</td><td>工程部经理</td></tr>
<tr><td>直接下级</td><td></td><td>所辖人数</td><td></td></tr>
<tr><td>工作概述</td><td colspan="4">负责土建专业工程进度控制、质量控制、成本控制工作，确保施工项目的顺利完成</td></tr>
<tr><td>工作内容及绩效标准</td><td colspan="3">工作内容
1. 协助招标工作，参加招标工程图纸答疑
2. 审核设计图纸，审核和优化施工方案
3. 负责有关土建设计变更的初步审核、审批
4. 施工过程中，负责土建施工质量、进度和成本的控制，解决施工中出现的具体专业技术问题
5. 协调处理施工单位和监理单位之间以及与其他各单位之间的关系
6. 负责监督所分管项目的工程土建质量检查及隐蔽工程的验收工作
7. 参与所管项目的阶段检查及验收工作</td><td>绩效标准
1. 图纸审核及时
2.（土建部分）工程验收合格率达____%
3. 施工材料合格率达____%
4. 施工技术问题解决率达____%
5. 隐蔽工程验收合格
6. 技术资料完整率达 100%</td></tr>
<tr><td>沟通关系</td><td colspan="4">内部沟通：向上沟通——公司领导、工程部经理；同级沟通——电气工程师、水暖工程师等人员
外部沟通——设计单位、监理单位等</td></tr>
</table>

<table>
<tr><td rowspan="3">任职资格</td><td>教育水平</td><td>1. 大学本科以上学历，工民建、建筑工程等相关专业
2. 中级以上技术职称</td></tr>
<tr><td>工作经验及业务了解范围</td><td>1. 5 年以上土建工程施工管理经验
2. 掌握建筑专业基础知识，熟悉土建类施工图、施工管理和有关土建的施工规范及要求</td></tr>
<tr><td>素质与能力要求</td><td>1. 熟练操作绘图软件
2. 具有处理重大质量技术安全问题的能力
3. 具备较强的技术基础，思维敏捷、条理清楚
4. 具有较强的工程质量管理能力与工程进度控制能力
5. 施工现场指挥、沟通、协调能力强
6. 能适应现场施工环境</td></tr>
</table>

13.1.3 电气工程师职位说明书

<table>
<tr><td rowspan="4">岗位信息</td><td>岗位名称</td><td>电气工程师</td><td>岗位编号</td><td></td></tr>
<tr><td>岗位等级</td><td></td><td>薪资水平</td><td></td></tr>
<tr><td>工作部门</td><td>工程部</td><td>直接上级</td><td>工程部经理</td></tr>
<tr><td>直接下级</td><td></td><td>所辖人数</td><td></td></tr>
<tr><td>工作概述</td><td colspan="4">对具体项目的电气工程进度、质量和成本控制负责，确保施工项目的顺利完成</td></tr>
<tr><td>工作内容及绩效标准</td><td colspan="3">工作内容
1. 负责本专业施工图的审核，参加施工图交底会议，负责本专业的技术交底工作
2. 审核电气施工方案，检查施工过程中材料的规格、品牌、技术性能等与图纸是否一致，对一般性质量问题进行及时处理并上报领导
3. 检查施工进度和工程质量，做好专业内施工工艺技术指导和监督工作
4. 现场安装调试电气设备，分析处理现场故障
5. 做好施工过程中出现的变更、洽商事宜，并做好变更资料的保管和上报工作
6. 协助做好与监理单位、施工单位的工作协调，保证工程施工顺利进行
7. 参加项目工程的验收</td><td>绩效标准
1. 图纸审核及时
2. （电气部分）工程验收合格率达____%
3. 施工材料合格率达____%
4. 施工技术问题解决率达____%
5. 隐蔽工程验收合格
6. 技术资料完整率达100%</td></tr>
<tr><td>沟通关系</td><td colspan="4">内部沟通：向上沟通——公司领导、工程部经理；同级沟通——土建工程师、水暖工程师等人员
外部沟通：设计单位、监理单位等</td></tr>
</table>

任职资格		
	教育水平	1. 大学本科以上学历，电气相关专业 2. 中级以上技术职称
	工作经验及业务了解范围	1. 5 年以上电气工程施工管理经验 2. 熟悉本专业的施工图和施工技术规范、施工工艺流程
	素质与能力要求	1. 较强的图纸审查能力 2. 施工现场管理经验丰富，能够及时发现并解决问题 3. 良好的判断决策能力、较强的执行能力 4. 较强的组织能力、沟通能力、团队协作能力，能协调施工现场多方面的关系 5. 工作细致，责任心强 6. 适应现场施工环境

13.1.4 水暖工程师职位说明书

<table>
<tr><td rowspan="4">岗位信息</td><td>岗位名称</td><td>水暖工程师</td><td>岗位编号</td><td></td></tr>
<tr><td>岗位等级</td><td></td><td>薪资水平</td><td></td></tr>
<tr><td>工作部门</td><td>工程部</td><td>直接上级</td><td>工程部经理</td></tr>
<tr><td>直接下级</td><td></td><td>所辖人数</td><td></td></tr>
<tr><td>工作概述</td><td colspan="4">负责项目水暖安装施工质量和进度，确保施工项目的顺利完成</td></tr>
<tr><td>工作内容及绩效标准</td><td colspan="3">工作内容
1. 审核暖通设计方案和图纸质量
2. 制定工程项目水暖工程的具体施工方案
3. 对工程项目中的水暖工程进行监督和管理,做好专业内施工工艺技术指导和监督工作
4. 审核施工单位上报的设备材料，对暖通设备的选用提供专业意见
5. 做好施工过程中出现的变更、洽商事宜，并做好变更资料的保管和上报工作
6. 参加工程例会和现场巡视，监督工程施工和验收，确认设计变更文件
7. 及时处理权限范围内的事项,并配合做好与监理单位、施工单位的工作协调，保证工程施工顺利进行
8. 参加项目工程的验收</td><td>绩效标准
1. 图纸审核及时
2. （水暖部分）工程验收合格率达____%
3. 施工材料合格率达____%
4. 施工技术问题解决率达____%
5. 隐蔽工程验收合格
6. 技术资料完整率达100%</td></tr>
<tr><td>沟通关系</td><td colspan="4">内部沟通：
向上沟通：公司领导、工程部经理
同级沟通：土建工程师、电气工程师等人员
外部沟通：设计单位、监理单位等</td></tr>
</table>

<table>
<tr><td rowspan="3">任职资格</td><td>教育水平</td><td>1. 大学本科以上学历，给排水、暖通等相关专业
2. 中级以上技术职称</td></tr>
<tr><td>工作经验及业务了解范围</td><td>1. 5 年以上从事建筑给排水暖通工程、施工管理工作经验
2. 熟悉工程建设方面的法规及政策，熟练掌握给排水、暖通专业规范和工程验收标准</td></tr>
<tr><td>素质与能力要求</td><td>1. 熟练使用相关绘图软件的操作
2. 能独立完成项目的给排水专业的管理工作，配合现场施工及设备的选择，并处理施工中的问题
3. 有较强的组织、内外协调及现场管理能力，能独立解决复杂问题
4. 能对施工现场中的问题进行准确判断与定位，并采取措施予以解决
5. 具有良好团队合作精神
6. 适应现场施工环境</td></tr>
</table>

13.1.5 预算员职位说明书

<table>
<tr><td rowspan="2">岗位信息</td><td>岗位名称</td><td>预算员</td><td>岗位编号</td><td></td></tr>
<tr><td>所属部门</td><td>工程部</td><td>直接上级</td><td></td></tr>
<tr><td>工作概述</td><td colspan="4">负责对公司工程项目的概算编制、审核、结算、成本控制等工作</td></tr>
<tr><td>工作内容及绩效标准</td><td colspan="3">工作内容
1. 协助财务进行成本核算
2. 根据现场设计变更和签证，及时调整预算
3. 在工程投标阶段，及时、准确做出预算，提供报价依据
4. 掌握准确的市场价格和预算价格，及时调整预、结算
5. 熟悉工程施工情况，掌握及收集各种变更资料，及时做好工程决算的有关工作
6. 建好单位工程预、结算及进度报表台账，填报有关报表
7. 完成工程造价的经济分析，及时完成工程决算资料的归档</td><td>绩效标准
1. 工程概算误差率控制在____%内
2. 工程预算误差率控制在____%内
3. 工程决算与预算的差异控制在____%以内
4. 工程成本降低率达到____%
5. 工程预算资料归档率达到100%</td></tr>
<tr><td rowspan="3">任职资格</td><td>教育水平</td><td colspan="3">1. 大专以上学历
2. 工民建、工程造价相关专业</td></tr>
<tr><td>经验要求</td><td colspan="3">1. 2年以上预算工作经验
2. 有预算员资格</td></tr>
<tr><td>能力要求</td><td colspan="3">1. 能熟练使用预算软件及各种办公软件
2. 具有较强的文字处理能力和沟通能力
3. 具有良好的计划和执行能力、协调能力</td></tr>
</table>

13.1.6　施工员职位说明书

<table>
<tr><td rowspan="2">岗位信息</td><td>岗位名称</td><td>施工员</td><td>岗位编号</td><td></td></tr>
<tr><td>所属部门</td><td>工程部</td><td>直接上级</td><td></td></tr>
<tr><td>工作概述</td><td colspan="4">在项目负责人和施工负责人的领导下，负责所承担的作业区、段内的施工组织安排和施工管理工作</td></tr>
<tr><td>工作内容及绩效标准</td><td colspan="3">工作内容
1. 参加图纸会审和工程进度计划的编制
2. 在施工工程师指导下，严格按照施工组织设计和施工进度进行施工
3. 合理调配生产要素，严密组织施工，确保工程进度和质量
4. 对图纸及施工中出现的问题及时解决
5. 督促施工材料、设备按时进场，并处于合格状态，确保工程顺利进行
6. 提出保证施工、安全、质量的措施并组织实施
7. 参与班组技术交底，工程质量、操作方法交底
8. 严守施工操作规程，严抓质量
9. 组织隐蔽工程验收，参加分部分项工程的质量评定
10. 按时准确记录施工日志</td><td>绩效标准
1. 项目进度目标按时完成率达____%
2. 工程质量合格率达____%
3. 工程验收合格率达____%
4. 问题解决及时率达____%
5. 施工日志记录完整、准确</td></tr>
<tr><td rowspan="3">任职资格</td><td>教育水平</td><td colspan="3">1. 大学专科以上学历
2. 建筑、土木、工民建类相关专业</td></tr>
<tr><td>经验要求</td><td colspan="3">3 年以上施工现场工作经验，有施工员上岗证</td></tr>
<tr><td>能力要求</td><td colspan="3">1. 能熟练使用相关绘图软件
2. 具有现场管理或工程管理经验
3. 具有良好的沟通、协调、计划及控制能力</td></tr>
</table>

13.1.7 材料员岗位说明书

<table>
<tr><td rowspan="2">岗位信息</td><td>岗位名称</td><td>材料员</td><td>岗位编号</td><td></td></tr>
<tr><td>所属部门</td><td>工程部</td><td>直接上级</td><td></td></tr>
<tr><td>工作概述</td><td colspan="4">负工程现场的材料收发、保管及账务处理工作</td></tr>
<tr><td>工作内容及绩效标准</td><td colspan="3">工作内容
1. 根据材料供应计划进行市场询价，货比三家，然后向经理汇报，确定价格
2. 熟悉工程进度及市场情况，按计划进行采购，并满足质量进度要求
3. 了解掌握施工过程和进度，掌握所需要的主要材料的品名、规格、数量、质量。配合施工部门编制好施工材料计划，确保施工现场的材料供应
4. 配合现场施工员做好材料到场的计量收方工作
5. 掌握材料的库存情况，及时调整材料供应计划
6. 参加本项目生产计划会议，掌握各施工点、段材料消耗的节、超情况，向项目经理及施工负责人提供分析资料
7. 负责各种材料原始凭证、计量凭证、核算凭证质量证明书等资料收集保管工作</td><td>绩效标准
1. 材料供应及时率达到100%
2. 材料进场质量合格率达到____%
3. 材料发放错误的次数为0次
4. 材料账实不符的次数为0次</td></tr>
<tr><td rowspan="3">任职资格</td><td>教育水平</td><td colspan="3">1. 专科以上学历
2. 工程类或建筑材料等相关专业</td></tr>
<tr><td>经验要求</td><td colspan="3">2年以上建筑工程物料管理经验</td></tr>
<tr><td>能力要求</td><td colspan="3">1. 具有较强的工作协调能力、沟通能力和谈判能力
2. 具有较强的学习能力、分析能力</td></tr>
</table>

13.2　工程部人力资源管理制度

13.2.1　施工项目考核管理办法

施工项目考核管理办法			版本
编制部门	执行部门	执行日期	____年___月___日

第 1 章　总　则

第 1 条　目的

为加强项目管理，保障工程施工顺利进行，确保工程质量，实现安全生产、文明施工，树立提高项目管理水平，结合公司实际，制定本办法。

第 2 条　适用范围

公司所有在建工程项目。

第 3 条　内容

本办法规定了施工项目管理检查与考核的管理职责、对象、内容、评分方法，并附检查与考核评分表。

第 4 条　职责划分

考核管理中，各部门的职责划分如下表所示。

考核职责划分

部门/单位	考核职责
项目考核小组 （项目考核小组成员包括：公司总经理、分管工程副总经理、项目管理部经理、财务部经理、人力资源部经理）	1. 确定项目考核方式 2. 监督项目管理部的日常考核 3. 对项目进行评估 4. 处理项目考核过程中的各种投诉
项目管理部	1. 考核的组织协调 2. 负责项目目标及考核指标的拟定
质量管理部	1. 负责质量考核的组织、记录及评价 2. 参与其他项目的考核内容
财务部	1. 负责成本考核的组织、记录与评价 2. 参与其他项目的考核内容

续表

人力资源部	1. 根据项目考核结果落实考核奖惩 2. 根据考核结果提出培训、晋升等建议 3. 考核资料的管理

第 2 章　考核实施

第 5 条　日常考核

以施工现场为主体，根据不同季节、不同工程对象的施工情况确定检查项目。采取综合检查、现场讲评、情况通报、评分排名、奖罚兑现、整改复查的方法进行管理考核。考核分为七个方面：施工管理、工程质量、安全生产、机电管理、工程技术档案、安全管理档案、人员管理。满分 100 分，其中：施工管理 20 分、工程质量 20 分、安全生产 20 分、机电管理 10 分、工程技术档案 10 分、安全管理档案 10 分、人员管理 10 分。

第 6 条　综合考核

以项目管理为主体，考核主要包括如下内容：

1. 项目质量等级。
2. 项目成本控制。
3. 项目进度（工期）。
4. 安全施工。
5. 其他《项目任务书》中规定量化的考核指标。

考核评价的定性指标应包括下列内容：

1. 施工现场管理情况。
2. 项目管理资料的收集、整理情况。

考核标准见附表。

第 3 章　考核要求

第 7 条　在施工现场检查时，各基层单位生产负责人、受检工程项目经理、项目技术负责人和分包工程负责人必须到场。该项目工程技术档案资料、安全管理档案资料和现场劳务档案资料应有专人负责，接受检查。

第 8 条　在综合检查时，基层单位的相关人员及项目部人员和分包工程负责人必须到场。

第 9 条　检查完毕后，对发现的问题、隐患，由检查人员下发不符合规范整改报告，项目负责人对检查发现的问题进行签字确认。

第 4 章　考核结果应用

第 10 条　按所作贡献获得应得项目奖金（分配方案由项目主管作出，总裁办公会审核后实施）。总考评分在 85 分（含 85）以上为好；总考评分在 85（不含 85 分）～70 分为合格；总考评分在 70 分以下（不含 70 分）为不合格。考核为不合格者的项目组无项目奖金。

第 11 条　在项目进程中表现杰出或作出重大贡献的项目组成员还可获得或参评嘉奖、记功等荣誉奖励。

第 12 条　未完成项目任务的项目组成员只能获得基本工资和岗位工资。

附表　　项目综合考评表

考核项目	考核评分说明
工程进度	1. 按期完成工程项目管理单位进度计划（______分） 2. 欠 10%及以内（______分） 3. 欠 10%以上（减______分）
工程质量	1. 分项、单位工程合格率达到 100%（______分） 2. 达到创优目标要求（加______分） 3. 工程外观质量良好，质量通病得到有效控制（______分）
	1. 有健全的质量管理体系和完善的质量管理制度（______分） 2. 施工过程中未坚持质量管理自检、互检和工序验收制度的，每次减______分 3. 贯彻质量管理标准覆盖率达 100%，质量体系运行记录真实可靠，无不符合项（______分），有一般不符合项（减______分），有严重不符合项（减______分） 4. QC 小组机构健全，选题明确，活动经常，效果明显（______分）
	1. 未发生等级质量事故（______分） 2. 因工程质量差而受到建设单位通报批评（每次减______分）
安全生产	1. 所管理项目各工种未集中进行安全教育，未落实安全责任，针对性不强且无记录在案的，减______分 2. 施工现场安全防护设施不按规范搭设，且功能不正常的，每次减______分 3. 工人安全意识不强，施工场内未按规定佩戴安全帽、安全带，生产操作不符合安全规程的，每次每人减______分 4. 一般工伤事故，减______分 5. 较大工伤事故，减______分 6. 重大安全事故，此项考核得分为 0
成本控制	1. 材料计划不合理，购回现场材料有积压现象的，每次减______分 2. 因管理工作不当、周转材料配搭使用不当，造成废料、弃料现象的，每次减______分 3. 各项经费开支控制在工程项目管理单位下达的指标内（______分），每低于 5%（加______分），每超 5%（减______分）
资料管理	1. 所管项目施工技术档案资料、安全资料与工程进度不同步和不完整，发现一次减______分 2. 所管项目严格按公司规定时间提交，未提供每次减______分，迟交每次减______分

修订记录	修订标记	修订处数	修订日期	审批签字

13.2.2 施工现场管理考核办法

施工现场管理考核办法			版本
编制部门	执行部门	执行日期	____年___月___日

为保证工程建设的进度、质量、安全和建设成本能够得到有效控制，强化施工过程管理，按照相关管理规范的要求和规定，并结合本公司工程项目特点，特制定本考核办法。

一、现场施工（30分）

1. 严格执行“进场报验制度”。不管供货渠道来自何方，未经检验或检验不合格的设备、材料、半成品不得用于本工程。不符合要求者，扣______分。

2. 施工所使用的计量仪器必须具有“计量仪器产品合格证”“计量仪器检验合格证”，严禁无上述“两证”或检验失效期已过的仪器用于本工程。不符合要求者，扣______分/次。

3. 工程中使用的主要建筑材料、建筑构配件及一般设备，必须符合设计要求，并符合国家发布的有关规范、规程、法规、标准的规定。不符合要求者，扣______分/次。

4. 所有工程变更均须设计单位出具图纸或书面变更单，并经建设单位同意方可实施。不符合要求者，扣______分/次。

5. 工程施工进度符合合同工期，每延误1次，扣______分。

6. 工程施工质量达到规定的要求，每有一处不符合规范要求，扣______分。

7. 对于建设单位、监理单位提出的整改指令，施工单位应在要求日期整改完毕。无论整改情况如何，施工单位必须以书面形式对指令给予回执。否则，扣______分/次。

8. 管理人员到岗到位，否则，扣______分/处。

二、安全生产管理（30分）

1. 指标控制：超出年度目标责任书安全控制指标的一票否决，扣除20分。

2. 重大安全隐患处理：现场存在重大安全隐患未及时发现并查处的一次扣______分。

3. 安全隐患整改：现场存在安全隐患，未及时督促企业落实整改并下达处罚的，每次扣______分。

4. 材料审核安全：报监、设备备案等资料审核规范、及时，不符合要求的每项扣______分。

5. 企业机构和人员管理：督促企业管理机构和人员配备到位，并履行职责。人员不到位，责任未按要求履行，每次扣______分。

6. 施工人员持证上岗：要严格按规定执行，否则，扣______分/人次。

7. 安全生产活动：按照要求及时督促企业开展各类安全生产活动，并取得实效，未按照规定执行的每次扣______分。

8. 创建国家、省级安全文明工地的每项工程分别加______分、______分。

9. 所监督工程被市级以上主管部门通报批评的每个项目（次）扣______分。

三、施工环境（15 分）

1. 在施工进场前开展环保宣传教育培训。

2. 落实设计文件中的环境保护、水土保持措施。

3. 完工后施工现场得到有效恢复。

上述规定有 1 项未落实者，扣______分/次。

四、文明施工管理（15 分）

1. 硬件设施现场抽查现场围挡、临建设施、道路硬化、车辆冲刷装置未按规定要求设置的每个项目扣______分。

2. 施工现场淋浴室、娱乐室等配套设施不全，部分建筑材料标示不清，卫生室的药品、器材配备不足等，每个项目扣______分。

五、资料管理（10 分）

资料归档：工程资料档案归档不及时、不齐全、不规范的每次扣______分。

六、奖惩

1. 一个月内没有任何违规行为，或受到建设主管部门书面表扬分别给予______～______元的奖励。

2. 单位工程取得相关奖项，将视获奖情况给予______～______元的奖励。

3. 发生一起重大安全生产事故，取消奖金发放、评优的资格。

修订记录	修订标记	修订处数	修订日期	审批签字

13.3　工程部业务管理规章制度

13.3.1　工程材料管理制度

编制部门： 编制日期：	工程材料管理制度	执行部门： 制度版本：

第1章　总　则

第1条　目的

为加强对各企业建筑施工材料的管理，规范材料的采购，降低材料成本，控制采购材料质量及对环境的影响，杜绝不合格材料使用到建设工程中，经集团经理办公会研究决定，特制定本制度。

第2条　适用范围

本制度适用于公司各工程项目施工材料的管理。

第3条　职责分工

对工程材料管理，相关部门的职责如下图所示。

部门	职责
材料设备部	1. 制定工程材料的采购计划 2. 负责供货单位的评定、选择 3. 确保工程设备、材料的按时、按需供应，不影响工期 4. 负责工程设备、材料的初验，确保工程设备、材料的合格 5. 做好设备、材料的出库、入库工作
工程质量部	负责工程中使用的材料的检验，确保工程中使用合格的材料
财务部	1. 安排好材料的使用资金 2. 做好材料供应合同的归档、管理工作 3. 严格按照公司的财务制度进行账目管理 4. 定期组织工程部、库房材料保管员等有关人员进行对账

第2章　材料采购

第4条　对工程所需的大宗材料、常用材料、设备，应根据工程需要数量、规格、使用时间等做出采购计划，报交材料设备部统一采购，确保工期。工程项目中的少量（小额、不常用）设备材料，由各施工工地报送采购清单，经采购批准后可就地采购，并指定专人登记、保管、使用。

第5条　材料采购人员，要本着对企业负责、对工程质量负责的精神，认真搞好材料采购，做到比质、比价、比运距、算成本，按时准确完采购任务。

第6条　确定工程材料设备采购供货方后，应签订详细的供货合同，内容包括产地、品牌、等级、数量、价格、型号、供货时间等，按照合同规定，保证及时按质供货，并有相应违约处理措施。

第3章　材料出入库管理

第7条　材料入库

对合格的材料，仓库管理员按规定办理入库手续，并根据不同品种的规格、型号、特性存放在相应的区域或库房，使储存布局合量，便于管理，方便搬运。

第8条　材料使用与出库

1. 材料的发放应遵循先进先出的原则。

2. 施工员应按工程进度配合材料管理员做好分部分项工程材料使用统计。分项工程实际使用数量超过预算量应及时向项目经理及总公司汇报。

3. 出库单须有项目经理、材料员、施工班长签字后方可进入材料室领取材料。

4. 材料发放时，仓库管理员必须按规定办理材料发放手续。

第9条　材料归还与退库制度

1. 在公司每项工程项目结束时应对施工现场的材料进行盘点，多余的要重新办理入库。并督促施工队伍及时地办理退库手续。

2. 材料在办理退库时应填写材料退库单，详细列出所剩余材料的名称及数目。清点完毕后同材料人员办理材料的交接手续，存入公司仓库。

第4章　材料储存管理

第10条　根据工程平面总布置图的规划，确立现场材料的储存位置和堆放面积，各种材料要避免混放和掺进杂物。

第11条　对库内的摆放，也要按品种、规格分别存放，做好储存环境的控制，分批分类摆放整齐，并按材料性质分别采取防火、防潮、防晒、防雨等保护措施。确保材料不受损、不变质。

第12条　仓库内材料应分类存入堆放整齐、有序、并做好标志管理，并留有足够的通道，便于搬运。

第13条　露天存放的材料应有防雨、防水、防潮、防破损、防盗措施。

第 14 条　材料员定期对现场材料进行检查，发现问题及时报告项目负责人，采取纠正措施。

第 15 条　完工用料进行场清，余料必须及时回收，并办理相应手续。

第 16 条　工程的废旧材料属公司财物，须由项目部报公司批准后统一处理，任何人不得擅自处理，否则按《公司工程管理制度》严肃处理。

第 17 条　材料库由专人保管，负有全权责任，其他人员不得擅自入内。

第 18 条　公司财务部定期进行清查、盘点。

第 5 章　账务管理

第 19 条　工程用材料设备实行财务部、材料设备部、工地三重管理模式，财务部建立材料总账，材料设备部建立材料明细账，并负责仓库材料的进出库管理，工地建立材料使用登记账。

第 20 条　材料、设备领用办理出入库手续，办理后及时把材料、设备出入库手续送交财务，保证账物相符、账账相符。

第 21 条　仓库的材料要定期盘点，与财务核对。对少数已损坏不能再使用或报废的材料物资要定期会同财务部门确认后，一起（二人以上）作废处理。变卖的货款要财务入账。

第 6 章　附　则

第 22 条　本制度由公司材料设备部负责制定并解释。

第 23 条　本制度自下发之日起执行。

修订记录	修订标记	修订处数	修订日期	审批签字

13.3.2　文明施工管理规定

编制部门： 编制日期：	文明施工管理规定	执行部门： 制度版本：

第 1 章　总　则

第 1 条　目的

为进一步加强本公司工程项目现场施工管理，提高在建工程文明施工水平，搞好安全生产，创建文明施工现场，制定本规定。

第 2 条　适用范围

本规定适用于公司新建、扩建、改建各施工现场的安全文明施工管理工作。

第 3 条　安全文明施工管理体系

各单位（各项目部）要建立健全文明生产责任制，建立分公司、项目部、班组三级文明施工管理网络。

第 2 章　施工场地管理

第 4 条　施工现场的施工区、办公区、生活区应当分开设置，实行区划管理。生活、办公设施应当科学合理布局，并符合城市环境、卫生、消防安全及安全文明施工标准化管理的有关规定。

第 5 条　施工现场的各种设施、建筑材料、设备器材、现场制品、成品半成品、构配件等物料应当按照施工总平面图划定的区域存放，并设置标签。禁止混放或在施工现场外擅自占道堆放建筑材料、工程渣土和建筑垃圾。

第 6 条　施工道路应保持畅通，设置明显的路标，不应在路边堆放设备、材料等物品，因工程需要切断道路前必须与有关部门商讨，并采取相应措施后实施，以保证正常交通。尤其要保证消防通道畅通无阻。

第 7 条　施工区范围内的沟道、地面无垃圾，每个作业面都做到工完料尽场地清，剩余材料要堆放整齐、可靠，废料及时清理干净。

第 8 条　施工现场的道路要畅通，排水设施要完善，保证无浮土，不积水。

第 9 条　施工作业区要配置足够的照明设施，并根据工程需要及时调整。

第 10 条　进入施工现场的安全防护用品，必须符合国家、行业规定，具有“产品生产许可证”“出厂产品合格证”“产品准用证”的产品。

第 11 条　建筑物材料、构件、料具要按总平面图布局堆放整齐，并挂定型示牌。建筑废料，建筑垃圾要设固定存放点，分类堆放并及时清理。易燃易爆物品要分类存放，严禁混放和露天存放。

第 12 条　施工现场要建立消防组织，分清职责，配备足够的灭火器材和义务消防人员，高层建筑要配置专用的消防管道和器具，要有满足消防要求的电源、水源。

第 13 条　施工图纸、安装措施、施工记录、验收材料等各类资料齐全，字迹工整，技术资料归类明确，目录查找方便，保管妥当。

第 14 条　施工现场的临时设置，包括生产、办公、生活用房、仓库、料场、临时上下水管道及照明、动力路线，要严格按照施工组织设计确定的施工平面图布置、搭设。

第 15 条　根据工程性质和所在地区的不同情况，采取适当的围护和遮挡措施，并保持外观整洁。

第 3 章　施工现场材料机具管理制度

第 16 条　工地所有材料、设备必须按照施工组织设计布置，松散材料应设分隔仓。

第 17 条　正确、合理使用材料（包括原材料、成品、半成品、周转材、低值易耗品等），浪费严重者照价赔偿，屡教不改者，勒令退场。

第 18 条　进入工地的材料、工具、设备未经项目经理批准，任何人无权外借、外用，否则视同偷盗行为处理。

第 19 条　所有设备及机电工具，必须定机定人操作、保养，特种工种必须持证上岗。

第 20 条　机具的使用必须严格遵守操作规程，造成机械、机具损坏的照价赔偿，情节严重者，取消其操作权。

第 4 章　施工现场生活及办公设施管理

第 21 条　施工现场的施工工作区与办公、生活区要有明显的划分界线，并设置坚固美观的导向牌。

第 22 条　现场会议室（办公室）内要整齐悬挂岗位责任制度。

第 23 条　现场应设淋浴室，夏季能保证员工按时洗浴并符合卫生要求。

第 24 条　现场生活区建立职工活动室，保证员工业余时间的学习和娱乐。

第 25 条　现场设立饮水处，保证供应卫生饮水。

第 26 条　饮食卫生必须符合国家有关卫生标准。

第 27 条　建设工地应当设医务室或巡回医疗点，医护人员应及时向员工宣传有关知识。

第 28 条　施工现场设立文化娱乐室及必要的沐浴室、更衣室。

第 29 条　生活垃圾要袋装或盛放在带盖容器内，并设专人及时清理。

第 5 章　附　则

第 30 条　本制度自下发之日起实施。

修订记录	修订标记	修订处数	修订日期	审批签字

第 14 章

投资部职位说明书与制度编制

职位说明书与制度编制精细化实操手册

14.1 投资部职位说明书

14.1.1 投资经理职位说明书

<table>
<tr><td rowspan="3">岗位信息</td><td>岗位名称</td><td>投资经理</td><td>所属部门</td><td>投资部</td></tr>
<tr><td>岗位编号</td><td></td><td>岗位序列</td><td></td></tr>
<tr><td>薪资标准</td><td></td><td>直接上级</td><td></td></tr>
<tr><td>职责概述</td><td colspan="4">根据企业的发展战略和经济状况，进行投资规划并制定投资计划，控制投资风险，确保投资活动顺利进行，最大限度地保证公司投资的科学性和合理性</td></tr>
<tr><td rowspan="6">岗位职责及绩效标准</td><td colspan="3">岗位职责</td><td>绩效标准</td></tr>
<tr><td colspan="3">投资制度、体系制定
1. 编制公司投资管理各项制度，经审批后监督执行
2. 不断完善公司投资管理体系</td><td>制度体系规范、完善</td></tr>
<tr><td colspan="3">投资规划、计划制定
1. 负责制定公司的投资战略规划，撰写战略规划报告
2. 制定公司投资计划，做好投资预算，并监督执行</td><td>投资计划完成率达____%</td></tr>
<tr><td colspan="3">投资调研管理
1. 根据投资战略及计划负责组织投资调研工作
2. 负责根据调研结果撰写投资可行性分析报告并按时提交</td><td>1. 报告提交及时率达____%
2. 可行性分析无重大差错</td></tr>
<tr><td colspan="3">投资项目管理
1. 指导制定投资项目的具体实施计划、方案供决策层参考
2. 负责投资项目谈判及项目融资工作
3. 负责对已实施项目进行监控、分析、评估等管理工作</td><td>1. 投资收益率达____%
2. 投资项目进度按计划执行
3. 投资项目报告提交及时</td></tr>
<tr><td colspan="3">部门内部管理
1. 负责监督和指导下属人员的工作
2. 负责部门内外联络工作，协调各部门工作，保证投资项目的顺利开展</td><td>1. 培训计划完成率达100%
2. 无因协调不力导致投资无法进展的情况</td></tr>
</table>

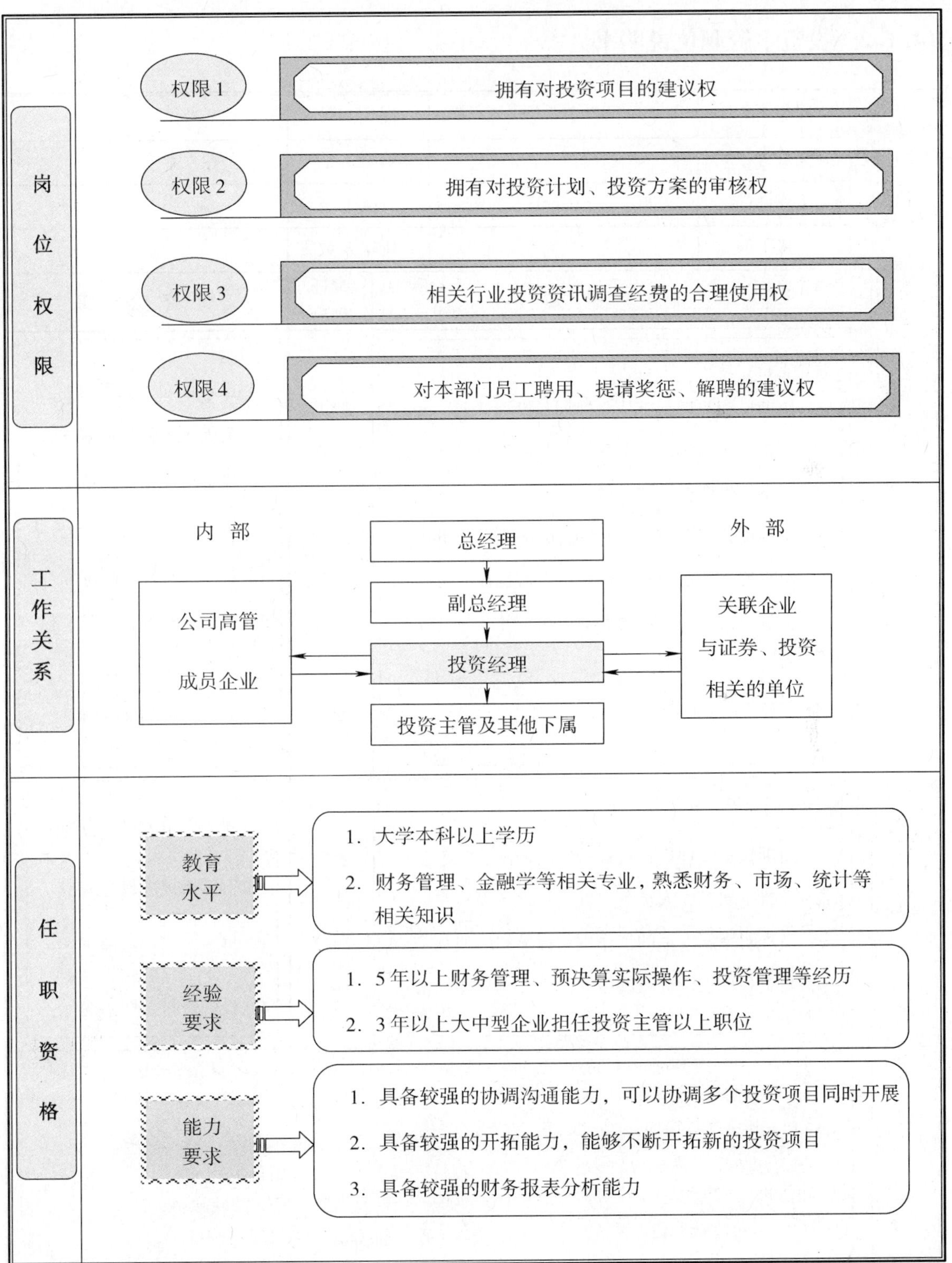
岗位权限
权限 1
拥有对投资项目的建议权
权限 2
拥有对投资计划、投资方案的审核权
权限 3
相关行业投资资讯调查经费的合理使用权
权限 4
对本部门员工聘用、提请奖惩、解聘的建议权
工作关系
内 部
公司高管
成员企业
总经理
副总经理
投资经理
投资主管及其他下属
外 部
关联企业
与证券、投资
相关的单位
任职资格
教育水平
1. 大学本科以上学历
2. 财务管理、金融学等相关专业，熟悉财务、市场、统计等相关知识
经验要求
1. 5 年以上财务管理、预决算实际操作、投资管理等经历
2. 3 年以上大中型企业担任投资主管以上职位
能力要求
1. 具备较强的协调沟通能力，可以协调多个投资项目同时开展
2. 具备较强的开拓能力，能够不断开拓新的投资项目
3. 具备较强的财务报表分析能力

14.1.2 投资主管职位说明书

<table>
<tr><td rowspan="4">岗位信息</td><td>岗位名称</td><td>投资主管</td><td>岗位编号</td><td></td></tr>
<tr><td>岗位等级</td><td></td><td>薪资水平</td><td></td></tr>
<tr><td>工作部门</td><td>投资部</td><td>直接上级</td><td></td></tr>
<tr><td>直接下级</td><td></td><td>所辖人数</td><td></td></tr>
<tr><td rowspan="3">工作职责及绩效标准</td><td colspan="2">职责描述</td><td>责任划分</td><td>绩效标准</td></tr>
<tr><td colspan="2">业务职责
1. 协助投资经理制定战略规划和投资计划
2. 负责收集市场、行业发展等相关信息，为投资决策提供信息支持，寻找投资机会
3. 负责设计投资项目，并进行财务预测分析
4. 组织实施项目调研，进行项目可行性分析
5. 负责项目文件资料的准备工作，并参与投资项目的洽谈工作
6. 对投资项目实施监控和分析管理</td><td>协助
全责
全责
部分
部分
部分</td><td>1. 投资计划完成率达___%
2. 无因重大信息遗漏导致投资机会错失的情况
3. 投资项目收益率达___%
4. 投资可行性分析准确
5. 投资资料准备及时、且资料完整无差错
6. 分析报告提交及时</td></tr>
<tr><td colspan="2">管理职责
1. 协助投资经理进行投资费用的控制
2. 监督下属工作人员落实投资管理各项制度
3. 负责对下属人员的工作进行指导和培训
4. 负责各项投资资料的保管工作</td><td>协助
部分
部分
部分</td><td>1. 费用审核差错次数为0
2. 下属违规次数为0
3. 投资资料完整率达___%
4. 投资资料归档率达___%</td></tr>
<tr><td rowspan="3">职位关系</td><td>可晋升职位</td><td colspan="3">投资经理</td></tr>
<tr><td>可相互轮换职位</td><td colspan="3">投资证券主管、投资项目主管</td></tr>
<tr><td>可降低职位</td><td colspan="3">投资专员、证券分析师、项目专员</td></tr>
</table>

任职资格

教育水平

1. 大学本科及以上学历
2. 金融、财务、企业管理等相关专业

工作经验及业务了解范围

1. 3 年以上投资工作经验
2. 熟悉投资分析、风险评估、投资流程等相关知识

技能/能力

能力项目	能力要求
人际交往能力	具备较强的人际交往能力和谈判能力，与人交往灵活、顺畅
财务分析能力	能够对原始的、零散的财务信息进行整理，并作出正确分析判断，提出可行性措施
决策判断能力	具备较强的决策判断力，对市场状况判断大体准确，决策迅速且大部分决策正确

14.1.3 投资项目专员职位说明书

<table>
<tr><td rowspan="2">岗位信息</td><td>岗位名称</td><td>投资项目专员</td><td>岗位编号</td><td></td></tr>
<tr><td>所属部门</td><td>投资部</td><td>直接上级</td><td></td></tr>
<tr><td>工作概述</td><td colspan="4">在投资主管的领导下负责投资项目的调研、手续办理、实施等工作，控制项目费用，提高项目投资收益率</td></tr>
<tr><td>工作内容及绩效标准</td><td colspan="2">工作内容
1. 落实投资管理各项制度，协助投资主管做好项目管理
2. 负责收集相关项目投资资讯，寻找投资机会，对投资机会进行前期调查、分析论证，编写可行性分析报告
3. 对于批准后的项目可行性报告编写具体实施方案
4. 负责新上项目的申报、立项等相关手续，项目的具体实施，实施中发现问题及时汇报
5. 负责对项目进度的控制，项目结束做好项目分析总结
6. 项目实施中做好项目预算经费的控制，提高项目效益</td><td colspan="2">绩效标准
1. 无违规行为
2. 开发项目的数量达___项
3. 可行性报告提交及时
4. 项目方案提交及时、具有可操作性
5. 手续办理及时
6. 项目分析报告提交及时
7. 项目投资收益率达___%</td></tr>
<tr><td rowspan="3">任职资格</td><td>教育水平</td><td colspan="3">1. 大学本科及以上学历
2. 财务、金融、工商管理等相关专业</td></tr>
<tr><td>经验要求</td><td colspan="3">2年以上工作经历</td></tr>
<tr><td>能力要求</td><td colspan="3">1. 具备良好的沟通能力和团队合作能力
2. 有较强的市场开拓、创新能力
3. 具有较强的抗压力，能在较大的压力下保持良好的工作状态</td></tr>
</table>

14.1.4　投资分析专员职位说明书

<table>
<tr><td rowspan="2">岗位信息</td><td>岗位名称</td><td>投资分析专员</td><td>岗位编号</td><td></td></tr>
<tr><td>所属部门</td><td>投资部</td><td>直接上级</td><td></td></tr>
<tr><td>工作概述</td><td colspan="4">对公司拟投资的项目进行财务调查、财务测算、成本分析及风险预测,为管理层的投资决策提供依据</td></tr>
<tr><td>工作内容及绩效标准</td><td colspan="4">工作内容
1. 收集和研究本行业的政策、市场、行业动态等信息
2. 对公司的投资项目进行市场调研，数据收集，撰写分析报告，为公司管理层决策提供参考依据
3. 对拟投资的项目，准备推介文件，编制投资调研报告、可行性研究报告等文件，并拟订实施计划和行动方案，供公司领导和潜在客户参考
4. 进行项目价值分析，根据公司对投资项目的要求，协助筛选目标公司，进行定向市场开拓
5. 参与投资项目谈判，建立并保持与合作伙伴、主管部门、潜在客户的良好业务关系

绩效标准
1. 信息收集及时、准确
2. 各类分析报告提交及时
3. 各类分析报告无重大分析差错
4. 合作单位满意度评价不低于____分</td></tr>
<tr><td rowspan="3">任职资格</td><td>教育水平</td><td colspan="3">1. 大学本科及以上学历
2. 金融或经济类相关专业</td></tr>
<tr><td>经验要求</td><td colspan="3">1. 2 年以上相关工作经验
2. 1 年以上本行业工作经验</td></tr>
<tr><td>能力要求</td><td colspan="3">1. 具备优秀的中英文阅读和表达能力
2. 具备熟练应用网络搜索工具进行信息收集、筛选、整合提炼的能力
3. 具备出色的逻辑、分析、判断能力</td></tr>
</table>

14.2 投资部人力资源管理制度

14.2.1 投资经理目标责任书

投资经理目标责任书			版本
编制部门	执行部门	执行日期	____年___月___日

一、目的

为了落实公司目标责任制，确保完成公司各项投资目标，提高投资效益，特制订本目标责任书。

二、考核期限

______年______月______日至______年______月______日。

三、主要职责

1. 负责企业投资管理规划及投资计划的制定，投资管理有关制度、流程的制定。
2. 负责组织投资调研和可行性分析工作，做好投资项目的前期准备工作。
3. 负责投资项目实施的监督、管理等工作，控制投资进度，发现问题及时处理。
4. 组织研究市场信息、政策信息、行业信息等，发掘投资机会。
5. 负责与银行、投资机构、政府部门、合作客户等保持良好的业务关系，积极开拓投资领域。
6. 负责指导、监督下属人员的工作，做好本部门内部的管理事务。

四、绩效目标及考核标准

本公司对投资经理的绩效目标及考核标准如下表所示。

财务经理绩效考核表

工作大项	绩效目标	考核标准
投资规划、计划	公司投资规划合理，各项投资计划编制及时且科学	领导对投资规划满意度评分达____分以上，得____分；每低于____分，减____分；各项投资计划提交每有1次延迟，减____分
投资制度建设	公司各项投资制度规范、完善，符合国家相关法律法规的规定	每有一项制度不规范，减____分；制度体系存在重大漏洞，减____分

续表

工作大项	绩效目标	考核标准
投资调研分析	投资调研工作及时，科学，合理如实地编制投资调研报告	投资调研报告每有 1 次延迟提交，减____分；投资调研报告中每发现 1 处重大错误，减____分
投资项目管理	做好项目前期分析工作，把握好项目进度，降低项目成本，提高项目的收益率	可行性分析报告提交及时每延迟 1 次，减分；投资回报率达____%，得____分；每低于____%，减____分；项目进度与项目计划存在重大差异的，减____～____分
投资风险管理	做好投资风险分析、控制，风险防范措施有力	因防范风险措施问题造成企业重大损失的，视损失金额减____～____分
资料管理	及时办理相关投资手续，做好投资计划书等相关投资资料的准备和保管工作	投资手续办理每延迟 1 次，减____分；投资资料准备不及时每有 1 次，减____分；投资资料归档率达 100%，每有 1 项缺失，减____分
部门建设管理	做好投资人员队伍建设，指导、培训下属人员，提高其工作绩效，并合理控制部门费用支出	培训计划完成率达____%，每低于____%，减____分；部门费用每超出预算____%，减____分

五、附则

1. 责任人在工作期间若出现重大责任事故，则公司有权对责任人提出终止聘用合同。

2. 本公司在生产经营环境发生重大变化或发生其他情况时，有权修改本责任书。

3. 本目标责任书未尽事宜在征求总裁意见后，由公司另行研究确定解决办法。

公司代表签字：　　　　　　　　　　　　　　　　责任人签字：

日　　期：　　　　　　　　　　　　　　　　　　日　　期：

修订记录	修订标记	修订处数	修订日期	审批签字

14.2.2 投资人员任职资格管理办法

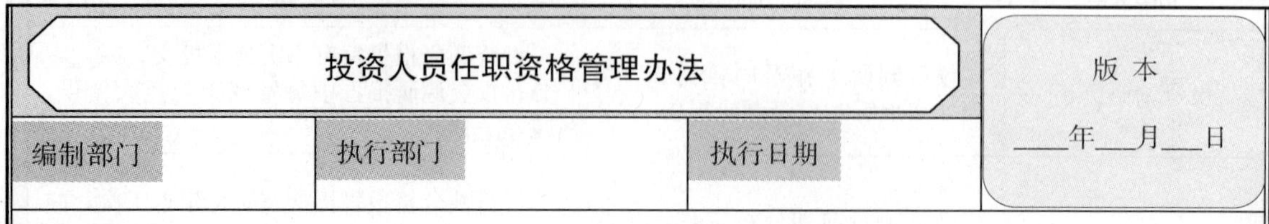

投资人员任职资格管理办法			版本
编制部门	执行部门	执行日期	____年___月___日

第1章 总 则

第1条 目的

为了加强公司投资人员的任职资格管理，提高投资人员队伍的整体水平，特制定本办法。

第2条 适用范围

本办法仅适用于公司投资部人员的任职资格管理。

第3条 投资部人员任职资格标准

1. 新聘员工任职资格标准：新聘员工任职资格标准参见《投资部招聘管理办法》。

2. 正式员工任职资格标准：投资部正式员工任职资格标准应达到各岗位 KPI 业绩指标、能力指标和态度指标三项指标的考核标准。具体参照《投资人员绩效考核办法》。

第2章 任职资格评定程序

第4条 投资部新进员工评定程序

1. 由人力资源部负责资格初审。

2. 初审后交由被面试职位的直接上级进行资格复审。

3. 通过复审的面试人员由投资部经理进行资格的最后审查。

4. 新进员工评定程序具体执行参照《投资部招聘管理办法》。

第5条 投资部正式员工年度评定程序

1. 人力资源部在每年 12 月份中旬前将岗位任职资格评定表下发给投资部经理。

2. 投资部经理把任职资格评定表发放给各评定主体。

3. 各岗位员工任职资格由直接上级评定，各岗位直接上级根据各岗位的 KPI 业绩指标和能力、态度为基础进行资格评定。

4. 评定主体在完成评定后，将评定结果交于被评定人确认。被评定人如有不服且部门内不能解决的，提交人力资源部进行复议。

5. 投资部岗位任职资格评定在次年 1 月底完成并提交人力资源部。

6. 人力资源部对投资部提交的评定结果进行整理，并根据评定结果进行投资人员的职位升降等管理。

第 6 条　任职资格复议程序

1. 投资部人员对任职资格评定有异议且在投资部不能解决者可在 5 日内向人力资源部提出书面申诉，进入复议程序。

2. 人力资源部接到复议后 2 日内对评定结果进行重新审核。

3. 重新审核的结果与初次评定结果不符的，交由考核委员会处理。

4. 整个复议过程将在 1 周内完成。

第 3 章　任职资格评定结果执行

第 7 条　新进员工任职资格评定结果执行主要参考《投资部招聘管理规定》进行管理。

第 8 条　正式员工任职资格评定结果执行主要参考《投资部绩效考核管理规定》进行奖惩或职位升降。

第 4 章　附　则

第 9 条　本办法最终解释权归公司人力资源部所有。

第 10 条　本办法自颁布之日起执行。

修订记录	修订标记	修订处数	修订日期	审批签字

14.3 投资部业务管理规章制度

14.3.1 投资项目管理制度

编制部门： 编制日期：	投资项目管理制度	执行部门： 制度版本：

第1章 总 则

第1条 为了加强投资风险约束，强化对投资项目的监管，控制投资方向与投资规模，加强投资项目的审批、决策、监督和管理，提高投资效益，维护全体股东的权益，根据国家有关法律、法规及本公司章程的规定，特制定本制度。

第2条 本制度适用于企业及附属资企业所有投资项目的管理。

第3条 项目投资管理的基本原则为明确权限，落实责任，加强监管，突出效益。

第2章 项目的初选与分析

第4条 本公司项目投资应当符合国家法律法规和产业政策，坚持效益最大化、风险最小化和量力而行的总体原则。

第5条 本公司进行项目投资初选的基本原则如下：

1. 符合公司发展战略和投资方向，且突出主业。
2. 经济效益良好或符合其他投资目的，且有规避风险的预案。
3. 与公司投资能力相适应。
4. 上报资料齐全、真实、可靠。

第6条 选择拟投资项目应当符合下列条件：

1. 项目符合本公司战略发展规划、产业布局和经营范围。
2. 项目符合本公司规模经济效益的要求，有较高的投资收益率和发展前景。
3. 项目与本公司现实的管理水平和筹资能力相适应。
4. 项目有广泛的市场空间，合作方有较好的信誉、较高的资产质量和管理团队。

第7条 各项目在初选时都要进行充分的调查研究和分析，以确保资料内容的真实、可靠和有效。具体分析内容包括如下：

（1）市场状况分析；（2）投资回报率；（3）投资风险（汇率风险、市场风险、经营风险、购买力风险）；（4）投资流动性；（5）投资占用时间；（6）投资管理难度；（7）税收优惠条件；（8）对实际资产和经营控制的能力；（9）投资的预期成本；（10）投资项目的筹资能力；（11）投资的外部环境及社会法律约束。

第 3 章　项目的审批与立项

第 8 条　投资部须对拟投资项目提出《投资项目建议书》，其内容包括投资项目的名称、项目的基本情况介绍、拟投资方式、预计投资金额、预计投资回报率或投资收益等，报公司经理层，申请立项。

第 9 条　公司经理层对《投资项目建议书》进行初审，并提出初审意见（同意、修改、暂缓或否决）。

第 10 条　重大投资项目由经理层审批后交由公司战略发展委员会审查，审查通过的正式立项。

第 11 条　正式立项的项目，投资部根据公司经理层或战略发展委员会的批复文件意见，编制项目可行性研究报告。重大项目可聘请专业机构进行评估并编制可行性研究报告。

第 12 条　公司经理层将可行性研究报告及审查意见提交战略发展委员会审批。若投资项目须由董事会、股东大会审批的，需再报董事会、股东大会讨论通过。

第 4 章　项目的监督与管理

第 13 条　凡经批准实施的投资项目，由投资部负责成立专门的项目小组全面负责组织实施，制定投资项目的执行计划和进度安排。项目执行计划和进度安排报公司经理层备案。

第 14 条　项目小组负责人负责与相关职能部室的工作协调。相关职能部室配合项目小组的工作。

第 15 条　投资部负责审核投资项目是否符合上市公司投资的相关规定及信息披露工作。

第 16 条　财务计划部应对投资项目加强预算管理与监控。投资项目支出须单独建账，确保资金不被挪用，保证资金安全、有效的使用，并指定专人负责统计报表工作。

第 17 条　法律事务部负责对投资项目的经济合同审定及投资项目在法律方面的审查，并协助办理相关法律事务。

第 18 条　为总结经验，加强项目管理，在项目实施完毕后一至三个月内，项目小组应对项目进行总结评价，编写《项目总结报告》；投资部对投资项目进行投资总结分析，编写《投资分析报告》，由公司经理层做出评估并上报。

修订记录	修订标记	修订处数	修订日期	审批签字

14.3.2 投资调研分析管理制度

编制部门： 编制日期：	投资调研分析管理制度	执行部门： 制度版本：

第1章 总 则

第1条 为了规范投资调研分析工作，加强投资的前期管理，尽量规避投资风险，提高投资收益，根据公司投资管理相关制度，结合投资部的实际情况，特制定本制度。

第2条 本制度适用于对本公司投资的调研分析管理工作。

第2章 投资调研

第3条 投资调研的原则

1. 科学性原则：投资调研要有一套科学的调查方法，调研员要保持实事求是的科学精神，探求本质。

2. 符合性原则：在调查中切忌过分依赖某种熟悉的或偏爱的调查方法，对于不同调研内容采取相符合的调研方法，提高调研结果的可靠性。

3. 经济性原则：在调研时要注意所获得的信息的投入产出比例关系，尽量降低调研成本。

4. 创造性原则：在调研中要不断发挥创造性思维，根据事、时变化，不断发现新问题，研究新方法。

第4条 投资调研内容

1. 项目方基本情况：成立日期、注册资本、经营范围、法人代表；公司的股本结构、股东会与董事会情况；公司业绩、公司所享受的优惠政策；公司所处行业、所处区域，所具有的经营优势。

2. 项目方资产情况：资产组成、关键设备设施、资产产权证明及有关担保，在建工程等情况。

3. 项目方的财务状况：采用的具体会计政策、财务管理制度、资金周转情况等。

4. 项目方的产品和服务情况：公司的主营业务、产品价格及主要市场、生产流程和工艺等。

5. 项目方所属行业及竞争对手相关信息：行业总规模、行业结构及发展趋势、主要竞争对手信息等。

6. 投资项目的市场和法律环境：投资项目所属的市场信息、法律法规及税收优惠等相关政策信息。

7. 根据投资的具体情况确定需要调研的其他内容。

第5条 投资调研报告

1. 投资部投资调研员负责编写投资调研报告，报告内容内容要全面且重点突出、格式规范。

2. 在规定的时间内提交投资调研报告，由投资主管进行初审，初审后交由投资经理审核，重大投资调研报告交由公司管理层或董事会、股东大会审核。

第 3 章　可行性分析

第 6 条　对投资项目进行市场、经济等方面的分析内容

1. 市场及环境方面分析：（1）市场状况分析；（2）投资风险分析（汇率风险、市场风险、经营风险、购买力风险）；（3）投资的外部环境及社会法律约束。

2. 经济方面分析：（1）投资回报率；（2）投资的预期成本。

3. 管理方面分析：（1）投资项目的筹资能力；（2）对实际资产和经营控制的能力；（3）投资流动性；（4）投资占用时间及进度；（5）投资管理难度。

4. 预算方面分析：（1）投资估算；（2）资金来源渠道；（3）投资经费使用。

第 7 条　可行性分析报告相关要求

1. 投资分析专员对投资进行分析后要编写可行性分析报告，提交投资主管审核，投资主管审核后由投资经理审核，必要的重大投资项目还需交公司管理层和董事会、股东大会审核。

2. 可行性分析报告要按投资管理制度的相关规定进行编写，并且在规定的时间内提交。

3. 可行性分析报告内容全面，无重大遗漏事项分析，且分析基本准确，无重大失误。

第 4 章　附　则

第 8 条　本制度未尽事宜参考公司投资管理相关制度。

第 9 条　本制度自颁布之日起执行。

修订记录	修订标记	修订处数	修订日期	审批签字

第 15 章

市场部职位说明书与制度编制

15.1 市场部职位说明书

15.1.1 市场经理职位说明书

岗位信息	岗位名称	市场经理	所属部门	市场部
	岗位编号		岗位序列	
	薪资标准		直接上级	
职责概述	负责制定市场活动计划并协调监督执行，提高产品的市场占有率和知名度，达成公司市场发展目标			

岗位职责及绩效标准

岗位职责	绩效标准
市场调查与预测 1. 收集、分析评估、市场信息 2. 现有市场分析与未来市场预测 3. 提交市场分析报告	1. 信息收集及时、准确 2. 市场调研任务达成率达100%
市场开发 1. 根据公司战略目标，制定公司整体市场计划 2. 实施年度市场推广计划，并开展市场推广工作 3. 制定与销售有关的宣传促销计划并组织实施 4. 负责公司与产品品牌的建立、经营与管理	1. 市场占有率达____% 2. 品牌认知度达____% 3. 广告投放有效率达____%
公关业务管理 1. 组织并实施各类公关活动，控制公关活动费用支出 2. 维护与开拓客户及相关单位间的积极交流与良好合作	1. 费用控制在预算内 2. 大型市场公关活动组织次数达____次 3. 外部协作单位满意度评价达____分以上
部门内部管理 1. 建立完善市场部工作流程以及制度规范 2. 负责部门内部人员工作安排、培训考核及任务执行跟踪	培训计划完成率达100%

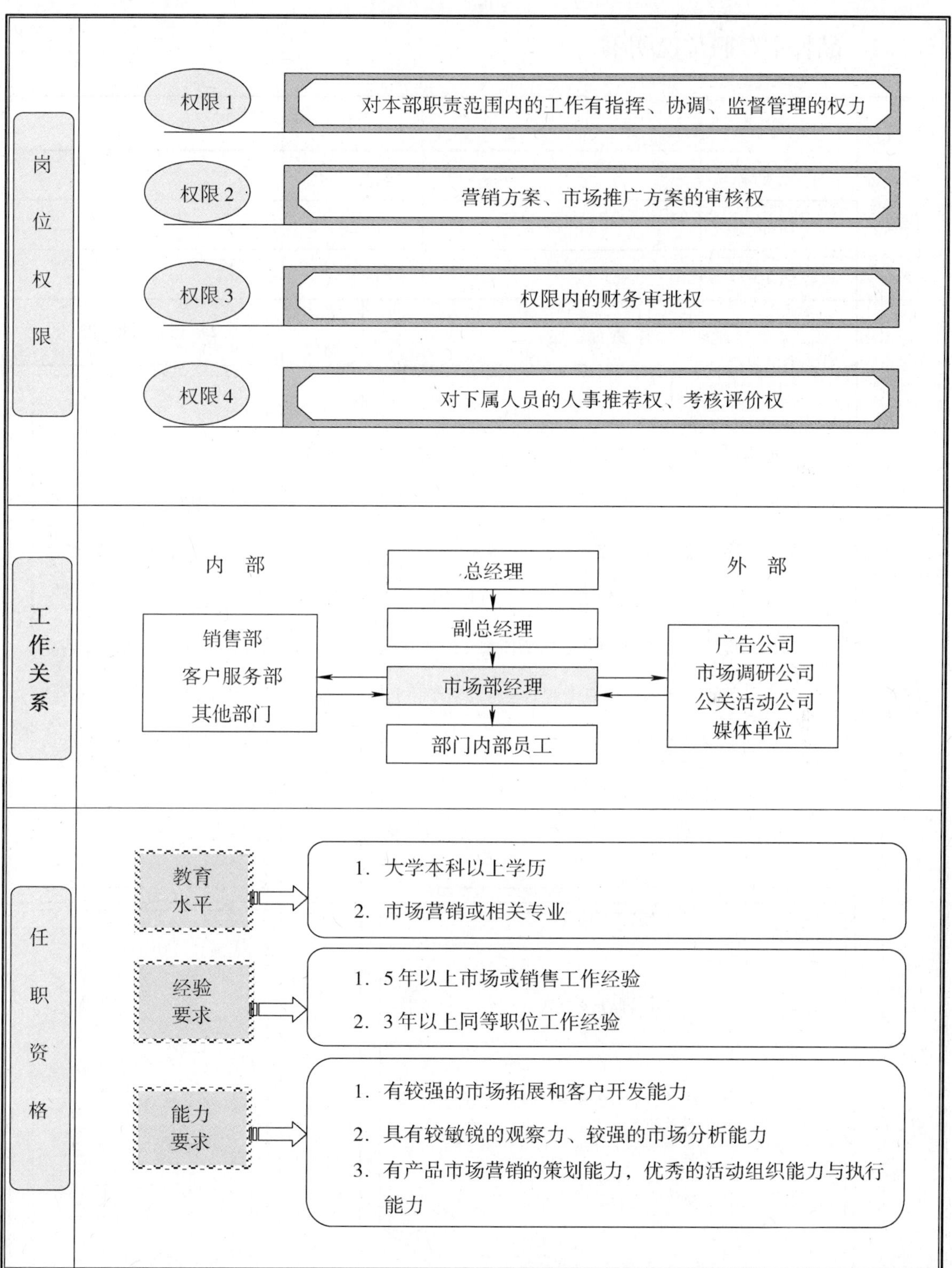
岗位权限
权限 1
对本部职责范围内的工作有指挥、协调、监督管理的权力
权限 2
营销方案、市场推广方案的审核权
权限 3
权限内的财务审批权
权限 4
对下属人员的人事推荐权、考核评价权
工作关系
内　部
销售部
客户服务部
其他部门
总经理
副总经理
市场部经理
部门内部员工
外　部
广告公司
市场调研公司
公关活动公司
媒体单位
任职资格
教育水平
1. 大学本科以上学历
2. 市场营销或相关专业
经验要求
1. 5 年以上市场或销售工作经验
2. 3 年以上同等职位工作经验
能力要求
1. 有较强的市场拓展和客户开发能力
2. 具有较敏锐的观察力、较强的市场分析能力
3. 有产品市场营销的策划能力，优秀的活动组织能力与执行能力

15.1.2 品牌主管职位说明书

<table>
<tr><td rowspan="4">岗位信息</td><td>岗位名称</td><td>品牌主管</td><td>岗位编号</td><td></td></tr>
<tr><td>岗位等级</td><td></td><td>薪资水平</td><td></td></tr>
<tr><td>工作部门</td><td>市场部</td><td>直接上级</td><td></td></tr>
<tr><td>直接下级</td><td></td><td>所辖人数</td><td></td></tr>
<tr><td rowspan="3">工作职责及绩效标准</td><td colspan="2">职责描述</td><td>责任划分</td><td>绩效标准</td></tr>
<tr><td colspan="2">业务职责
1. 根据市场分析、公司战略及其他情况，制定品牌推广与运营战略及广告宣传规划
2. 负责与品牌推广相关的公关活动的组织与策划
3. 负责企业品牌概念的内涵和外延，进行不断的深化和提炼，保持品牌资产的增值
4. 提升品牌竞争力，在改良老产品及开发新产品上从市场品牌角度提出合理化建议
5. 负责做好企业产品品牌的保护工作</td><td>部分
全责
部分
全责
部分</td><td>1. 品牌知名度达____%
2. 品牌认知度达____%
3. 品牌市场价值增长率达____%
4. 品牌宣传活动计划完成率达____%
5. 媒体正面曝光次数达____次</td></tr>
<tr><td colspan="2">管理职责
1. 制定工作计划，管理直接下属并对其进行工作部署
2. 为下属员工提供工作指导并对其实施绩效考核</td><td>全责
部分</td><td>1. 培训考核达标率达____%
2. 员工满意度评价达____分</td></tr>
</table>

<table>
<tr><td rowspan="3">职位关系</td><td>可晋升职位</td><td>品牌经理、市场经理</td></tr>
<tr><td>可相互轮换的职位</td><td>市场主管、企划主管</td></tr>
<tr><td>可降低职位</td><td>品牌专员</td></tr>
<tr><td rowspan="3">任职资格</td><td>教育水平</td><td>1. 大专以上学历
2. 市场营销、管理类、广告类相关专业</td></tr>
<tr><td>工作经验及业务了解范围</td><td>1. 3 年以上相关工作经验
2. 熟悉公关媒体品牌推广运作</td></tr>
<tr><td>技能/能力</td><td>
<table>
<tr><th>能力项目</th><th>能力要求</th></tr>
<tr><td>市场信息分析能力</td><td>主动通过多种途径了解本辖区内的其他品牌或相关产品的市场动态，并能根据所收集的市场调研信息进行全面分析，提出有价值的分析结论</td></tr>
<tr><td>创新能力</td><td>能以原有知识、经验为基础进行创新活动，并在部门内部创造学习型组织的企业文化</td></tr>
</table>
</td></tr>
</table>

15.1.3 调研专员岗位说明书

<table>
<tr><td rowspan="2">岗位信息</td><td>岗位名称</td><td>调研专员</td><td>岗位编号</td><td></td></tr>
<tr><td>所属部门</td><td>市场部</td><td>直接上级</td><td></td></tr>
<tr><td>工作概述</td><td colspan="4">根据公司发展需要，运用各种调研方式开展调研，收集整理有关市场信息</td></tr>
<tr><td rowspan="2">工作内容及绩效标准</td><td colspan="3">工作内容</td><td>绩效标准</td></tr>
<tr><td colspan="3">1. 收集各类市场信息及相关行业政策与信息
2. 负责收集竞争对手或产品的各种信息，如销售策略、销售活动、推广资料等
3. 负责各类专项调研的组织和执行
4. 对市场数据进行分析，形成报告提供给相关的市场人员作为参考
5. 负责做好市场调研数据信息的归档、使用管理工作</td><td>1. 信息收集及时、准确
2. 调研计划完成率达到100%
3. 市场调查报告提交及时</td></tr>
<tr><td rowspan="3">任职资格</td><td>教育水平</td><td colspan="3">1. 大专以上学历
2. 市场营销、统计学及其相关专业</td></tr>
<tr><td>经验要求</td><td colspan="3">1年以上相关工作经验</td></tr>
<tr><td>能力要求</td><td colspan="3">1. 具备市场信息的准确把握和快速反应能力
2. 具有较强的分析与判断能力、沟通能力、计划与执行能力</td></tr>
</table>

15.1.4　企划专员岗位说明书

<table>
<tr><td rowspan="2">岗位信息</td><td>岗位名称</td><td>企划专员</td><td>岗位编号</td><td></td></tr>
<tr><td>所属部门</td><td>市场部</td><td>直接上级</td><td></td></tr>
<tr><td>工作概述</td><td colspan="4">制定并监督执行各种市场推广活动，发展企业品牌，提升企业形象</td></tr>
<tr><td>工作内容及绩效标准</td><td colspan="3">工作内容
1. 根据工作需要，组织人员收集产品营销、市场策划等信息
2. 协助部门负责人完成企划宣传工作的前期准备、流程安排等工作，包括组织会议、活动、展会等
3. 配合销售部开展产品展示、市场营销、产品推广等活动
4. 进行市场推广有效性的分析及评估
5. 负责撰写市场宣传稿件，活动短文、各种软文等文案工作
6. 根据行业市场情况，协助领导进行相关市场活动的策划和宣传、推广计划的实施
7. 公司知名度的推广宣传</td><td>绩效标准
1. 信息收集全面、准确
2. 品牌认知度达____%
3. 宣传品制作完成率达 100%
4. 销售支持工作满意度评价达____分</td></tr>
<tr><td rowspan="3">任职资格</td><td>教育水平</td><td colspan="3">1. 大学本科以上学历
2. 市场营销、企业管理及其相关专业</td></tr>
<tr><td>经验要求</td><td colspan="3">2 年以上企划和公关实际工作经验</td></tr>
<tr><td>能力要求</td><td colspan="3">1. 优秀的文案功底
2. 有较强的创造性思维能力、理解力、公关能力
3. 有较强的沟通和表达能力，良好的人际关系处理能力和技巧</td></tr>
</table>

15.1.5 公关专员岗位说明书

<table>
<tr><td rowspan="2">岗位信息</td><td>岗位名称</td><td>公关专员</td><td>岗位编号</td><td></td></tr>
<tr><td>所属部门</td><td>市场部</td><td>直接上级</td><td></td></tr>
<tr><td>工作概述</td><td colspan="4">负责公司对外各项公关活动，建立公司良好的社会形象与社会公共关系</td></tr>
<tr><td rowspan="2">工作内容及绩效标准</td><td colspan="3">工作内容</td><td>绩效标准</td></tr>
<tr><td colspan="3">1. 制定各类公关活动方案，并组织协调各部门资源来推动方案的实施，确保方案在预算内及时完成，并达到相应的宣传目标和效果
2. 协助领导处理公司内外公众关系
3. 收集整理、监测和分析与企业形象有关的公众信息，向组织管理者提供组织形象管理的咨询建议
4. 负责公司相关新闻稿的撰写工作
5. 负责建设并维护媒体资源库
6. 进行公关文档的建立和管理</td><td>1. 大型公关活动组织次数达____次
2. 软文发表数量达____偏
3. 企业美誉度达____%
4. 公关费用控制在预算内
5. 领导满意度评价达____分</td></tr>
<tr><td rowspan="3">任职资格</td><td>教育水平</td><td colspan="3">1. 大学本科以上学历
2. 公共关系、新闻、市场营销专业</td></tr>
<tr><td>经验要求</td><td colspan="3">1年以上工作经验</td></tr>
<tr><td>能力要求</td><td colspan="3">1. 优秀的写作能力与社交能力
2. 具有较强的观察力、应变能力、计划与执行能力</td></tr>
</table>

15.2 市场部人力资源管理制度

15.2.1 市场部员工考核实施办法

市场部员工考核实施办法			版本
编制部门	执行部门	执行日期	____年___月___日

为规范市场部绩效考核工作，并将考核结果作为员工薪酬激励、职务晋升、培训开发等的依据。特制定本办法。

一、考核对象

在市场部工作 6 个月以上，部门经理级以下的员工。

二、考核内容

1. 工作指标考核

占考核权重的 50%，是对工作任务结果的评价，由直接属上级对下属员工进行考核。直属上级根据部门当月工作计划分解到部门内每位员工，每月按工作任务量平均每项考核分值，并随时对员工提供绩效辅导，对员工表现进行记录。下表列出了其中的部分考核指标项。

工作指标考核

考核项	分值	考核评分说明
市场调研计划完成率	______分	计划中每有 1 次未完成，减______分
市场调研报告撰写的质量	______分	提交及时，______分 数据准确，______分 所采用的调研方法科学，______分 调研报告所反映的问题切中实质，______分 调研报告提出的建议可采纳，______分
知名度的提升	______分	根据第三方机构提供的权威报告的结果进行评定，低于该值，减______分
媒体正面报道次数	______分	在大众媒体上宣传公司的新闻报道的次数每有 1 次，加______分
销售部门满意度	______分	每低于目标值______分，减______分

2. 行为指标考核

占考核权重的 30%，主要对员工工作过程和方式及日常综合表现的评价。主要考核指标为考勤、办公纪律、组织行为、团队意识四个方面，每项指标分值 5 分。

对行为考核内容评分一律为 1～5 分（5 分、4 分、3 分、2 分、1 分：考核成绩优秀最高评为 5 分，不能达到要求的最低评为 1 分），考核人需依照下属员工的实际工作完成情况及表现给予分数。

3. 工作能力考核

占考核权重的 30%，工作能力考核设为优秀、好、合格、需要努力、差 5 个评分档次，依次为 5 分、4 分、3 分、2 分、1 分。

三、考核实施说明

1. 考核评定结果为优秀（90～100 分）、良（80～89 分）、合格（60～79 分）、较差（60 分以下）四个类别。

2. 年度考核结果为较差的，予以调整岗位和安排适职培训。月度、年度考核时凡有下列情况之一者，其考核不得为优秀。

（1）请假合计天数超过人事规定的请假天数者

（2）有旷工记录者

3. 本年度受过警告以上处分者

考评完成后，部门领导应与被考核员工面谈，告知评价结果。

修订记录	修订标记	修订处数	修订日期	审批签字

15.2.2　市场部员工培训管理办法

市场部员工培训管理办法			版本
编制部门	执行部门	执行日期	____年___月___日

一、培训计划制定的依据

1. 公司的战略规划
2. 公司年度经营目标
3. 人力资源规划
4. 市场竞争需要与核心竞争能力培养需要
5. 业绩和行为表现考核

二、培训时间

公司市场部各岗位每年都必须接受一定时间的培训，培训时间根据不同的岗位及培训内容而定。

三、培训内容

对市场部人员的培训，包括下表所示的 7 个方面内容。

市场部员工培训内容

培训内容	内容简要
产品知识	—
营销策划	产品推广策划、营销网络策划、营销公关策划、关系营销策划、整合营销策划等
企业形象策划	企业形象内容、企业行为识别系统、企业视觉识别系统、企业形象创新等
销售策划	产品销售渠道设计策略、产品展会设计等
广告策划	产品的市场定位、产品的广告设计、广告目标、广告内容、广告创意策划、广告制作、广告媒体的选择、广告效果检测等
公共关系策划	企业公共关系概述、公共关系决策、品牌管理、企业整体形象建设、CI 战略、管理层公共关系、危机预防、危机处理、客户关系管理等
品牌营销与管理	品牌识别、品牌管理、CS 顾客满意策略、服务策略等

四、培训考评制度

1. 每次培训结束后，所有参加培训人员必须接受培训考评，考评可采取口试、笔试或调查问卷等多种形式。考评成绩以百分制形式给出。

2. 培训教师和培训课程也必须接受考评，考评可采用综合测评、调查问卷等形式。考评成绩以百分制形式给出。

五、培训奖惩制度

1. 如有三次无故不参加培训者，取消接受培训的资格。

2. 培训成绩优异的员工可在工资晋级、升迁方面优先，每次培训成绩在前三名者，可进入公司“人才储备库”，列为重点培养对象；培训不及格者，需参加下一轮培训，三轮培训不及格者，给出特别严重警告，列为调整对象。

修订记录	修订标记	修订处数	修订日期	审批签字

15.3　市场部业务管理规章制度

15.3.1　市场调研管理制度

编制部门： 编制日期：	市场调研管理制度	执行部门： 制度版本：

第 1 章　总　则

第 1 条　目的

为实现公司经营目标，提高公司对市场的快速反应能力，特制定本制度。

第 2 条　实施部门

市场调查由公司市场部负责组织实施。

第 2 章　市场调查方法与机构

第 3 条　调查方法

1. 对宏观市场信息主要通过年鉴及有关的书籍、报刊、杂志所提供的文献资料（包括各种统计资料、广告资料、市场行情和各种预测资料等）等渠道的文案调查法获得。

2. 对市场需求信息的收集，主要采取如下方式：

（1）访问调查法。包括面谈法（如对代理商和经销商进行访谈，了解当地市场产品的销售情况）、电话调查（如对市场产品销售、客户需求、客户满意度、市场推广效果等进行电话抽样调查）、信函调查、问卷调查等。

（2）观察法。调查者在现场对被调查者的情况直接观察、记录，以取得市场信息资料的一种方法。

①横向观察：由市场研究人员在同一时段内，在门市、经销商的销售现场观察客户对产品的展示、产品的包装的反应，以及观察客户对本公司产品与竞争对手产品在购买选择时整个决策过程，并加以详细记录。

②纵向观察：不同时间序列对产品销售进行观察，对取得的一连串观察记录进行分析研究而了解被调查对象的变化过程和规律。

（3）实验法。实验法包括试销实验、试用实验、展销实验等形式。

第 4 条　调查机构

1. 自行调查，由市场部负责完成。

2. 委托调查，即由公司委托社会机构，根据企业的目的与要求进行市场调查。

第3章　市场调查的内容与时间

第5条　市场调研的主要内容

1. 调查国内各厂家同类产品在国内外全年的销售总量和同行业年生产总量，用以分析同类产品供需饱和程度和公司经销的产品在市场上的竞争能力。

2. 调查同行业同类产品在全国各地区市场占有量，以及公司经营产品所占比重。

3. 了解同行业产品更新及其改进方面的进展情况。

4. 对新经销商、代理商资格认证的市场调查工作。

5. 对市场的价格信息进行收集与分析，以便公司准确预测，及时调整产品价格，确保市场占有率。

6. 对竞争品牌的性能、价格、广告策略、促销办法等的收集与分析工作。

7. 了解各地区用户对产品质量、服务的反映及需求。

8. 收集国内外同行业同类产品更新技术发展信息。

第6条　调查实施时间

1. 定期调查，每年______月底、______月底、______月底、______月底进行。

2. 临时调查，新产品推出后或临时需要了解市场动态和反应时，随时拟定调查方案。

第4章　市场调查效果评估

第7条　评估内容

1. 市场调查方案设计的科学性、客观性、合理性。

2. 信息统计分析的全面性、准确性、完整性。

3. 信息的使用效率和为公司经营决策创造价值的大小。

第8条　评估周期

每季度进行一次评估，评估从定性与定量两方面进行。

修订记录	修订标记	修订处数	修订日期	审批签字

15.3.2　公关活动管理制度

编制部门： 编制日期：	公关活动管理制度	执行部门： 制度版本：

第 1 章　总　则

第 1 条　目的

为树立良好的企业形象，创造和保持有利于公司持续发展的优良的公共关系环境，特制定本制度。

第 2 条　管理分工

1. 集团设立公关部承担公司公关管理职能。

2. 集团高层领导负责公关的整体协调。

第 3 条　公关对象

公司公共关系对象包括如下图所示的各类主体。

1. 公司外部对象：包括新闻媒体、相关政府机关、各行业、社会公众等。

2. 业务关系单位：包括客户、供应商、竞争对手等。

3. 公司内部对象：包括员工、股东等。

第 2 章　公司的公关方式

第 4 条　宣传方式

1. 广告。

2. 新闻宣传：新闻报道、专题通讯、经验介绍、记者专访。

第 5 条　服务方式

提供优质产品、商品、服务，如三包、送货、退货、保修期、保险等。

第 6 条　社会方式

举办社会性活动：纪念会、庆祝会、赞助、展览会、联欢会、音乐会。

第 7 条　征询方式

1. 发意测试和问卷。

2. 公司经营管理活动有奖征询：商标名、图案、产品名称、企业形象、经营点子。

第 3 章　公共关系工作主要内容

第 8 条　商务接待

1. 接待准备工作

(1) 了解来宾个人情况。

（2）了解来访事由。

（3）其他情况。

2. 制定接待计划

接待计划包括接待方针、规格、日程安排、费用预算等项内容。

第 9 条　新闻发布会

1. 集团公司新闻发言人由集团总经理指定。集团公司的新闻发布会由集团公司总经理办公室组织，公关部予以协助，由集团公司领导或集团公司新闻发言人及经集团公司领导授权的部门负责人发布新闻。

2. 以集团公司名义举办的专题新闻发布会，须由有关部门、分支机构或有关企业提出举办专题新闻发布会的申请，经集团公司总经理办公室审核并报公司主管领导批准，由总经理办公室会同有关部门、分支机构或有关企业共同组织实施。

3. 分支机构和有关企业举办新闻发布会，内容涉及重大问题、关系集团公司形象的，须上报集团公司总经理办公室审核批准。

第 10 条　重大公关活动管理

1. 重大公关活动特指企业根据改善生产经营与发展环境的需要，采取措施创造良好公共关系的一系列社会活动，包括展览展示活动、庆典活动、赞助活动、联谊活动等形式。

2. 分支机构和有关企业组织的重大公关活动，要在策划阶段上报集团公司总经理办公室备案；举办具有重大社会影响或涉及集团形象的大型公关活动，须上报集团公司总经理办公室审核。

3. 分支机构和有关企业重要公共关系活动的文字、照片、音像资料，必须自活动结束之日起______日内上报集团公司总经理办公室。

第 11 条　其他说明

1. 公共关系活动的各个环节要紧密围绕集团公司和企业的中心工作进行，活动中要规范应用集团公司视觉识别系统和企业形象识别系统。

2. 预算费用在______万元以上的公关活动，应上报集团总经理办公室审核。

第 4 章　附　则

第 12 条　本制度未尽事宜参见其他公关制度。

第 13 条　本制度由集团公关部负责解释、补充，经总经理批准后颁行。

修订记录	修订标记	修订处数	修订日期	审批签字

第 16 章

客服部职位说明书与制度编制

16.1 客服部职位说明书

16.1.1 客服经理职位说明书

岗位信息	岗位名称	客服经理	所属部门	客服部
	岗位编号		岗位序列	
	薪资标准		直接上级	
职责概述	负责规划、指导、协调客服部工作、完善客服服务体系，提高公司客服的服务质量和客户满意度水平，为实现公司经营目标提供支持			

岗位职责及绩效标准

岗位职责	绩效标准
客服规划体系建设 1. 制定公司长期客服服务规划及客服服务计划 2. 建设和完善公司客服服务体系，包括流程、标准等	1. 客服计划按时提交 2. 客服体系完善
客服制度及执行 1. 负责制定和修改客服部各项规章制度及服务标准等 2. 指导和监督客服人员认真执行各项制度	1. 客服制度完善、规范 2. 客服制度可操作性强
客服开发及维护 1. 组织客服人员做好客户调查和客户开发工作 2. 定期组织客服人员进行客户拜访，维护好客户关系 3. 定期对客户信息进行更新，做好客户分级管理工作	1. 客户开发数量达___家 2. 客户满意度评分达___分 3. 客户信息有效、及时
售后服务管理 1. 制定售后服务计划、标准、售后服务流程等 2. 指导和监督客服人员执行售后服务标准，解决客户投诉	1. 售后服务计划按时提交 2. 投诉解决满意率达___%
部门内部管理 1. 加强部门管理制度建设，规范部门费用支出 2. 负责客服人员的教育、培训、考核奖惩等工作	1. 部门管理费用在预算内 2. 培训计划完成率达100%

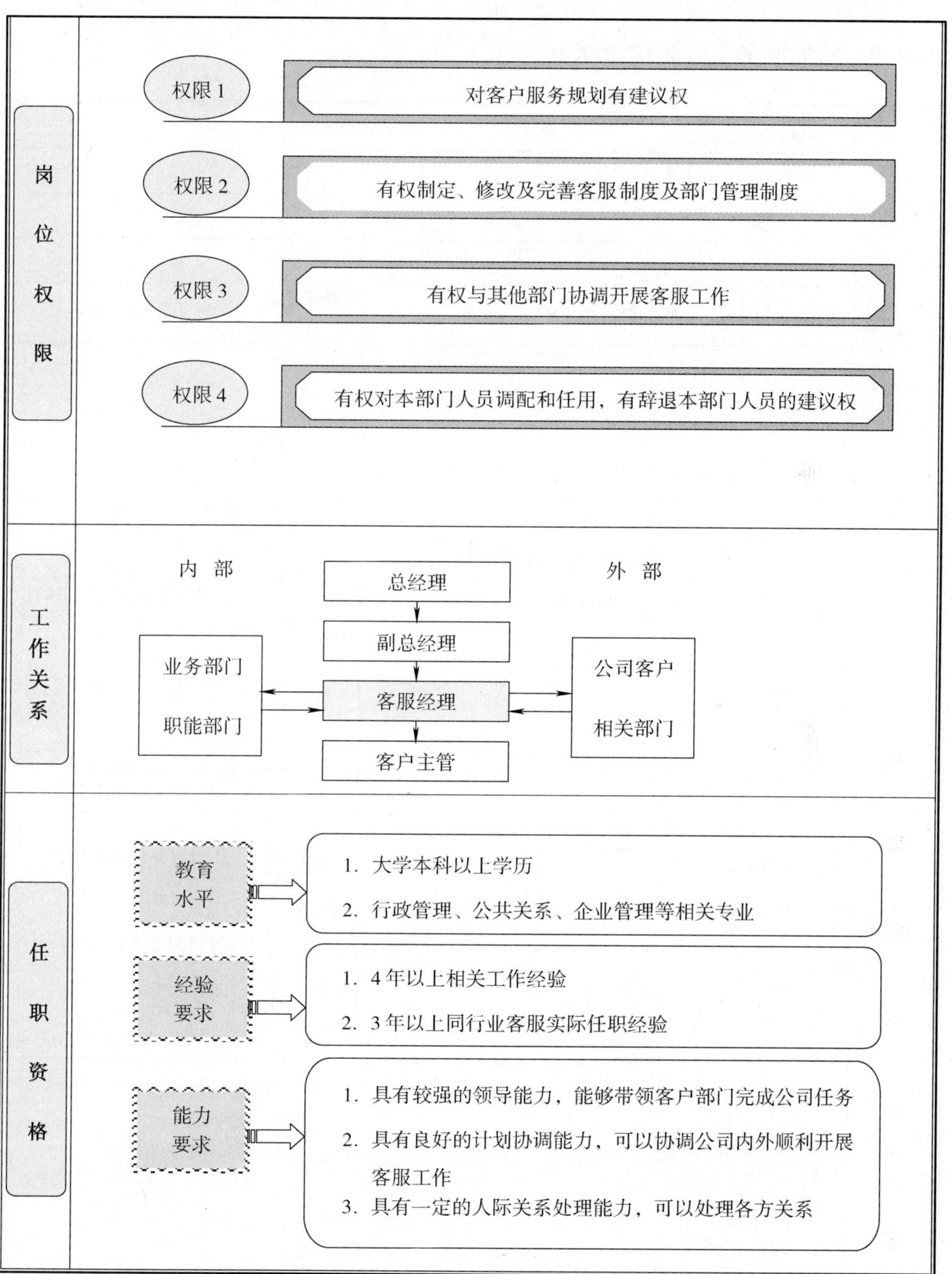
岗位权限
权限 1
对客户服务规划有建议权
权限 2
有权制定、修改及完善客服制度及部门管理制度
权限 3
有权与其他部门协调开展客服工作
权限 4
有权对本部门人员调配和任用，有辞退本部门人员的建议权
工作关系
内部
总经理
外部
副总经理
业务部门
职能部门
客服经理
公司客户
相关部门
客户主管
任职资格
教育水平
1. 大学本科以上学历
2. 行政管理、公共关系、企业管理等相关专业
经验要求
1. 4 年以上相关工作经验
2. 3 年以上同行业客服实际任职经验
能力要求
1. 具有较强的领导能力，能够带领客户部门完成公司任务
2. 具有良好的计划协调能力，可以协调公司内外顺利开展客服工作
3. 具有一定的人际关系处理能力，可以处理各方关系

16.1.2 售后服务主管职位说明书

<table>
<tr><td rowspan="4">岗位信息</td><td>岗位名称</td><td>售后服务主管</td><td>岗位编号</td><td></td></tr>
<tr><td>岗位等级</td><td></td><td>薪资水平</td><td></td></tr>
<tr><td>工作部门</td><td>客服部</td><td>直接上级</td><td></td></tr>
<tr><td>直接下级</td><td></td><td>所辖人数</td><td></td></tr>
<tr><td rowspan="3">工作职责及绩效标准</td><td colspan="2">职责描述</td><td>责任划分</td><td>绩效标准</td></tr>
<tr><td colspan="2">业务职责
1. 组织售后维修人员做好维修工作
2. 组织解决售后服务过程中发生的重大客户抱怨及投诉事件
3. 组织相关人员及时了解客户对企业的产品和服务的意见和建议，并整理和反馈到相关部门
4. 控制售后服务费用，组织满意度调查工作
5. 编制并定期提交售后服务总结报告</td><td>全责
部分

全责

部分
全责</td><td>1. 售后维修及时率达___%
2. 客户满意度达____分
3. 客户有效建议或意见反馈及时
4. 售后服务费用在预算内
5. 售后服务报告在规定时间内提交</td></tr>
<tr><td colspan="2">管理职责
1. 协助客服经理制定售后服务的各项制度、流程
2. 组织售后服务人员进行培训、规范售后服务人员的行为
3. 领导交办的其他管理工作</td><td>协助
协助

全责</td><td>1. 售后服务培训计划达成率达100%
2. 售后服务人员违规次数为0次</td></tr>
<tr><td rowspan="3">职位关系</td><td colspan="2">可晋升职位</td><td colspan="2">客户服务经理</td></tr>
<tr><td colspan="2">可相互轮换职位</td><td colspan="2">客户关系主管、大客户主管、客户投诉主管</td></tr>
<tr><td colspan="2">可降低职位</td><td colspan="2">售后服务专员、客户开发专员、客户信息专员</td></tr>
</table>

任职资格

教育水平

1. 大学专科以上学历
2. 管理、市场营销类相关专业

工作经验及业务了解范围

1. 2 年以上售后服务相关工作经验
2. 熟悉售后服务工作，了解公司产品的特性

技能/能力

能力项目	能力要求
协调能力	能够与上下级进行顺畅沟通和协调，完成上级下达的各项任务
监控能力	能够对售后维修人员的工作进行很好的监督和控制
应变能力	能够灵活处理客户对产品的投诉及售后服务中发生的突发事件

16.1.3 客户关系主管职位说明书

<table>
<tr><td rowspan="4">岗位信息</td><td>岗位名称</td><td>客户关系主管</td><td>岗位编号</td><td></td></tr>
<tr><td>岗位等级</td><td></td><td>薪资水平</td><td></td></tr>
<tr><td>工作部门</td><td>客服部</td><td>直接上级</td><td></td></tr>
<tr><td>直接下级</td><td></td><td>所辖人数</td><td></td></tr>
<tr><td rowspan="3">工作职责及绩效标准</td><td colspan="2">职责描述</td><td>责任划分</td><td>绩效标准</td></tr>
<tr><td colspan="2">业务职责
1. 协助客户服务经理制定客户关系管理方面的各项制度，并监督各项制度的落实、执行
2. 制定客户关系维护计划，并组织下属人员实施
3. 制定具体的客户关系维护工作实施方案，组织和安排客户回访和接待事宜
4. 及时了解客户需求、意见，并整理及时反馈
5. 进行客户关系分析、评价，对异常状态预警</td><td>协助
全责
全责
全责
全责</td><td>1. 客户关系维护制度完善、规范
2. 客户关系维护计划完成率达___%
3. 客户回访率达___%
4. 客户流失率低于___%
5. 客户满意度评分达___分</td></tr>
<tr><td colspan="2">管理职责
1. 管理和控制客户关系维护费用
2. 对下属日常工作提供指导和支持
3. 做好客户关系文档资料的保管工作</td><td>全责
全责
全责</td><td>1. 客户关系维护费用控制在预算内
2. 下属工作无重大违规
3. 客户档案完整率达___%</td></tr>
<tr><td rowspan="3">职位关系</td><td>可晋升职位</td><td colspan="3">客户服务经理</td></tr>
<tr><td>可相互轮换职位</td><td colspan="3">售后服务主管、客户投诉主管、客户信息主管</td></tr>
<tr><td>可降低职位</td><td colspan="3">客服信息专员、客服客户专员、客服关系专员</td></tr>
</table>

<table>
<tr><td rowspan="3">任职资格</td><td>教育水平</td><td>1. 大学专科以上学历
2. 经济类、管理类、市场营销类等相关专业</td></tr>
<tr><td>工作经验及业务了解范围</td><td>1. 2 年以上客户关系岗位工作经验
2. 1 年以上管理岗位工作经验，具有同行业工作经验者优先
3. 能很好地了解客户需求，了解本行业市场状况</td></tr>
<tr><td>技能/能力</td><td><table><tr><th>能力项目</th><th>能力要求</th></tr><tr><td>人际沟通能力</td><td>能够倾听他人的意见并适时反馈，可以有效地接受和传递信息</td></tr><tr><td>协调能力</td><td>能够有力协调部门内部、外部客户及相关单位，减少不和谐因素，顺利开展工作</td></tr><tr><td>合作能力</td><td>能够积极主动地与内部其他部门、客户、外部相关单位进行合作</td></tr></table></td></tr>
</table>

16.1.4 客户信息专员职位说明书

<table>
<tr><td rowspan="2">岗位信息</td><td>岗位名称</td><td>客户信息专员</td><td>岗位编号</td><td></td></tr>
<tr><td>所属部门</td><td>客服部</td><td>直接上级</td><td></td></tr>
<tr><td>工作概述</td><td colspan="4">主要负责客户信息的调查、收集、统计、整理和分析工作，保存好客户信息资料并做好保密工作，为相关部门提供信息支持</td></tr>
<tr><td rowspan="2">工作内容及绩效标准</td><td colspan="3">工作内容</td><td>绩效标准</td></tr>
<tr><td colspan="3">1. 落实客户信息管理的各项制度、流程，按规定开展客户信息的收集工作
2. 调查、收集、统计、整理分类客户相关信息，定期、不定期地提交客户信息统计报告
3. 对客户信息进行分析，并参与客户等级评定
4. 定期维护客户信息系统，不断提出合理化建议
5. 负责客户信息资料的整理、归档工作，做好保密工作
6. 完成领导交办的其他任务</td><td>1. 信息完整、准确
2. 客户信息统计报告提交及时率达____%
3. 客户信息资料及时归档率达____%
4. 客户信息无泄露</td></tr>
<tr><td rowspan="3">任职资格</td><td>教育水平</td><td colspan="3">1. 大学专科以上学历
2. 信息管理、市场营销等相关专业</td></tr>
<tr><td>经验要求</td><td colspan="3">1. 1年以上相关工作经验
2. 具有同行业从业经验者可优先考虑</td></tr>
<tr><td>能力要求</td><td colspan="3">1. 具有较强的逻辑推理能力，能够对信息进行客观分析和正确判断推理
2. 具有较强的学习能力，能够快速掌握新知识、新技能
3. 有良好的自我管理能力和团队合作精神</td></tr>
</table>

16. 1. 5　大客户专员职位说明书

岗位信息	岗位名称	大客户专员	岗位编号	
	所属部门	客服部	直接上级	
工作概述	在大客户主管的领导下，收集整理大客户信息，回访接待大客户维护大客户关系，为公司大客户管理工作提供支持			
工作内容及绩效标准	**工作内容** 1. 通过调查分析，对潜在大客户进行目标追踪和开发 2. 及时收集大客户信息，并进行整理、统计和分析 3. 定期或不定期地进行大客户回访，关注大客户的动态 4. 及时收集和整理大客户对公司服务和产品的意见及建议，并及时反馈相关部门 5. 对大客户信息资料及时整理归档，保证资料完整性 6. 完成领导交办的其他任务		**绩效标准** 1. 新开发大客户达____家 2. 大客户信息收集及时、有效 3. 大客户回访率达____% 4. 信息反馈及时率达100% 5. 客户档案归档及时率达100%	
任职资格	教育水平	1. 大学专科以上学历 2. 市场营销、管理类等相关专业，通晓市场知识		
	经验要求	1. 2年以上相关工作经历 2. 1年以上本行业工作经验		
	能力要求	1. 良好的沟通能力，能够在不同场合与不同对象进行有效沟通 2. 具有较强的抗压能力，能够有效化解工作压力 3. 具有较强的解决问题能力，遇到问题能够采取各种措施有效解决		

16.1.6 坐席专员职位说明书

<table>
<tr><td rowspan="2">岗位信息</td><td>岗位名称</td><td>坐席专员</td><td>岗位编号</td><td></td></tr>
<tr><td>所属部门</td><td>客服部</td><td>直接上级</td><td></td></tr>
<tr><td>工作概述</td><td colspan="4">负责呼叫中心的呼入、呼出工作，并做好记录和相关资料整理工作</td></tr>
<tr><td>工作内容及绩效标准</td><td colspan="2">工作内容
1. 落实呼叫中心的各项管理制度，规范操作
2. 负责接听、解答客户咨询及问题
3. 对呼入、呼出进行记录，对未能解答的客户呼入详细记录、明确答复时间并及时交予上级
4. 维护办公坐席的环境，并维护好相关工作设备
5. 完成上级领导交办的其他任务</td><td colspan="2">绩效标准
1. 违规次数为0次
2. 平均通话时间在___秒内
3. 每小时呼叫次数不低于____次
4. 业务平均处理时间在____秒以内
5. 一次性解决问题的呼叫率达到____%</td></tr>
<tr><td rowspan="3">任职资格</td><td>教育水平</td><td colspan="3">1. 中专以上学历
2. 具备客户服务管理相关知识，了解电话礼仪规范</td></tr>
<tr><td>经验要求</td><td colspan="3">1年以上呼叫中心、客服等相关工作经验</td></tr>
<tr><td>能力要求</td><td colspan="3">1. 较强的语言表达能力
2. 较强的理解能力
3. 随机应变能力强</td></tr>
</table>

16.2　客服部人力资源管理制度

16.2.1　坐席人员培训制度

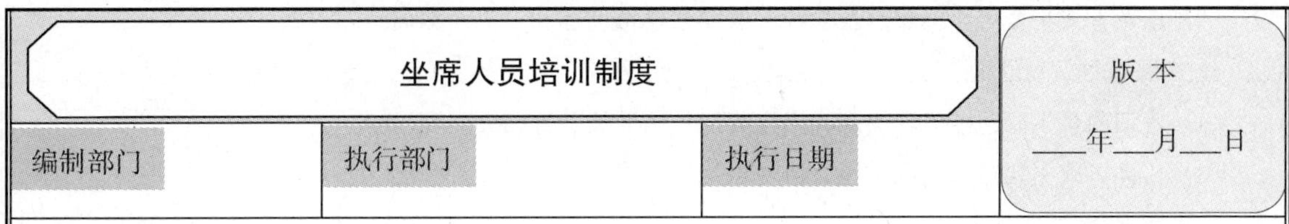

坐席人员培训制度			版本
编制部门	执行部门	执行日期	____年___月___日

第 1 章　总　则

第 1 条　为规范呼叫中心坐席人员的工作行为，提高坐席人员的服务效率和服务水平，落实公司培训管理制度，根据坐席人员的工作特点及公司的实际情况，特制定本培训制度。

第 2 条　本制度适用于呼叫中心坐席人员培训管理工作。

第 3 条　权责单位

1. 人力资源部负责制定培训计划，并负责培训的组织和监督管理。
2. 客户服务部呼叫中心主管负责组织相关人员参加培训。

第 2 章　培训计划管理

第 4 条　培训需求分析

呼叫中心主管根据坐席人员工作绩效、坐席工作特点、公司的组织要求进行培训需求分析，并对需求分析进行分析，总结出需要下一年度实施的紧急培训和一般培训。

第 5 条　定期培训计划

每年年底，呼叫中心主管根据呼叫中心坐席人员培训需求分析编制《坐席人员培训需求报告》提交人力资源部，人力资源部根据客服中心的情况及公司总体培训需求制定《坐席人员培训计划》。计划经公司总经理批准后实施。

第 6 条　临时培训计划

需要紧急培训的临时培训，由呼叫中心主管批准后交人力资源部审核，通过后组织实施。

第 3 章　培训内容及培训方式管理

第 7 条　培训内容及方式

1. 基础知识培训

（1）培训内容主要包括坐席职业特点、职业道德、法律基本知识、行业基本知识和相关政策信息等。

（2）培训方式主要可以采取理论教学的方式。

2. 计算机知识培训

（1）培训内容主要包括日常办公系统操作培训等。

（2）培训方式主要可以采取理论教学和上机模拟操作训练的形式。

3. 坐席工具使用培训

（1）培训内容主要包括坐席常规工具设备的使用、用户信息管理等。

（2）培训方式主要可以多媒体教学、采取情景模拟训练和上机模拟训练的方式。

4. 客服基本技巧培训

（1）培训内容主要包括语音发声、语言表达、沟通技巧等相关内容。

（2）培训方式主要可以采取讲座、情境训练等形式。

5. 电话服务技巧培训

（1）培训内容主要包括服务规范、行为规范、呼入及呼出电话服务技巧、电话投诉与异议处理等。

（2）培训方式主要可以采取多媒体教学和情景模拟训练的形式。

第 4 章　培训实施管理

第 8 条　培训组织实施

1. 人力资源部根据培训计划，组织实施培训。

2. 每期培训开始前人力资源部都要做好培训资料、培训教具、培训场所等准备工作。

3. 培训结束后人力资源部要对培训效果进行检查考核并作出培训总结，根据考核结果进行奖惩。

4. 对培训进行考核总结后，人力资源部和客户服务部整理培训资料，并交公司人力资源部统一管理。

第 9 条　培训纪律

1. 培训期间，所有参训学员必须服从公司人力资源部的统一安排和管理。

2. 参加培训的员工应遵守时间安排，不迟到、早退，特殊事项须书面请假并报直接主管批准。

3. 参训人员应遵守课堂纪律不交头接耳、大声喧哗，保持培训室内安静。

4. 参训人员不得随意丢垃圾、果皮等，要保持环境干净整洁。

5. 培训结束后，应认真填写“培训评估调查表”，参加培训测试。

修订记录	修订标记	修订处数	修订日期	审批签字

16.2.2　大客户管理考核制度

大客户管理考核制度			版本 ____年___月___日
编制部门	执行部门	执行日期	

第 1 章　总　则

第 1 条　为了进一步加强大客户服务管理，提高大客户服务水平和质量，同时为了客观公正地评价大客户服务的工作绩效，特制定本制度。

第 2 条　本制度适用于公司客户服务部大客户管理考核。

第 3 条　大客户管理考核原则

1. 公平、公正、公开原则。

2. 考核指标的设置必须遵循“被考核人通过自己的努力可以改变绩效”的原则。

第 2 章　考核组织和程序

第 4 条　考核组织

成立考核小组，小组由总经理、客服经理、人力资源部相关人员共同组成。专门负责大客户管理的绩效考核工作。

第 5 条　考核程序

1. 每季度末启动下季度绩效考核，由客服经理和大客户管理主管共同讨论下季度工作计划、绩效目标，考核标准等内容。

2. 季度结束，各考评主体根据平时记录和大客户管理的季度工作绩效进行绩效考核。

3. 考核结果由人力资源部统计、汇总，呈总经理审批。

4. 根据考核结果对客服经理和大客户管理人员进行奖惩。

第 3 章　考核周期和方式

第 6 条　考核周期

1. 季度考核：考核时间为下季度第一个月的 10 个工作日内。

2. 年度考核：考核时间为次年 1 月的 15 个工作日内。

第 7 条　考核方式

对于大客户管理的考核方式为定量和定性相结合的方式。

第4章 考核内容和标准

第8条 定量考核内容及标准

1. 客户开发：大客户开发数量达____家，每少1家，减____分；大客户调研计划完成率达____%，每低于____%，减____分。

2. 大客户回访：大客户回访任务完成率达____%，每低于____%，减____分。

3. 大客户满意：大客户满意度评分达____分，每低于____分，减____分。大客户投诉每有1次，减____分。

4. 大客户资料管理：大客户资料完整率达____%，每低于____%，减____分。

第9条 定性考核内容及标准

1. 大客户回访质量：大客户回访时间及时，严格按照公司回访流程进行客户回访，回访时遵守公司客户回访规范，回访内容科学合理，回访资料完整。

2. 服务态度：在进行大客户开发和回访时，文明礼貌、态度亲切，服务热情、周到、细致。每有1处不符合规范，减______分。

第5章 考核结果应用

第10条 考核结果应用

1. 岗位变动：根据公司岗位变动制度，结合相关人员的大客户管理绩效进行岗位变动。

2. 奖金发放：根据奖金发放制度，结合相关人员的大客户管理绩效进行奖金发放。

3. 培训计划：根据大客户管理人员存在的个人问题及共性问题进行培训计划的制定。

4. 下一步改进重点：根据大客户管理人员工作中表现的不足确定其下一步改进的重点。

第6章 附 则

第11条 本制度未尽事宜参考公司绩效考核相关制度。

第12条 本制度自颁布之日起执行。

修订记录	修订标记	修订处数	修订日期	审批签字

16.3　客服部业务管理规章制度

16.3.1　客户回访管理制度

<table>
<tr><td>编制部门：
编制日期：</td><td>客户回访管理制度</td><td>执行部门：
制度版本：</td></tr>
<tr><td colspan="3">

第 1 章　总　则

第 1 条　为了强化客户关系，规范客户回访工作，提高回访质量和水平，增强客户对公司服务的满意度、全面了解客户的服务需求和消费特点，结合公司情况和客户情况，特制定本制度。

第 2 条　本制度适用于客户服务专员对客户进行的例行回访和针对大客户的特定回访。

第 3 条　客户回访工作流程

了解掌握掌握客户信息→制定客户回访计划→预约回访客户→准备回访资料→实施回访工作→整理回访记录→领导审阅→保存及利用资料

第 2 章　客户回访准备工作

第 4 条　了解客户资料

客户服务专员根据公司客户资料库了解客户的相关资料，主要包括客户的名称、客户需求信息等客户基本信息。根据客户的相关资料确定客户拜访的目的。

第 5 条　制定回访计划

根据客户资料制订《客户回访计划》，包括客户回访的大概时间、回访内容、回访目的，根据公司业务情况结合客户特点选择适合的回访方式。

第 6 条　客户回访预约

在以不打扰客户的原则下进行客户预约，确定回访时间、地点等因素。

第 7 条　回访资料准备

根据回访计划准备相关的资料，主要包括四方面的资料：客户资料（客户消费特点、客户相关记录等）、企业宣传资料（企业信息、产品资料等）、回访礼品资料（回访礼品、馈赠礼品等）、回访用品（笔、回访表等）。

第 3 章　客户回访实施工作

第 8 条　客户回访人员要提前 10 分钟到达回访地点，不得延迟。

</td></tr>
</table>

第 9 条　客户回访人员要全面了解客户的需求、意见及问题，并认真做好记录。

第 10 条　客户回访内容及标准

1. 客户第一次消费回访：重点了解客户规模、经营或个人经济状况、完善客户资料；同时了解对市场及售后培训服务的满意度，记录相关信息，同时告知客服的联系方式。

2. 问题处理回访：重点跟进客户所反馈问题，与客户进行沟通协商，收集客户的意见和建议，改进工作方法提升工作效率。

3. 常规回访：根据客户的性质和等级，重点在于了解客户需求，收集客户意见和建议，同时改进公司客服工作，提高工作绩效。

第 11 条　客户回访要了解客户对公司产品和服务的满意度，并做好相关记录。正确对待客户回访中的客户抱怨，认真倾听并予以积极地解决。

第 4 章　客户回访结束

第 12 条　整理回访资料

1. 客户回访人员在结束回访的第二天应根据回访过程和结果，编写《客户回访报告》，主要对客户的回访过程和回访结果进行汇总和评价。

2. 客户服务主管对客户回访人员的《客户回访记录》《客户回访报告》进行审查，并提出指导意见。

第 13 条　回放资料保存及使用

1. 客户服务部相关人员对“客户回访记录表”进行汇总，并经过分类后由专人负责保存。

2. 市场及销售部参考客户回访的相关资料制订客户开发计划和客户销售策略。

第 5 章　附　则

第 14 条　本制度由客户服务部负责解释、修订。

第 15 条　本制度自颁布之日起执行。

修订记录	修订标记	修订处数	修订日期	审批签字

16.3.2　售后服务工作规范

编制部门： 编制日期：	售后服务工作规范	执行部门： 制度版本：

第 1 章　总　则

第 1 条　为提高公司售后服务水平，规范售后服务人员的行为，更好地为客户服务，特制定本规范。

第 2 条　本规范适用于售后服务接待人员及售后上门服务人员的工作管理。

第 2 章　售后服务中心接待人员服务规范

第 3 条　售后服务中心接待人员仪容仪表

1. 接待人员统一穿工作制服、佩戴胸卡，并保持良好的精神面貌。

2. 接待人员化妆得体，举止优雅，坐姿、站姿等符合公司规定。

第 4 条　售后服务中心接待人员礼貌用语

接待人员应礼貌待人，客户进门主动询问相关事项，态度热情、礼貌大方。

第 5 条　售后服务中心接待人员电话礼仪

电话铃声响 3 声之内必须接听电话，并礼貌问好，请对方等待时要用礼貌用语；接到电话不在自己业务范围之内的，尽快转给相关人员；邻座无人主动接听电话；通话结束时，等客户挂断电话后方可挂断。

第 6 条　售后服务中心工作环境规范

售后服务接待大厅设施齐全完好，使用状态良好；意见箱、意见簿摆放醒目，岗位标志明显，工号、照片等清晰可见，离岗后应摆放“暂停”标志。执行首问责任制，属本职范围内的业务主动办理，超出本职范围的，应及时、正确引导。

第 3 章　上门服务人员工作规范

第 7 条　上门前工作准备

1. 详细了解用户的产品情况，准备所需工具与配件，并与客户约定上门时间。

2. 遵守约定上门时间，如果由于特殊情况无法按时到达，应致电向客户道歉并作出解释后同用户约定好变更的服务时间。

第 8 条　上门时工作规范

1. 进门前按一声门铃（或轻轻敲三下），退后一步站好，10 秒后无应答再重复上述过程。

2. 客户开门后自我介绍并主动出示证件，讲明来意，话语平和、有礼。

3. 经用户同意后进门换鞋套，态度亲切，注意使用礼貌用语。

第 9 条　检查及维修工作规范

1. 咨询产品故障，认真听取用户对产品故障的描述和说明。

2. 认真仔细地对产品进行检查，故障定位后告诉顾客维修详细费用，顾客同意后进行维修。无法现场排查清楚原因，需要回公司进行技术咨询时需要向用户解释清楚，主动说明自己技术能力有限，不能随意说产品问题或安装问题。与用户约定下次上门维修服务时间后离开。

3. 维修中，应主动告知用户出现故障的原因。对于客户提出的问题，若属于公司公开的范围应给予正面积极回答，语言清晰简练。

4. 严禁在用户家抽烟；严禁接收用户任何馈赠，不接受用户招待。

第 10 条　检查维修收费工作规范

1. 服务人员必须严格遵守公司制定的收费标准，任何情况下不得乱收费。

2. 收费时须出示由公司公章的收费标准和收费规定，并按规定开具票据后由客户付款。

第 11 条　检查维修后离开时工作规范

1. 故障排除后对产品进行简单的清洁，并试用。

2. 对产品周边的环境进行整理清洁，搬动物品及时归位。

3. 认真向用户讲解产品使用常识，并询问是否还有其他问题。

4. 对用户给予维修单据，待用户填写完毕后，礼貌地与用户道别。

第 4 章　附　则

第 12 条　本规范未尽事宜参考客户服务部其他管理制度。

第 13 条　本规范最终解释权归公司客户服务部所有。

修订记录	修订标记	修订处数	修订日期	审批签字

第 17 章

网络部职位说明书与制度编制

17.1 网络部职位说明书

17.1.1 网络经理职位说明书

岗位信息	岗位名称	网络经理	所属部门	网络部
	岗位编号		岗位序列	
	薪资标准		直接上级	
职责概述	主要负责企业网络建设规划，制定网络管理各项制度保证网络系统正常、安全运行，为企业其他部门提供技术支持，推进企业信息化建设			

岗位职责及绩效标准	岗位职责	绩效标准
	网络计划、制度 1. 制定网络部的发展计划、做好网络费用预算并严格执行 2. 建设并完善网络管理各项管理制度，并监督执行	1. 维护费用控制在预算内 2. 管理制度完善、规范
	网络系统运行维护 1. 组织对网络系统的日常维护，确保网络系统正常运行 2. 定期进行网络、系统安全管理，保证网络系统安全	1. 网络系统运行完好率达____% 2. 无重大网络安全事故
	网络设备设施管理 1. 组织对网络设施设备进行日常维护、监测和故障排除 2. 确保网络设施设备的安全、完好	1. 网络设施设备完好率达____% 2. 设备设施故障处理及时
	网站建设运营 1. 负责企业网站运营管理，组织网站建设和完善工作 2. 负责监督、检查网站信息发布及及时更新情况	1. 网站正常运行天数达__天 2. 信息发布及时
	技术支持 1. 组织安排对企业其他部门提供技术支持 2. 解决公司网络运行中的问题	1. 问题解决率达____% 2. 技术支持满意度达____分
	部门内部管理 1. 负责部门内部各项工作的安排、协调及日常事务 2. 对部门内部员工进行业务指导、绩效考核工作	1. 部门内各工作按计划完成 2. 核心人员流失率低于___%

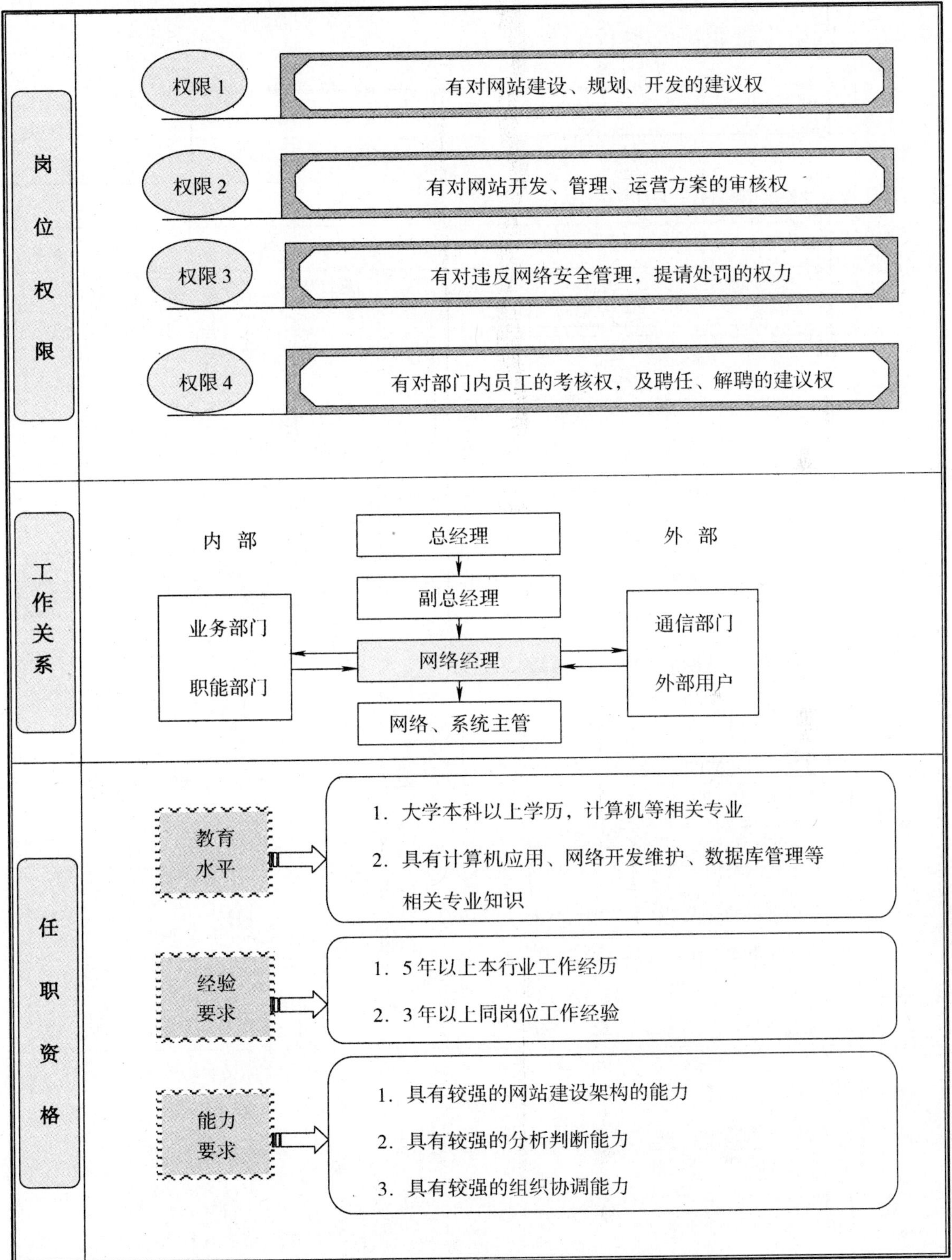
岗位权限
权限 1
有对网站建设、规划、开发的建议权
权限 2
有对网站开发、管理、运营方案的审核权
权限 3
有对违反网络安全管理，提请处罚的权力
权限 4
有对部门内员工的考核权，及聘任、解聘的建议权
工作关系
内 部
外 部
总经理
副总经理
网络经理
网络、系统主管
业务部门
职能部门
通信部门
外部用户
任职资格
教育水平
1. 大学本科以上学历，计算机等相关专业
2. 具有计算机应用、网络开发维护、数据库管理等相关专业知识
经验要求
1. 5 年以上本行业工作经历
2. 3 年以上同岗位工作经验
能力要求
1. 具有较强的网站建设架构的能力
2. 具有较强的分析判断能力
3. 具有较强的组织协调能力

17.1.2 网络主管职位说明书

<table>
<tr><td rowspan="4">岗位信息</td><td>岗位名称</td><td>网络主管</td><td>岗位编号</td><td></td></tr>
<tr><td>岗位等级</td><td></td><td>薪资水平</td><td></td></tr>
<tr><td>工作部门</td><td>网络部</td><td>直接上级</td><td></td></tr>
<tr><td>直接下级</td><td></td><td>所辖人数</td><td></td></tr>
<tr><td rowspan="3">工作职责及绩效标准</td><td colspan="2">职 责 描 述</td><td>责任划分</td><td>绩 效 标 准</td></tr>
<tr><td colspan="2">业 务 职 责
1. 协助网络经理实施网络建设，落实各项制度
2. 负责合理分配网络资源、设置网络参数、账号
3. 负责组织对网络实体（服务器、路由器）的维护和日常管理，确保网络正常运行
4. 维护和监控局域网，保证网络安全和正常运行
5. 负责网络设施设备的管理工作，确保设备完好
6. 负责业务数据库管理，对数据库进行维护和定期备份</td><td>协助
部分
全责
全责
部分
部分</td><td>1. 网络资源分配合理
2. 网络正常运行天数达___天
3. 无重大网络安全事故
4. 网络故障处理及时
5. 网络设施完好率达___%
6. 数据资料完整、准确</td></tr>
<tr><td colspan="2">管 理 职 责
1. 做好网络预算费用管理，严格执行相关规定
2. 负责指导解决下属工作中遇到的技术难题
3. 监督下属工作，规范下属工作行为</td><td>协助
全责
部分</td><td>1. 网络维护费用控制在预算内
2. 下属考核达标率达___%</td></tr>
<tr><td rowspan="3">职位关系</td><td>可晋升职位</td><td colspan="3">网络部经理</td></tr>
<tr><td>可相互轮换职位</td><td colspan="3">网络系统主管</td></tr>
<tr><td>可降低职位</td><td colspan="3">网络管理员、硬件管理员、网站编辑</td></tr>
</table>

<table>
<tr><td rowspan="3">任职资格</td><td>教育水平</td><td>1. 大学本科及以上学历
2. 计算机科学与技术、电子信息工程等相关专业</td></tr>
<tr><td>工作经验及业务了解范围</td><td>1. 2 年以上相关工作经验
2. 熟悉网络安全防护、操作系统、计算机及外设的硬件管理</td></tr>
<tr><td>技能/能力</td><td>

能力项目	能力要求
解决问题能力	能够提供解决硬件系统和软件系统问题的解决方案
沟通协调能力	能够有效倾听别人，且清晰表达自己的观点，协调各方顺利实现工作目标
分析判断能力	能够对事物进行合理的分析，并作出准确判断

</td></tr>
</table>

17.1.3 信息系统主管职位说明书

<table>
<tr><td rowspan="4">岗位信息</td><td>岗位名称</td><td colspan="2">信息系统主管</td><td>岗位编号</td><td></td></tr>
<tr><td>岗位等级</td><td colspan="2"></td><td>薪资水平</td><td></td></tr>
<tr><td>工作部门</td><td colspan="2">网络部</td><td>直接上级</td><td></td></tr>
<tr><td>直接下级</td><td colspan="2"></td><td>所辖人数</td><td></td></tr>
<tr><td rowspan="3">工作职责及绩效标准</td><td colspan="2">职责描述</td><td>责任划分</td><td colspan="2">绩效标准</td></tr>
<tr><td colspan="2">业务职责
1. 主要负责企业信息系统的日常维护工作
2. 做好系统安全防护工作，确保系统安全，使系统健康、安全、正常运行
3. 组织解决系统运行中的故障及各种问题
4. 组织实施信息系统的升级工作
5. 负责对相关部门提供技术支持</td><td>全责
部分

全责
全责
协助</td><td colspan="2">1. 网络维护及时
2. 系统运行完好率达___%
3. 无重大系统安全事故
4. 故障处理及时率达___%
5. 客户投诉次数在___次内</td></tr>
<tr><td colspan="2">管理职责
1. 系统维护费用管理：严格执行预算
2. 系统资料管理：系统资料及时整理、归档
3. 下属管理：指导下属工作，规范下属行为</td><td>部分
部分
部分</td><td colspan="2">1. 系统维护费用在预算内
2. 资料归档率达___%
3. 下属无违规事件发生</td></tr>
<tr><td rowspan="3">职位关系</td><td>可晋升职位</td><td colspan="4">网络部经理</td></tr>
<tr><td>可相互轮换职位</td><td colspan="4">网络主管、硬件管理主管</td></tr>
<tr><td>可降低职位</td><td colspan="4">信息专员、网络专员、网站编辑</td></tr>
</table>

任职资格		
	教育水平	1. 大学本科及以上学历 2. 计算机相关专业，通晓信息系统相关知识
	工作经验及业务了解范围	1. 3 年上相关工作经历 2. 2 年以上信息系统管理经验，熟悉各种操作系统
	技能/能力	见下表

能力项目	能力要求
沟通能力	能够根据不同的听众，适当调整沟通方式和沟通方法，从而达到沟通的目的
团队管理能力	能够洞察团队内成员的思想动向，能够使团队产生核心凝聚力，完成团队目标
学习能力	主动学习信息系统前沿技术并将其有效运用到日常工作中

17.1.4 硬件管理员职位说明书

<table>
<tr><td rowspan="2">岗位信息</td><td>岗位名称</td><td>硬件管理员</td><td>岗位编号</td><td></td></tr>
<tr><td>所属部门</td><td>网络部</td><td>直接上级</td><td></td></tr>
<tr><td>工作概述</td><td colspan="4">在网络部主管的领导下，负责企业网络系统硬件设备的维护和维修工作，保证硬件设备设施的正常、安全运行，为企业网络系统提供良好的硬件支持</td></tr>
<tr><td>工作内容及绩效标准</td><td colspan="2">工作内容
1. 组织实施对网络硬件、系统运行所需硬件等的日常维护
2. 定期检查硬件设备的运行情况，登记设备运行记录
3. 对硬件设备运行中的故障及时排除，确保正常运行
4. 负责硬件设备的维修，并控制好维修费用，对硬件设备的扩充及购买根据系统运行需要提出配置建议
5. 负责硬件设备的日常维护、维修记录的登记、保管，并做好硬件设备档案保管工作</td><td colspan="2">绩效标准
1. 设备日常维护计划完成率达___%
2. 设备正常运行率达___%
3. 故障处理及时率达___%
4. 设备完好率达___%
5. 维修费用控制在预算内
6. 设备记录完整、准确</td></tr>
<tr><td rowspan="3">任职资格</td><td>教育水平</td><td colspan="3">1. 大学专科以上学历
2. 计算机技术、通信、电子工程等相关专业，熟悉硬件设备专业知识</td></tr>
<tr><td>经验要求</td><td colspan="3">1. 2年以上相关工作经历
2. 1年以上硬件维护经验，熟练掌握所维护设备的原理</td></tr>
<tr><td>能力要求</td><td colspan="3">1. 有独立解决问题的能力
2. 学习能力强，能够不断提高自己的专业知识和专业技能</td></tr>
</table>

17.1.5　网站编辑职位说明书

<table>
<tr><td rowspan="2">岗位信息</td><td>岗位名称</td><td>网站编辑</td><td>岗位编号</td><td></td></tr>
<tr><td>所属部门</td><td>网络部</td><td>直接上级</td><td></td></tr>
<tr><td>工作概述</td><td colspan="4">负责网站内容的编辑工作</td></tr>
<tr><td>工作内容及绩效标准</td><td colspan="2">工作内容
1. 根据企业网站的总体方向，策划、建设所负责的栏目
2. 负责网站的内容编辑工作，包括新闻资讯、产品资讯等
3. 负责网站专题栏目的策划、维护、内容编辑工作
4. 负责网站主题活动策划及采编工作
5. 完成栏目的每日内容更新工作
6. 收集和处理客户的反馈意见</td><td colspan="2">绩效标准
1. 发文数量达___篇
2. 网站内容更新频率达____次/天
3. 网站内容无重大差错
4. 页面浏览量____人次</td></tr>
<tr><td rowspan="3">任职资格</td><td>教育水平</td><td colspan="3">1. 大学专科以上学历
2. 新闻、中文及相关专业</td></tr>
<tr><td>经验要求</td><td colspan="3">1. 2年以上相关工作经验
2. 1年以上大型网站编辑经验</td></tr>
<tr><td>能力要求</td><td colspan="3">1. 具有主题策划及网站建设技能，拥有较强的专题策划能力
2. 熟练使用网络编辑常用软件
3. 具有较厚的文字功底及信息采编能力</td></tr>
</table>

17.2　网络部人力资源管理制度

17.2.1　网站建设维护岗位责任制度

网站建设维护岗位责任制度			版本 ____年___月___日
编制部门	执行部门	执行日期	

第1章　总　则

第1条　为落实企业网络管理战略计划，切实提高网站建设维护水平，确保网站的正常高效运行，根据国家、地方的相关法律法规及制度规定，结合本企业实际情况，特制定本制度。

第2条　本制度所指网站为本企业内部网站。

第3条　网站建设和维护人员主要包括：网站总体规划人员、网站程序维护人员、网站管理员、网站审核人员、网站编辑人员。

第2章　岗位责任制

第4条　网站总体规划人员岗位职责

1. 主要负责对网站进行总体规划和栏目设置。
2. 负责对网站采用的后台技术作出规范。
3. 负责对网站整体的美工提出建议性意见。
4. 负责网站建设和维护中重大问题的会议召集。
5. 负责网站改版等相关事宜。

第5条　网站程序维护人员岗位职责

1. 根据网站的总体规划和建设要求，就网站涉及的程序部分提出总体技术解决措施。
2. 根据网站的栏目设计，完成网站后台处理的具体程序实现。
3. 按照计划的时间和质量要求，对网站前后台功能进行修改和升级；负责网站代码的优化和维护，保证网站的运行效率。
4. 根据公司网站业务需要，按时按质按量地完成日常公司网站业务的编程开发技术工作。

第6条　网站管理员岗位职责

1. 将经过内容审查后的网站内容根据网站类别上传到相应的服务器上。

2. 负责网站上各类链接、各类资源的有效性的日常检查，若网站功能无法正常实现，应及时与相关的技术人员进行沟通。

3. 负责网站上的新闻网页制作等日常性维护工作。

4. 负责删除违反网站规范的言论，维护网站的良好形象。

5. 负责维护网站正常秩序，积极参与处理网站纠纷，保证网站持续健康的发展。

6. 严格保密网站管理内容、管理界面及有管理权限的 ID。

第 7 条　网站审核人员岗位职责

1. 负责网站公布信息的审阅工作，核查网站公布信息是否符合要求，是否规范。

2. 处理用户投诉信息。

第 8 条　网站编辑人员岗位职责

1. 负责网站的内容编辑工作，包括新闻资讯、产品资讯等。

2. 对企业网站的设计、美术、排版等提出合理化建议。

3. 负责网站专题栏目的策划、维护、内容编写工作。

4. 完成栏目的每日内容更新工作。

第 3 章　附　则

第 9 条　本制度未尽事宜参考企业人力资源管理相关制度。

第 10 条　本制度最终解释权归公司人力资源部所有。

修订记录	修订标记	修订处数	修订日期	审批签字

17.2.2 网络管理人员考核制度

网络管理人员考核制度						版本
编制部门		执行部门		执行日期		____年___月___日

第1章 总 则

第1条 考核目的

为促进网络部的工作高效开展，对网络管理人员的工作绩效进行客观评价，提高网络部整体的绩效，特制定本考核制度。

第2条 考核原则

1. 一致性：在一段连续时间内，考核的内容和标准不能有大的变化，内容标准等要保持一致性。

2. 客观性：考核要客观反映员工的实际情况，尽量减少光环效应、个人关系亲疏不同等带来的误差。

3. 公平性：对于同一岗位的员工使用相同的考核标准。

4. 公开性：要向员工公开其详细的考核结果。

第3条 考核对象

本制度的考核对象是网络部所有人员。

第4条 解释、修订

本制度由公司人力资源部负责解释和组织修订。

第2章 考核内容

第5条 考核内容

对于网络管理人员的考核内容分为三部分：工作业绩、工作能力、工作态度。三部分内容对于不同人员的考核比重根据人员的岗位级别、岗位特点而定。

1. 工作业绩

对于网络管理人员工作业绩的考核项目及内容涉及网络管理的主要工作事项，具体内容如下表所示。

网络管理人员工作业绩考核内容

考核项目	考核指标	指标解释	绩效目标值
网络管理	网络运行完好率	主要考核网络运行的状况	
	网络故障处理及时率	——	
	网络正常运行天数	从运行的量的角度考核网络运行状况	

续表

考核项目	考核指标	指标解释	绩效目标值
系统管理	信息系统维护及时率	信息系统维护的及时性	
	系统正常运行率	主要考核系统正常运行情况	
信息管理	信息更新及时率	——	
	重大信息出错次数	——	
设备管理	网络设备完好率	主要考核设备的完好情况	
	设备维护计划达成率	主要考核设备维护计划的达成情况	
	设备故障排除及时率	考核故障排除的质量	
安全管理	网络系统安全事故发生次数	主要考核网络、系统安全性	
	重要信息泄露事件发生次数	主要考核信息安全	
财务管理	网络维护费用	主要考核对费用的控制能力	

2. 工作能力

对于网络管理人员的工作能力主要考核：领导能力、沟通协调能力、专业技术能力、分析判断能力、学习能力、创新能力。具体内容根据岗位特点而定。

3. 工作态度

工作态度主要考核工作的积极性、主动性、抗压性等指标，根据岗位需求进行针对性的考核。

第 3 章　考核结果管理

第 6 条　公司人力资源部为每位员工建立考核档案，考核结果作为奖金发放、先进评选、工薪调整、职务升降等方面决策的重要依据。

修订记录	修订标记	修订处数	修订日期	审批签字

17.3　网络部业务管理规章制度

17.3.1　网络安全管理制度

编制部门： 编制日期：	网络安全管理制度	执行部门： 制度版本：

第1章　总　则

第1条　为不断提高企业网络安全，加强网络规范化管理，根据国家有关网络管理的相关规定，结合企业实际情况，特制定本网络安全管理制度。

第2条　解释及修订

本制度由公司网络部负责解释并组织修订。

第2章　机房安全管理

第3条　计算机房要保持清洁、卫生，并由专人负责管理和维护。

第4条　路由器、交换机、服务器等网络设备，须放置计算机机房内，不得自行配置或更换，更不能挪作他用。

第5条　每天对室温进行检查记录，如有特殊情况要及时报告。

第6条　建立机房登记制度，严禁无关人员进入机房。

第7条　机房内严禁存放易燃、易爆、易腐蚀及强磁性物品；遇有临时停电及雷电天气，应采取保护措施，避免发生意外。

第3章　网络系统安全管理

第8条　网络系统的管理、维护与升级工作由网络部负责，任何部门和个人，未经同意，不得擅自安装、拆卸或改变网络设备以及随意更改有关网络配置参数。

第9条　任何部门和个人，不得利用联网计算机从事危害本地局域网服务器、工作站的活动。

第10条　网络部指定专人统一管理计算机及其相关设备，完整保存计算机及其相关设备的驱动程序、保修卡及重要随机文件。

第11条　网络系统人员应做好操作系统的补丁修正工作。

第4章　病毒防范与数据备份

第12条　网络管理人员应有较强的病毒防范意识，定期进行病毒检测，发现病毒立即处理并通知管理部门或专职人员。

第 13 条　未经上级管理人员许可，当班人员不得在服务器上安装新软件，若确为需要安装，安装前应进行病毒例行检测。

第 14 条　经远程通信传送的程序或数据，必须经过检测确认无病毒后方可使用。

第 15 条　数据库管理员负责用户的应用程序管理、数据库维护及日常数据备份。

第 16 条　根据数据的保密规定和用途，确定使用人员的存取权限、存取方式和审批手续。

第 17 条　业务数据必须定期、完整、真实、准确地转储到不可更改的介质上，并集中和异地保存。

第 18 条　备份数据资料保管地点应有防火、防热、防潮、防尘、防磁、防盗设施。

第 5 章　网络安全监督

第 19 条　公司网络部负责内部网络的安全监督管理，其主要工作内容如下：

1. 监督、检查、指导计算机网络系统安全保护工作。

2. 查处危害计算机网络系统安全的违规行为，计算机工程技术人员发现计算机网络系统安全隐患时，可立即采取各种有效措施予以消除。

3. 履行计算机网络系统安全保护工作的其他监督职责。

修订记录	修订标记	修订处数	修订日期	审批签字

17.3.2 服务器管理制度

编制部门： 编制日期：	服务器管理制度	执行部门： 制度版本：

第1章 总 则

第1条 为确保公司网络服务器的正常、安全运行，结合企业实际，特制定本制度。

第2章 服务器日常管理和维护

第2条 服务器是网络运行的关键设备之一，须放置在机房内，不得自行配置或更换，更不能挪作他用。

第3条 服务器机房要保持清洁、卫生，并由专人负责管理和维护。

第4条 服务器必须建立完整的技术档案和维护方案，日常维护根据维护方案实施。

第5条 服务器管理员负责服务器的日常操作维护，且实时记录。除系统维护时间外，要保障服务器24小时正常运行。未经允许，其他人不得对服务器进行操作。

第6条 服务器管理员在日常工作中，要加强对服务器的维护，及时查毒杀毒，做好数据备份等。如有异常，及时处理。

第7条 及时处理服务器软硬软件系统运行中出现的各种错误，对所有工作中出现的大小故障均要作详细的登记，包括故障时间，故障现象、处理方法和结果。

第8条 服务器管理员应对服务器每月进行1次检测和维护，做好检测维护记录。

第9条 服务器系统必须及时升级安装安全补丁，弥补系统漏洞；必须为服务器系统做好病毒及木马的实时监测，及时升级病毒库。

第10条 在服务器的日常管理中不得有下列行为：

1. 不得在服务器上使用带有病毒和木马的软件、光盘和可移动存储设备，使用上述设备前一定要先做好病毒检测。

2. 不得利用服务器从事工作以外的事情，无工作需要不得擅自拆卸服务器零部件，严禁更换服务器配套设备。

3. 不得擅自删除、移动、更改服务器数据；不得故意破坏服务器系统。

4. 不得擅自修改服务器系统时间。

第3章 服务器密码管理

第11条 服务器管理员密码仅限管理员掌握，密码必须严格保密。

第 12 条　服务器密码设置不宜太简单，其长度必须在 6 位以上，包含数字、字母及符号。

第 13 条　服务器管理员应对超级账户口令严格保密、定期修改，以保证系统安全，防止对系统的非法入侵。同时对服务器上的管理权限进行更新设置，防止恶意破译。

第 4 章　服务器停机维护和升级

第 14 条　服务器的定期停机维护和升级必须有预案和实施记录。

第 15 条　服务器定期停机维护时一定要提前告知相关人员。

第 16 条　服务器定期停机维护和升级记录必须完整、准确，由服务器管理员专人保管。

修订记录	修订标记	修订处数	修订日期	审批签字

第 18 章

后勤部职位说明书与制度编制

18.1 后勤部职位说明书

18.1.1 后勤经理职位说明书

<table>
<tr><td rowspan="3">岗位信息</td><td>岗位名称</td><td>后勤经理</td><td>所属部门</td><td>后勤部</td></tr>
<tr><td>岗位编号</td><td></td><td>岗位序列</td><td></td></tr>
<tr><td>薪资标准</td><td></td><td>直接上级</td><td></td></tr>
<tr><td>职责概述</td><td colspan="4">负责总务后勤的日常管理工作，保证后勤正常有序运行，为公司发展提供良好的后勤服务和保障</td></tr>
<tr><td rowspan="6">岗位职责及绩效标准</td><td colspan="3">岗　位　职　责</td><td>绩 效 标 准</td></tr>
<tr><td colspan="3">规章制度管理
1. 负责制定、修改和完善公司的后勤管理制度
2. 监督后勤管理制度的执行</td><td>1. 制度可操作性强
2. 制度得到有效落实</td></tr>
<tr><td colspan="3">宿舍食堂管理
1. 负责宿舍食堂的日常管理工作，并定期或不定期检查
2. 做好食堂、宿舍及其设施的安全管理工作</td><td>1. 宿舍检查合格率达____%
2. 食堂服务满意度达____分</td></tr>
<tr><td colspan="3">后勤车辆管理
1. 组织实施车辆养护维修及日常管理工作
2. 主要负责合理调配车辆，保证公司用车及时到位</td><td>1. 出车及时率达____%
2. 百公里耗油量低于____升</td></tr>
<tr><td colspan="3">保洁绿化管理
1. 负责公司保洁、绿化的日常管理工作，维护好公司环境
2. 定期或不定期地对保洁绿化人员实施监督、检查和指导</td><td>1. 环境卫生达标率达____%
2. 绿化完好率达____%</td></tr>
<tr><td colspan="3">综合管理
1. 编制后勤经费预算，并严格控制经费的总支出
2. 负责后勤员工的教育、培训、考核奖惩工作
3. 做好后勤安全工作，杜绝安全事故
4. 负责后勤设施管理，确保设施设备的安全完好</td><td>1. 后勤费用控制在预算内
2. 培训计划完成率达____%
3. 无重大安全事故发生
4. 后勤设备完好率达____%</td></tr>
</table>

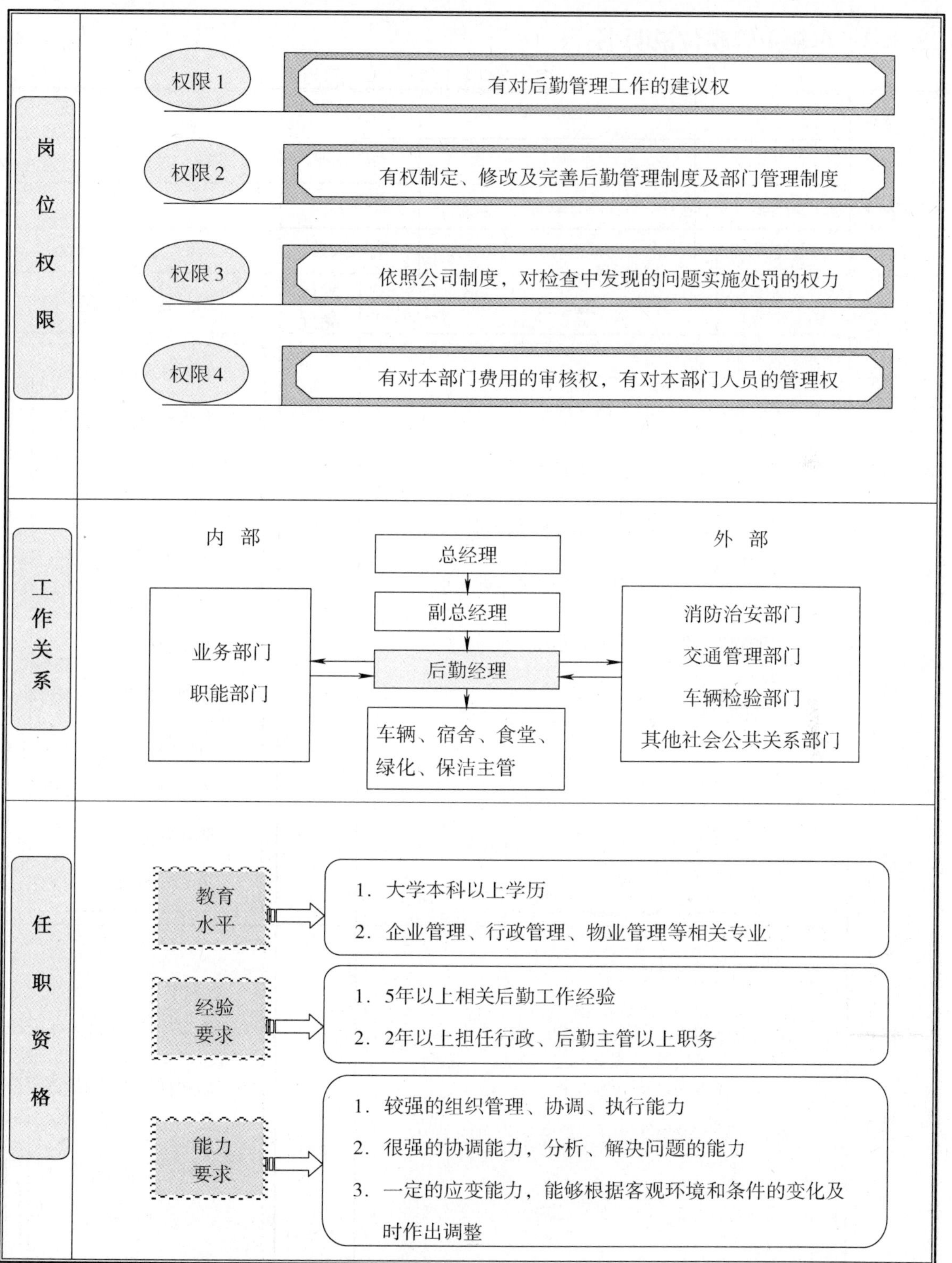
岗位权限
权限 1
有对后勤管理工作的建议权
权限 2
有权制定、修改及完善后勤管理制度及部门管理制度
权限 3
依照公司制度，对检查中发现的问题实施处罚的权力
权限 4
有对本部门费用的审核权，有对本部门人员的管理权
工作关系
内 部
外 部
总经理
副总经理
后勤经理
车辆、宿舍、食堂、绿化、保洁主管
业务部门
职能部门
消防治安部门
交通管理部门
车辆检验部门
其他社会公共关系部门
任职资格
教育水平
1. 大学本科以上学历
2. 企业管理、行政管理、物业管理等相关专业
经验要求
1. 5年以上相关后勤工作经验
2. 2年以上担任行政、后勤主管以上职务
能力要求
1. 较强的组织管理、协调、执行能力
2. 很强的协调能力，分析、解决问题的能力
3. 一定的应变能力，能够根据客观环境和条件的变化及时作出调整

18.1.2 车辆主管职位说明书

<table>
<tr><td rowspan="4">岗位信息</td><td>岗位名称</td><td>车辆主管</td><td>岗位编号</td><td></td></tr>
<tr><td>岗位等级</td><td></td><td>薪资水平</td><td></td></tr>
<tr><td>工作部门</td><td>后勤部</td><td>直接上级</td><td></td></tr>
<tr><td>直接下级</td><td></td><td>所辖人数</td><td></td></tr>
<tr><td rowspan="3">工作职责及绩效标准</td><td colspan="2">职 责 描 述</td><td>责任划分</td><td>绩 效 标 准</td></tr>
<tr><td colspan="2">业 务 职 责
1. 制定并完善公司的车辆管理制度
2. 受理公司各部门用车计划或申请
3. 及时高效地进行车辆调度，确保公司用车需求
4. 做好车辆的维修保养管理，降低运营成本
5. 车辆保险、年检等手续的办理
6. 配合处理交通事故</td><td>部分
全责
全责
全责
全责
协助</td><td>1. 车辆管理制度完善
2. 因车辆调度不合理而引起的投诉次数为0次
3. 安全事故发生次数为0次
4. 车辆完好率达____%
5. 办理车辆年检等手续及时
6. 车辆维修成本比上期降低____%
7. 事故处理及时</td></tr>
<tr><td colspan="2">管 理 职 责
1. 组织车队司机进行交通法规、安全知识的学习
2. 监督、检查车队的各项工作
3. 对车队司机进行业务指导和培训</td><td>部分
部分
部分</td><td>1. 出车及时率达100%
2. 培训计划完成率达到100%</td></tr>
</table>

<table>
<tr><td rowspan="3">职位关系</td><td>可晋升职位</td><td>后勤经理</td></tr>
<tr><td>可相互轮换的职位</td><td>行政主管、后勤主管</td></tr>
<tr><td>可降低职位</td><td>车队队长、车辆管理员</td></tr>
<tr><td rowspan="3">任职资格</td><td>教育水平</td><td>高中以上学历</td></tr>
<tr><td>工作经验及业务了解范围</td><td>1. 3 年以上相关工作经验
2. 熟悉交通法规、安全知识及车辆的性能和操作</td></tr>
<tr><td>技能/能力</td><td><table><tr><th>能力项目</th><th>能力要求</th></tr><tr><td>协调能力</td><td>能根据公司实际，合理调度公司车辆，以满足公司业务的需求</td></tr><tr><td>沟通能力</td><td>能有效地与他人进行信息交流，并善于听取他人意见</td></tr></table></td></tr>
</table>

18.1.3 食堂主管职位说明书

<table>
<tr><td rowspan="4">岗位信息</td><td>岗位名称</td><td>食堂主管</td><td>岗位编号</td><td></td></tr>
<tr><td>岗位等级</td><td></td><td>薪资水平</td><td></td></tr>
<tr><td>工作部门</td><td>后勤部</td><td>直接上级</td><td></td></tr>
<tr><td>直接下级</td><td></td><td>所辖人数</td><td></td></tr>
<tr><td rowspan="3">工作职责及绩效标准</td><td colspan="2">职责描述</td><td>责任划分</td><td>绩效标准</td></tr>
<tr><td colspan="2">业务职责
1. 全面负责食堂的经营管理，确保食堂正常运行
2. 制定食堂管理的各项规章制度，并监督执行
3. 负责组织制定员工膳食食谱，保证及时供应
4. 负责组织各类物品的采购工作，并负责采购验收及对不合格品的处理工作
5. 组织做好食堂卫生清扫工作和定期大扫除工作
6. 严格控制食堂伙食成本费用支出，并定期汇报</td><td>全责
协助
全责
全责
部分
全责</td><td>1. 各项制度规范、完善
2. 用餐安全事件发生次数为0次
3. 采购成本节约率达___%
4. 食堂环境卫生检查合格率达___%
5. 成本节约率达___%
6. 员工满意度评分达___分</td></tr>
<tr><td colspan="2">管理职责
1. 负责食堂餐具的管理，以防流失损坏
2. 负责食堂食品安全、设施安全及人员安全工作
3. 做好食堂人员的考勤、考核、奖惩管理及业务工作指导</td><td>部分
全责
部分</td><td>1. 餐具损耗率低于___%
2. 食堂安全事故发生次数在___次以内
3. 有效投诉次数控制在___次以内</td></tr>
<tr><td rowspan="3">职位关系</td><td colspan="2">可晋升职位</td><td colspan="2">后勤部经理</td></tr>
<tr><td colspan="2">可相互轮换职位</td><td colspan="2">宿舍主管、绿化主管</td></tr>
<tr><td colspan="2">可降低职位</td><td colspan="2">食堂管理员</td></tr>
</table>

<table>
<tr><td rowspan="3">任职资格</td><td>教育水平</td><td>1. 大专以上学历
2. 具备管理方面的知识，熟悉食品卫生知识</td></tr>
<tr><td>工作经验及业务了解范围</td><td>1. 3 年以上相关工作经验
2. 2 年以上餐厅管理或后勤管理经验</td></tr>
<tr><td>技能/能力</td><td>
<table>
<tr><th>能力项目</th><th>能力要求</th></tr>
<tr><td>组织能力</td><td>能够有效组织下属开展食堂工作，顺利完成工作任务</td></tr>
<tr><td>沟通能力</td><td>能够积极与上级和下属顺畅沟通，及时了解和掌握下属的工作状态</td></tr>
<tr><td>协调能力</td><td>可以很好地协调公司内、外部门，顺利完成交办的工作</td></tr>
</table>
</td></tr>
</table>

18.1.4 绿化主管职位说明书

<table>
<tr><td rowspan="4">岗位信息</td><td>岗位名称</td><td>绿化主管</td><td>岗位编号</td><td></td></tr>
<tr><td>岗位等级</td><td></td><td>薪资水平</td><td></td></tr>
<tr><td>工作部门</td><td>后勤部</td><td>直接上级</td><td></td></tr>
<tr><td>直接下级</td><td></td><td>所辖人数</td><td></td></tr>
<tr><td rowspan="3">工作职责及绩效标准</td><td colspan="2">职责描述</td><td>责任划分</td><td>绩效标准</td></tr>
<tr><td colspan="2">业务职责
1. 协助辖区绿化的整体规划和布局
2. 负责绿化管理制度、标准、流程的制定和完善
3. 安排人员做好修枝、补植、除草等绿化工作
4. 负责对绿化工作进行每日巡查
5. 负责研究各种草木的习性和各种病虫害的防治
6. 绿化养护的技术监督和指导</td><td>协助
部分
全责
全责
全责
全责</td><td>1. 绿化制度完善、规范
2. 树株成活率不低于___%
3. 绿化完好率达____%
4. 绿化质量满意度评价达____分
5. 大规模虫害发生次数控制在_____次内</td></tr>
<tr><td colspan="2">管理职责
1. 进行绿化成本核算，节省公司绿化开支
2. 协助做好对绿化人员的招聘，并对绿化人员提供技术培训和指导</td><td>部分
协助</td><td>1. 绿化成本控制在预算内
2. 培训课时总数达____课时</td></tr>
<tr><td rowspan="3">职位关系</td><td colspan="2">可晋升职位</td><td colspan="2">后勤经理</td></tr>
<tr><td colspan="2">可相互轮换职位</td><td colspan="2">保洁主管</td></tr>
<tr><td colspan="2">可降低职位</td><td colspan="2">绿化专员、保洁员</td></tr>
</table>

<table>
<tr><td rowspan="3">任职资格</td><td>教育水平</td><td>1. 大专以上学历
2. 园林绿化等相关专业</td></tr>
<tr><td>工作经验及业务了解范围</td><td>1. 2 年以上同岗位工作经验
2. 了解绿化管理知识，熟悉植物病虫害防治、修枝、造型等技术</td></tr>
<tr><td>技能/能力</td><td><table><tr><th>能力项目</th><th>能力要求</th></tr><tr><td>沟通能力</td><td>及时有效地与相关人员进行沟通，保证工作顺利完成</td></tr><tr><td>协调能力</td><td>能够合理安排和利用各种资源，有效组织实施，确保组织目标的达成</td></tr><tr><td>合作能力</td><td>能够根据客观条件的变化，为实现工作目标与相关各方进行有效合作</td></tr></table></td></tr>
</table>

18.1.5 宿舍管理员职位说明书

岗位信息	岗位名称	宿舍管理员	岗位编号	
	所属部门	后勤部	直接上级	
工作概述	根据宿舍管理的各项规章制度对宿舍进行日常管理，为公司员工提供干净整洁的宿舍环境、舒适安心的休息场所			
工作内容及绩效标准	**工作内容** 1. 落实宿舍管理的各项规章制度，负责职工宿舍的日常管理工作 2. 负责职工的住宿登记、调宿、退宿等事宜 3. 督促宿舍内的职工做好内务和卫生工作 4. 负责好宿舍的安全工作，做好防火、防盗工作 5. 负责宿舍楼内的公共设施管理，确保设施安全正常运行 6. 维护好宿舍秩序，严格把控门禁管理，做好人员来访登记工作		**绩效标准** 1. 宿舍卫生合格率达___% 2. 无重大安全事故发生 3. 设施完好率达___% 4. 设备维修及时率达___% 5. 员工投诉次数在___次内	
任职资格	教育水平	1. 初中以上学历 2. 具备一定的日常安全管理知识		
	经验要求	1. 2年以上工作经历 2. 1年以上大型企业宿舍管理经验		
	能力要求	1. 具有较强的沟通协调能力 2. 具有一定的管理能力、应变能力		

18.1.6　车辆驾驶员职位说明书

<table>
<tr><td rowspan="2">岗位信息</td><td>岗位名称</td><td>车辆驾驶员</td><td>岗位编号</td><td></td></tr>
<tr><td>所属部门</td><td>后勤部</td><td>直接上级</td><td></td></tr>
<tr><td>工作概述</td><td colspan="4">服从车辆主管的各项工作安排，做好车辆维护和清洁工作，安全行车，为乘车人员提供优质的车辆服务</td></tr>
<tr><td>工作内容及绩效标准</td><td colspan="4">工作内容
1. 根据车辆主管的调度按时完成出车任务，安全行车
2. 出车前做好车辆检查工作，确保车辆状况良好
3. 做好车辆清洁和日常维护工作，定期维护和保养
4. 注意节省各项用车费用，提高用车效率
5. 车辆用完及时归队，不得私自借予他人，或为己用
6. 协助办理车辆年检、保险、牌照等事项
7. 严格遵守交通规则，协助交通事故的调查处理工作

绩效标准
1. 出车及时率达___%
2. 违反车辆管理规定的次数为0次
3. 百公里耗油量控制在要求的范围内
4. 无交通违章情况
5. 用车满意度评价达___分</td></tr>
<tr><td rowspan="3">任职资格</td><td>教育水平</td><td colspan="3">1. 中专以上学历
2. 熟悉车辆，能判断车辆故障，知晓年检、保险办理等程序</td></tr>
<tr><td>经验要求</td><td colspan="3">1. 5 年以上驾龄，无责任事故
2. 熟悉公司所在城市及周边的交通路线</td></tr>
<tr><td>能力要求</td><td colspan="3">1. 有较强的自控能力
2. 具有良好的驾驶技术和安全服务意识</td></tr>
</table>

18.2　后勤部人力资源管理制度

18.2.1　食堂人员卫生知识培训制度

食堂人员卫生知识培训制度			版本
编制部门	执行部门	执行日期	____年___月___日

第1章　总　则

第1条　本企业食堂从业人员必须了解食品卫生知识，后勤部必须对食堂从业人员进行卫生知识培训，确保食堂的食品卫生。为此，特制定本制度。

第2条　本制度适用于食堂人员的卫生知识培训。

第2章　培训对象和目标

第3条　培训对象：培训对象是本企业食堂的管理人员和从业人员。

第4条　培训目标：通过培训，使食堂管理人员与从业人员了解并掌握基本的食品卫生法律法规以及食品卫生、膳食营养的基本知识，树立良好的职业道德和服务意识，并自觉在实际工作中遵守相关的法规和食品卫生操作规范，最终达到全面提升本企业食品卫生管理水平、减少和控食源性疾病事件发生。

第3章　培训内容和方式

第5条　对于食堂人员的培训内容主要分为6大块，具体如下表所示。

序号	培训项目	培训内容
1	相关法律法规常识	（1）《中华人民共和国食品卫生法》 （2）《中华人民共和国传染病防治法》 （3）集体用餐相关管理规定
2	食品卫生管理知识	（1）食堂建筑、设施与设备、食堂布局的卫生要求 （2）水源管理以及环境卫生要求 （3）卫生管理规章制度及岗位责任制度 （4）个人卫生要求

续表

序号	培训项目	培训内容
3	食品加工操作卫生要求	（1）食品采购与运输卫生要求 （2）食品验收入库与储存卫生要求 （3）食品加工烹饪与分餐卫生要求 （4）食品加工工具、器具及餐具洗刷与消毒卫生要求
4	常见食物污染及预防知识	（1）农药污染及预防 （2）包装材料污染及预防 （3）物理、化学污染及预防
5	食物中毒相关常识	（1）常见肠道传染病 （2）食物中毒处理 （3）食物中毒和肠道传染病案例
6	膳食营养知识	（1）人体基本营养素 （2）储存、加工、制作过程对食物营养成分的影响 （3）膳食中营养素的搭配

第 6 条　企业食堂人员卫生知识培训采取以下形式：

1. 讲座形式，统一强化培训。

2. 网络培训。

3. 现场培训形式，对实际操作培训，采取现场指导的方式进行培训。

第 4 章　培训组织实施

第 7 条　企业每季度对食堂人员进行卫生知识培训 2 次，做到时间落实、人员落实、培训内容落实。

第 8 条　参加培训的人员必须积极认真参加培训，认真做好学习记录。

第 9 条　每次培训之后，组织食堂参训人员进行培训卫生知识考核，凡不及格者，进行补考。

第 10 条　人力资源部门在培训后应收集好培训资料，做好培训记录，将考试试卷收集好，整理存档备案。

第 5 章　附　则

第 11 条　本制度未尽事宜参考人事管理其他相关制度。

第 12 条　本制度最终解释权归人力资源部所有。

修订记录	修订标记	修订处数	修订日期	审批签字

18.2.2 星级驾驶员评比办法

<table>
<tr><td colspan="3">星级驾驶员评比办法</td><td rowspan="2">版本
____年___月___日</td></tr>
<tr><td>编制部门</td><td>执行部门</td><td>执行日期</td></tr>
</table>

第1章 总 则

第1条 为推动企业车辆管理工作，进一步提高企业车辆驾驶员工作水平，规范车辆驾驶员的工作纪律，做到奖励先进、鞭策落后，特制定本办法。

第2条 本办法适用于企业在职的星级驾驶员的评选。

第2章 评比办法细则

第3条 评比原则

星级驾驶员评比本着公开、公平、公正，优中选优的原则。

第4条 评比范围

本办法的评选范围为纳入本企业后勤管理部管理的所有驾驶员。

第5条 评选数量

星级驾驶员的评选分为三星级、二星级、一星级共三个等次。其中，三星级驾驶员占参评人员5%，二星级驾驶员占参评人员10%，一星级驾驶员占参评人员15%。

第6条 评选条件

1. 文明驾驶，安全行车。严格遵守《道路交通安全法》，全年行车未发生______元以上损失责任事故。全年发生______元以下损失责任事故累计3次者，取消参评资格。

2. 爱岗敬业，恪尽职守。有较强的事业心和责任感，业务熟练，扎实肯干，恪守职业道德，保守工作秘密，个人工作实绩突出，无酒后驾驶现象。

3. 爱护车辆，注意卫生。能够认真做好车辆的日常检查维护保养工作，消灭事故隐患，做到不带故障出车。能够保持车辆外部干净无污渍，内部整洁无异味。

4. 遵规守纪，服从管理。严格遵守企业后勤车辆管理规定，服从车辆管理人员的管理和调度，不私自出车，车辆不私自在外过夜，保持通信畅通。

5. 勤俭节约，避免浪费。有强烈的勤俭节约意识，尽量降低能耗，减少不必要的开支。

6. 尊重领导，服务员工。有较强的自律意识和服务意识，工作上能够听从指挥，服从命令，遵从管理，时刻把优质服务观念放在心上。

第7条 评比内容主要有以下五个方面：

1. 服务态度：是否使用文明用语，服务态度评价状况如何。

2. 车容车貌：是否能够每日保持车内、车身干净整洁，雨雪后是否能够及时做好保洁工作。

3. 工作纪律：接送人员不迟到，不违章行车，遵守工作条例，上班时间不串岗，按时参加安全例会，执行后勤有关安全规定。

4. 安全行车：日常行车严格做到不超速行驶、不疲劳驾车、不酒后驾车。

5. 车辆保养：车辆按时定期保养，做到有问题早发现、早修理，不开野蛮车，不开故障车。

第 8 条　评比办法

1. 原则上每季度对驾驶员进行一次综合考核评比，时间为每季度最后一个月下旬，评出“季度星级驾驶员”。每年 12 月份把四个季度考核评比成绩汇总，年终评比出“年度星级驾驶员”。

2. 星级驾驶员评选实行百分制。按既定的三个星级等次评选比例计算出星级驾驶员名额后，由驾驶员自我述职并评分、后勤经理和车辆主管评分、同事评分、相关乘车人员评分，四者的评分权重为 2∶3∶2∶3。四个评分结果汇总后，按得分多少由高到低依次产生三星级、二星级、一星级和优秀驾驶员。

第 9 条　奖励办法

1. 季度奖励：对评选出的三星级驾驶员每人给予______元奖励，二星级驾驶员每人给予______元奖励，一星级驾驶员每人给予______元奖励，优秀驾驶员每人给予______元奖励。

2. 年度奖励：对评选出的三星级驾驶员每人给予______元奖励，二星级驾驶员每人给予______元奖励，一星级驾驶员每人给予______元奖励，优秀驾驶员每人给予______元奖励，并颁发荣誉证书。

第 3 章　附　则

第 10 条　本办法未尽事宜参考公司相关规章制度。

第 11 条　本办法最终解释权归人力资源部所有。

修订记录	修订标记	修订处数	修订日期	审批签字

18.3 后勤部业务管理规章制度

18.3.1 食堂卫生检查制度

编制部门： 编制日期：	食堂卫生检查制度	执行部门： 制度版本：

第1章 总 则

第1条 为了加强食堂卫生管理，保持食堂干净、整洁，具有良好的环境卫生，保证本企业食堂食品卫生安全，特制定本制度。

第2条 本制度适用于本企业食堂的卫生检查工作。

第2章 食堂卫生检查小组及其职责

第3条 食堂卫生检查小组

食堂卫生检查小组由后勤经理、食堂主管及综合管理部人员、人力资源部相关考核人员等组成。

第4条 食堂卫生检查小组的职责

1. 牢固树立食品卫生安全无小事的思想，认真学习，不断提高业务知识，认真按时检查，严格把关。

2. 制定定期和不定期的卫生检查计划，将全面检查和抽查、问查相结合，认真检查各项制度的贯彻落实情况，各食堂的卫生状况。

3. 检查中发现问题必须责成有关人员立即整改或限期整改，坚决杜绝走过场；做到“三不放过”(问题原因不查明不放过、责任人不查明不放过、问题无措施整改不放过)。

4. 善于听取食堂工作人员的合理意见和建议，听取广大员工的意见和建议。

5. 检查中认真做好检查记录，检查后进行分析总结。

6. 积极协助配合上级主管部门和卫生防疫部门的检查工作，接受指导。

第3章 食堂卫生检查内容及方式

第5条 食堂卫生检查内容主要分为：食堂环境卫生、餐具卫生、食堂员工个人卫生三部分内容。

1. 食堂环境卫生检查

(1) 食堂内及食堂周边要保持整洁。食堂内的灶面、油烟机、炊具、菜碗柜、水槽、蒸饭箱、地面是否清洁。食堂周边是否有卫生死角、水沟是否有污物。

（2）食堂内及周围是否做好防蝇、防鼠、防蟑、防尘等措施。

（3）食堂物品摆放是否规范。

（4）库房是否通风、整洁、整齐、明亮。更衣室衣物挂放是否整洁有序。

2. 餐具卫生

（1）对碗、盘、筷、汤勺等餐具以及刀具、菜墩等工具是否及时清洗，是否放入消毒柜中清毒。

（2）餐具是否做到生熟分开，并有明显标志；面案、菜案用毕是否用搌布遮盖。

3. 员工个人卫生检查

（1）是否进行健康检查，是否持证上岗。

（2）“四勤”标准的执行情况。

（3）上岗穿戴工作衣帽是否清洁，分菜员或食堂打菜员是否戴口罩。

（4）是否留有长指甲、涂指甲油、带戒指进行食品加工。

（5）是否在食品加工和销售场所吸烟。

第 6 条　食堂检查采取平时检查和定时检查相结合的方式，以平时检查为主。

1. 食堂主管和食堂管理员应随时对食堂卫生进行检查。

2. 食堂检查工作小组应每周五对食堂进行卫生检查。

3. 食堂检查小组应不定期的对食堂卫生进行抽查，每月至少抽查 2 次。

第 4 章　责任追究

第 7 条　对于在工作中因玩忽职守，疏于管理而造成员工伤害或企业财产损失的，视具体情况对当事人给予处分，情节严重的报公安机关处理。

第 8 条　对不服从管理，严重违反操作规程或卫生不达标的，企业视情节严重程度进行处罚。

第 5 章　附　则

第 9 条　本制度未尽事宜参考后勤管理制度。

第 10 条　本制度最终解释权归后勤部所有。

修订记录	修订标记	修订处数	修订日期	审批签字

18.3.2 职工宿舍管理制度

编制部门： 编制日期：	职工宿舍管理制度	执行部门： 制度版本：

第1章 总 则

第1条 目的

为了规范职工宿舍管理，为职工提供一个安全、干净舒适的住宿环境，特制定本制度。

第2条 适用范围

本制度适用于本企业内部宿舍事务的管理。

第3条 管理机构及职责

1. 后勤经理：负责企业宿舍的整体规划及管理。

2. 保安队长：负责宿舍区的治安维护，保证宿舍区的治安安全。

3. 宿舍主管：主要负责宿舍的日常管理工作，宿舍申请的审批、宿舍调配工作。

4. 宿舍管理员：主要负责宿舍楼的设施、安全及日常管理，定期汇总宿舍管理各种报表并报送宿舍主管。

5. 宿舍长：各宿舍设置宿舍长，负责本宿舍的值日卫生安排，协助宿舍管理员做好宿舍秩序。

第2章 住宿、退宿管理

第4条 分配

1. 宿舍主管负责新员工的宿舍分配工作，对宿舍房间统一分配，员工个人不得私下调换。若要调换须提出申请，经宿舍管理员同意后方可调换。

2. 宿舍分配依据宿舍申请时间及宿舍实际入住情况进行分配。

第5条 入住

1. 员工办理报到手续后，填写“住宿申请单”，到宿管处办理入住手续。未办理入住登记手续者不得在公司宿舍居住。

2. 宿舍管理员负责入住人员房门钥匙、衣柜钥匙的领取工作，在入住人员办好手续后把房门钥匙和衣柜钥匙交予入住人员。

3. 入住者按“住宿申请单”所分房间入住，不得随意调换。员工办理入住手续后，须在一周内迁入宿舍，如遇其他原因不能入住该宿舍可找宿舍管理员协助解决。

第6条 退宿

1. 员工离职凭离职清单到后勤宿管部办理退房手续，交还房门和衣柜钥匙，员工离开时宿舍管理员必须亲自检查宿舍内设施情况，确认设施齐全无损坏后方可让其离开。

2. 离职人员必须在当日 18:00 前离开宿舍，特殊情况宿舍管理员可报后勤部审批后决定。

第 3 章　宿舍卫生管理

第 7 条　宿管部对宿舍卫生实行定期检查与不定期抽查。

第 8 条　检查人员分组进行，本着公平、如实、负责的原则对各宿舍进行卫生检查，责任到人。评分公开，实行流动红旗制。

第 9 条　宿管部于每周定期检查宿舍卫生，每周五张榜公布，根据此项分数评出优秀宿舍和不达标宿舍，分别给予奖励和惩处。

第 10 条　宿舍卫生检查具体内容和评分标准见《宿舍卫生检查管理办法》。

第 4 章　宿舍设施、安全管理

第 11 条　宿舍主管和宿舍管理员要定期检查宿舍的消防设施设备，检查职工有无乱拉电线、乱接电器设备等现象，发现安全隐患及时排除。

第 12 条　宿舍管理员负责对宿舍的设备进行统一管理，监督宿舍内人员维护好设备设施，做好安全工作。不允许员工随意拆卸宿舍的设施和设备，定期清点宿舍所属公司的物品，发现有丢失和损坏的确认责任人并要求予以赔偿。

第 13 条　宿舍管理员要做好宿舍安全工作，保证入住人员的财产、人身安全，及时做好防盗、防火措施，宿舍长要及时了解宿舍内成员的思想动态，发现问题时及时做好思想教育工作。

修订记录	修订标记	修订处数	修订日期	审批签字

第 19 章

财务部职位说明书与制度编制

19.1 财务部职位说明书

19.1.1 财务经理职位说明书

<table>
<tr><td rowspan="3">岗位信息</td><td>岗位名称</td><td>财务经理</td><td>所属部门</td><td>财务部</td></tr>
<tr><td>岗位编号</td><td></td><td>岗位序列</td><td></td></tr>
<tr><td>薪资标准</td><td></td><td>直接上级</td><td></td></tr>
<tr><td>职责概述</td><td colspan="4">负责公司财务部的整体规划和财务体系的建设，全面管理财务部的各项日常工作，监督财务计划的执行，达成企业财务目标</td></tr>
<tr><td rowspan="6">岗位职责及绩效标准</td><td colspan="3">岗位职责</td><td>绩效标准</td></tr>
<tr><td colspan="3">财务制度、计划制定
1. 负责组织制定各项财务管理制度、内控办法等
2. 组织制定各项财务收支计划及资金计划，并监督执行</td><td>1. 财务计划编制及时
2. 财务制度完善、规范</td></tr>
<tr><td colspan="3">预算、成本控制
1. 组织编制财务预算，并监督各部门的预算执行情况
2. 负责对成本预测、控制、分析工作，降低成本消耗</td><td>1. 各部门预算执行率偏差率在±____%的范围内
2. 成本降低率达____%</td></tr>
<tr><td colspan="3">财务分析、预测
1. 定期和不定期地组织财务分析工作，提交财务分析报告
2. 根据财务分析提供相关管理建议，降低财务费用</td><td>1. 财务分析报告无重大错误
2. 财务费用降低率达____%</td></tr>
<tr><td colspan="3">会计、税务管理
1. 组织会计人员及时进行会计核算、账务处理工作
2. 组织公司财务报告的编制工作，并及时上报
3. 组织人员及时完成纳税申报工作</td><td>1. 会计核算差错在____次以内
2. 财务报告提交及时
3. 纳税申报及时</td></tr>
<tr><td colspan="3">内外部事务管理
1. 负责财务人员队伍的建设、选拔、配备和培训工作
2. 负责建立与维护同工商、税务、银行等机构的良好关系</td><td>1. 培训计划完成率达100%
2. 因外部关系维护不力对工作造成重大影响在____次内</td></tr>
</table>

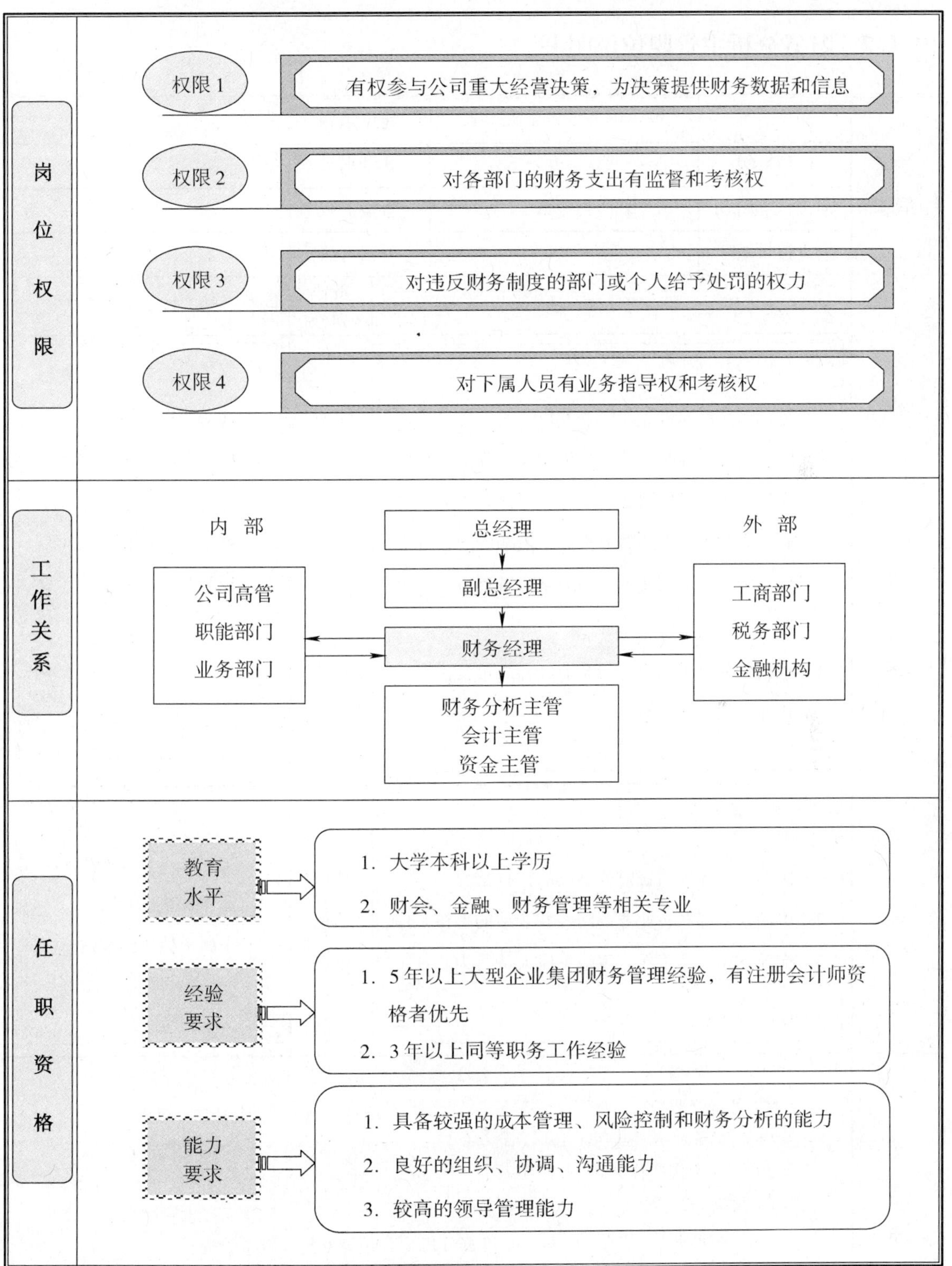
岗位权限
权限 1
有权参与公司重大经营决策，为决策提供财务数据和信息
权限 2
对各部门的财务支出有监督和考核权
权限 3
对违反财务制度的部门或个人给予处罚的权力
权限 4
对下属人员有业务指导权和考核权
工作关系
内　部
公司高管
职能部门
业务部门
总经理
副总经理
财务经理
财务分析主管
会计主管
资金主管
外　部
工商部门
税务部门
金融机构
任职资格
教育水平
1. 大学本科以上学历
2. 财会、金融、财务管理等相关专业
经验要求
1. 5 年以上大型企业集团财务管理经验，有注册会计师资格者优先
2. 3 年以上同等职务工作经验
能力要求
1. 具备较强的成本管理、风险控制和财务分析的能力
2. 良好的组织、协调、沟通能力
3. 较高的领导管理能力

19.1.2 财务分析主管职位说明书

<table>
<tr><td rowspan="4">岗位信息</td><td>岗位名称</td><td>财务分析主管</td><td>岗位编号</td><td></td></tr>
<tr><td>岗位等级</td><td></td><td>薪资水平</td><td></td></tr>
<tr><td>工作部门</td><td>财务部</td><td>直接上级</td><td></td></tr>
<tr><td>直接下级</td><td></td><td>所辖人数</td><td></td></tr>
<tr><td rowspan="3">工作职责及绩效标准</td><td colspan="2">职责描述</td><td>责任划分</td><td>绩效标准</td></tr>
<tr><td colspan="2">业务职责
1. 负责建立和完善企业财务分析体系
2. 协助财务经理制定财务分析制度，并监督执行
3. 实施对企业经营财务状况、预算执行差异、企业各类财务报告和财务指标、投融资项目等进行分析，并定期或不定期编制分析报告，及时提交
4. 根据财务分析结果，为企业经营决策提供合理化建议和改进方案</td><td>全责
协助
全责

部分</td><td>1. 财务分析报告提交及时率达100%
2. 财务分析结果无重大差错
3. 财务分析数据真实可靠
4. 财务建议被采纳____条</td></tr>
<tr><td colspan="2">管理职责
1. 协助财务经理监督财务制度的执行情况
2. 协助人事部对各业务部门经营业绩的考核工作
3. 指导下属人员工作，规范下属人员行为</td><td>协助
协助
部分</td><td>1. 下属违反财务制度造成重大影响为0次
2. 下属考核达标率达____%</td></tr>
<tr><td rowspan="3">职位关系</td><td>可晋升职位</td><td colspan="3">财务经理</td></tr>
<tr><td>可相互轮换职位</td><td colspan="3">资金主管、预算主管</td></tr>
<tr><td>可降低职位</td><td colspan="3">投资分析师、预算专员、资金管理员</td></tr>
</table>

任职资格

教育水平

1. 大学本科及以上学历
2. 财务、会计、金融等相关专业

工作经验及业务了解范围

1. 5 年以上财会工作经验，3 年以上财务分析岗位工作经验
2. 熟悉相关准则和程序，可熟练应用大型财务管理软件

技能/能力

能力项目	能力要求
组织协调能力	较强的组织协调能力，能够利用一定的方法技巧妥善协调各方关系，达成工作目标
财务分析能力	可以应用各种财务分析方法和模型对财务状况等进行客观分析，准确预测
逻辑思维能力	善于对财务数据、信息进行概括和分析，进行合理的逻辑推理和演绎

19.1.3 会计主管职位说明书

<table>
<tr><td rowspan="4">岗位信息</td><td>岗位名称</td><td>会计主管</td><td>岗位编号</td><td></td></tr>
<tr><td>岗位等级</td><td></td><td>薪资水平</td><td></td></tr>
<tr><td>工作部门</td><td>财务部</td><td>直接上级</td><td></td></tr>
<tr><td>直接下级</td><td></td><td>所辖人数</td><td></td></tr>
<tr><td rowspan="3">工作职责及绩效标准</td><td colspan="2">职责描述</td><td>责任划分</td><td>绩效标准</td></tr>
<tr><td colspan="2">业务职责
1. 负责按企业会计准则设置会计科目、制定会计凭证和会计账簿
2. 组织制定会计核算各项制度，设立核算形式，建立凭证传递程序
3. 负责对会计凭证及原始单据的审核工作
4. 组织下属人员进行会计核算并登记明细账和总分类账、日记账等，做到账实相符
5. 编制对外报告和对内管理用报表，并定期提交</td><td>协助
全责
部分
全责
部分</td><td>1. 会计科目设置合规合理
2. 会计制度完善、规范
3. 会计核算差错在___次内
4. 账物不符次数在___次内
5. 财务报告提交及时
6. 财务报告差错控制在___次内</td></tr>
<tr><td colspan="2">管理职责
1. 负责与内、外部相关部门的沟通协调工作
2. 负责对下属会计和出纳进行指导和监督
3. 负责会计档案的借阅、保密保管等工作</td><td>全责
部分
部分</td><td>1. 部门协作满意度评价不低于____分
2. 会计档案归档率达___%
3. 会计档案完整率达___%</td></tr>
<tr><td rowspan="3">职位关系</td><td>可晋升职位</td><td colspan="3">财务经理</td></tr>
<tr><td>可相互轮换职位</td><td colspan="3">财务分析主管、资金主管</td></tr>
<tr><td>可降低职位</td><td colspan="3">会计专员、财务分析师、预算专员</td></tr>
</table>

任职资格

教育水平

1. 大学本科及以上学历
2. 会计、金融、财经类专业

工作经验及业务了解范围

1. 3 年以上财务会计工作经验，有会计师职称
2. 熟悉财务法规及财务会计准则

技能/能力

能力项目	能力要求
沟通技能	具备较强的沟通技能，能够与公司内外相关人员、上下级及同事顺畅沟通
专业技能	具备较强的专业技能，能够根据实际情况处理工作中专业方面的问题
分析，解决问题的能力	善于及时发现问题并予以有效解决

19.1.4 资金主管职位说明书

<table>
<tr><td rowspan="4">岗位信息</td><td>岗位名称</td><td>资金主管</td><td>岗位编号</td><td></td></tr>
<tr><td>岗位等级</td><td></td><td>薪资水平</td><td></td></tr>
<tr><td>工作部门</td><td>财务部</td><td>直接上级</td><td></td></tr>
<tr><td>直接下级</td><td></td><td>所辖人数</td><td></td></tr>
<tr><td rowspan="3">工作职责及绩效标准</td><td colspan="2">职责描述</td><td>责任划分</td><td>绩效标准</td></tr>
<tr><td colspan="2">业务职责
1. 组织制定企业资金管理、授权、审批等制度
2. 组织编制资金预算及资金使用计划
3. 负责资金核算管理，调拨企业内外资金，提高资金的使用效率
4. 对资金的使用情况及使用效益进行分析，撰写分析报告，提出资金管理建议
5. 负责组织现金收付及银行存款办理等业务活动</td><td>协助
全责
部分
全责
部分</td><td>1. 资金计划编制及时合理
2. 资金核算差错在____次内
3. 考核期内流动资金周转率达____次
4. 资金使用报告提交及时
5. 资金收支准确</td></tr>
<tr><td colspan="2">管理职责
1. 做好现金的保管，定期盘点，确保资金安全
2. 监督各资金使用部门，确保资金使用合理规范
3. 负责下属的培训指导工作，提高下属业务水平</td><td>全责
部分
部分</td><td>1. 无资金被盗、丢失等安全事故发生
2. 无重大资金违规事故
3. 培训计划完成率达____%</td></tr>
<tr><td rowspan="3">职位关系</td><td>可晋升职位</td><td colspan="3">财务经理</td></tr>
<tr><td>可相互轮换职位</td><td colspan="3">财务分析主管、预算主管</td></tr>
<tr><td>可降低职位</td><td colspan="3">资金管理员、预算专员、出纳专员</td></tr>
</table>

任职资格

教育水平

1. 大学本科及以上学历
2. 会计、财务、金融类相关专业

工作经验及业务了解范围

1. 具有 3 年以上相关工作经验
2. 熟悉资金预算管理、收支活动的管理与控制

技能/能力

能力项目	能力要求
计划协调能力	可以从总体出发制定切实可行的工作计划，且可协调各方执行计划
风险控制能力	对财务风险具有较强的敏感性，且可以采取有效措施有力防范风险
细节关注能力	能够洞察事物的细微变化，且可从其变化中看出趋势把握实质，并作出应对

19.1.5 预算专员职位说明书

<table>
<tr><td rowspan="2">岗位信息</td><td>岗位名称</td><td>预算专员</td><td>岗位编号</td><td></td></tr>
<tr><td>所属部门</td><td>财务部</td><td>直接上级</td><td></td></tr>
<tr><td>工作概述</td><td colspan="4">协助财务预算主管做好预算编制、控制、监督、考核、分析、调整等预算管理工作</td></tr>
<tr><td>工作内容及绩效标准</td><td colspan="2">工作内容
1. 协助预算主管建立、改进和完善预算管理体系及制度
2. 及时了解财务政策变化，做好预算编制的前期调研工作
3. 收集、整理、汇总各部门的预算需求审核其合理性，进行试算平衡，协助预算主管编制企业财务预算
4. 制定各项预算控制方案，下达各责任部门
5. 通过预算控制系统，跟踪监督和控制预算责任部门的预算执行情况，协助主管对其进行考核和评价
6. 对预算执行差异进行分析，编写并提交差异分析报告
7. 根据预算执行情况，编制预算调整方案，报其主管审核
8. 负责预算资料的建档管理工作</td><td colspan="2">绩效标准
1. 资料收集及时、准确
2. 财务预算计划提交及时
3. 控制方案切实可行
4. 各部门预算执行率达____%
5. 预算执行差异分析报告按时提交
6. 分析建议被采纳的项数达____项
7. 预算资料完整率达____%</td></tr>
<tr><td rowspan="3">任职资格</td><td>教育水平</td><td colspan="3">1. 大学本科及以上学历
2. 会计、财务管理等相关专业</td></tr>
<tr><td>经验要求</td><td colspan="3">1年以上预算管理工作经验</td></tr>
<tr><td>能力要求</td><td colspan="3">1. 具备较强的预算分析能力
2. 解决问题能力强，可以娴熟处理预算执行中问题，推动预算按目标执行
3. 熟练操作财务软件和办公软件</td></tr>
</table>

19.1.6　成本会计职位说明书

<table>
<tr><td rowspan="2">岗位信息</td><td>岗位名称</td><td>成本会计</td><td>岗位编号</td><td></td></tr>
<tr><td>所属部门</td><td>财务部</td><td>直接上级</td><td></td></tr>
<tr><td>工作概述</td><td colspan="4">在会计主管的领导下，负责有关成本管理工作，主要包括成本核算、成本控制、成本差异分析、成本报表等，提出合理化的财务建议，降低成本</td></tr>
<tr><td rowspan="2">工作内容及绩效标准</td><td colspan="3">工作内容</td><td>绩效标准</td></tr>
<tr><td colspan="3">1. 负责制定成本计划，并监督、调查各部门成本计划执行情况，发现问题及时上报
2. 审核采购单据，确保单据合规、真实
3. 负责成本的核算工作，确保核算的准确性和规范性
4. 对生产成本相关主要指标进行分析，并编制差异原因、提出降低成本的控制措施和建议
5. 负责编制生产成本、产成品有关成本报表
6. 监督及管理仓库账目，保证仓库盘点数据的准确性
7. 做好相关成本资料的整理、归档，数据库建立、查询、更新工作</td><td>1. 成本计划提交及时
2. 单据审核差错率低于____%
3. 成本核算差错在____次内
4. 成本差异分析报告提交及时率达 100%
5. 成本改进建议被采纳的项数达____项
6. 成本报表差错之处不超过____处
7. 资料归档率达 100%</td></tr>
<tr><td rowspan="3">任职资格</td><td>教育水平</td><td colspan="3">1. 本科及以上学历，财务、会计等相关专业
2. 熟悉国家财税相关法规，熟悉成本核算流程，具备扎实的专业知识</td></tr>
<tr><td>经验要求</td><td colspan="3">1. 2 年以上相关工作经验
2. 具备初级以上会计职称</td></tr>
<tr><td>能力要求</td><td colspan="3">1. 具有优秀的沟通协调能力，可以协调各部门顺利执行成本计划
2. 良好的学习能力、独立工作能力和财务分析能力</td></tr>
</table>

19.1.7 出纳专员职位说明书

<table>
<tr><td rowspan="2">岗位信息</td><td>岗位名称</td><td>出纳专员</td><td>岗位编号</td><td></td></tr>
<tr><td>所属部门</td><td>财务部</td><td>直接上级</td><td></td></tr>
<tr><td>工作概述</td><td colspan="4">根据国家有关财务、会计制度和企业实际情况，做好现金、银行存款及其账务工作，同时对现金、票据、有关印章进行妥善保管</td></tr>
<tr><td rowspan="2">工作内容及绩效标准</td><td colspan="3">工作内容</td><td>绩效标准</td></tr>
<tr><td colspan="3">1. 贯彻执行现金、银行存款管理制度、收支结算管理规定
2. 负责银行业务办理，主要包括开户、取款、转账、结算、往来账项等业务工作
3. 对费用凭证进行审核，做好费用报销和现金收付业务
4. 做好现金日记账和银行存款日记账，及时登记核查
5. 协助会计准备每日、月单据及报表，向税务部门提交报表，缴纳各种税费
6. 负责现金、现金支票及各种票据的保管工作，做好银行预留印鉴和有关印章管理工作</td><td>1. 无违反财务管理规章制度的情况
2. 银行结算办理及时
3. 银行结算办理无差错
4. 费用报销及时、准确
5. 现金业务差错次数为 0
6. 现金日记账、银行存款日记账差错次数控制在____次内
7. 账实不符的次数_____次内
8. 纳税申报及时
9. 现金、票据、印鉴、印章管理安全、完好</td></tr>
<tr><td rowspan="3">任职资格</td><td>教育水平</td><td colspan="3">1. 大学本科以上学历
2. 会计、财务等相关专业</td></tr>
<tr><td>经验要求</td><td colspan="3">1. 1 年以上出纳工作经验
2. 具有会计从业资格证书</td></tr>
<tr><td>能力要求</td><td colspan="3">1. 良好的沟通表达能力
2. 具备良好的细节把控能力
3. 熟练使用财务软件和办公软件</td></tr>
</table>

19.2 财务部人力资源管理制度

19.2.1 会计人员管理规定

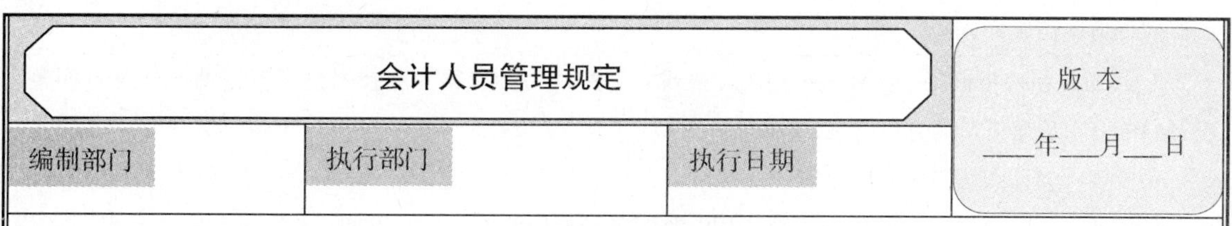

会计人员管理规定			版本
编制部门	执行部门	执行日期	____年___月___日

第 1 章 总 则

第 1 条 为了规范对公司会计人员的管理，提升其职业素养和专业技术水平，特制定本规定。

第 2 条 本规定适用于公司本部及所属子公司、分公司对会计人员的管理。

第 2 章 会计人员任职基本条件

第 3 条 本公司聘任会计人员，其基本要求如下。

1. 应持有“会计证”和“电算化知识培训合格证”。

2. 应具备必要的专业知识和专业技能。根据岗位等级不同要求掌握不同的知识和技能，不同岗位等级要求不同等级的资格证书。

3. 应具备的职业道德，包括以下四个方面：

(1) 敬业爱岗：会计人员应热爱本职工作，钻研业务，使自己的知识和技能与工作要求匹配。

(2) 依法办事：会计人员应按照财经法律法规的要求办事。

(3) 客观公正：会计人员办理会计事务时应当实事求是，客观公正。

(4) 保守秘密：会计人员应当保守本企业的商业秘密及重要财务信息。

第 3 章 会计人员岗位责任制

第 4 条 企业的会计岗位设置有会计主管、总账会计、资产会计、成本会计、收入会计、往来会计、税务会计、财务出纳等。

第 5 条 企业建立了会计人员岗位责任制，做到职责清晰，权限明确，事事有人管，人人有专责，工作有检查，保证会计工作有秩序地进行。

第 6 条 各个岗位的会计人员在明确分工的前提下，要从整体出发，发扬互相协作精神，共同做好会计工作。

第 4 章　会计人员岗位轮换与工作交接

第 7 条　会计人员岗位轮换管理

1. 会计人员的工作岗位要根据工作需要临时调换和有计划地定期进行轮换，以促进会计人员全面熟悉业务，不断提高业务素质。

2. 所轮换的会计人员，必须符合或基本符合新的会计工作岗位的具体任职条件。暂时未能达到要求的，应创造条件限期达到。

3. 岗位轮换应根据每个会计人员的工作表现，适应能力和取得专业技术任职资格情况等进行调整，实行“能者上庸者下”的竞争机制。

第 8 条　会计人员工作交接管理

1. 会计人员工作调动、轮岗、因故离职、临时离职或因病因事暂时不能工作，需要有人接替或者代理的，都必须按照本企业制定的《会计工作交接管理规定》及时办清交接手续。

2. 在上述会计人员办理交接手续时，其直接上级要进行监督。

第 5 章　会计人员培训与考核

第 9 条　会计人员培训

1. 会计人员培训采取定期培训和不定期培训。定期培训周期为每季度一次，不定期培训主要是当会计政策、准则等有变化时，实施的有针对性的培训。

2. 对于会计人员的培训主要采取内部讲座、参加专业的培训机构课程等形式。

3. 相关会计制度、法律法规、会计政策、会计准则等为所有会计人员的培训内容，其他培训根据岗位的不同职责，结合岗位进行具体制定。

第 10 条　会计人员考核

1. 考核周期：经理施行年度考核，主管施行季度和年度考核，专员施行月度、季度、年度考核。

2. 考核方式：对会计人员工作业绩的考核部分，主要采取抽查凭证账簿、业务考试等方式进行。

3. 考核内容：考核内容主要分为三类：工作业绩、工作能力、工作态度，根据岗位性质设置不同的内容和三者的权重。

修订记录	修订标记	修订处数	修订日期	审批签字

19.2.2　财务人员培训制度

财务人员培训制度			版本 ____年___月___日
编制部门	执行部门	执行日期	

第 1 章　总　则

第 1 条　为了提高本企业财务人员的业务水平，规范企业财务人员的培训工作，加强财务的规范化管理，结合企业财务制度和财务人员的实际情况，特制定本培训制度。

第 2 条　培训对象为本企业所有财务人员。

第 2 章　培训计划和组织

第 3 条　财务人员培训计划管理

1. 财务经理在每年 12 月份根据企业财务人员的实际情况，企业的财务业务等具体情况对培训需求进行分析，并制定下一年度财务人员培训计划，在 12 月下旬之前提交公司人力资源部。

2. 人力资源部根据企业各部门培训需求和企业总体培训经费等因素制定《财务人员培训计划》。

3. 人力资源部向总经理提交《财务人员培训计划》，总经理审批后由财务部和人力资源部负责实施。

第 4 条　财务人员培训组织实施

1. 培训前人力资源部要提前安排好培训场地、培训所需设备（投影仪、计算机等）、培训人员等，并准备好培训资料，且提前 10 个工作日发放培训通知，让培训师及参训人员做好培训准备工作。参加外训的，人力资源部要提前与外训机构做好联络工作。

2. 培训中人力资源部负责培训秩序的维护、监督工作，保证培训顺利完成。

3. 培训后人力资源部做好培训总结和考核工作，其中财务经理协助进行。

第 3 章　培训内容和方式

第 5 条　财务人员培训分类

财务人员的培训主要分为入职培训、岗位技能培训、资格职称证书培训和新知识培训四大类。每类培训内容都不相同。

第 6 条　财务人员培训内容

1. 入职培训内容主要包括：企业简介、企业文化等企业信息，企业财务管理制度、会计核算制度等企业财务制度和财务政策相关方面的信息。

2. 岗位培训主要培训主要包括财务基本操作技能、财务专业技能、相关岗位的管理技能、财务创新技能四个方面的内容。

3. 资格和职称证书培训主要是资格考试、职称考试内容等，视财务人员根据自身发展需要自行选择。

4. 新知识培训主要内容为当前最新的相关经济知识、管理知识、财务知识等。

第 7 条　财务人员培训方式

1. 入职培训主要采取组织内部讲座和其直接上级带教的方式进行培训。

2. 岗位培训主要采取内部培训讲座、外聘专家讲座、岗位轮换等方式进行培训。

3. 资格和职称证书培训主要采取参加财务类各种证书、资格培训的方式进行培训。

4. 新知识培训主要采取财务领导、外聘专家讲座的方式进行培训。

第 4 章　培训纪律和考核

第 8 条　财务人员培训纪律

1. 参加培训人员，非特殊原因，未经部门负责人以上领导批准者，不得拒绝参加。

2. 参加培训人员应按时到训，不得迟到、早退，应积极主动完成培训作业，并接受成果考核；因故未能参加者，应事先请假，并转报财务部。应参加而未参加者，以旷工论处。

3. 进入培训后，关闭一切通讯工具，要维持课堂纪律和环境卫生，维护好培训秩序。

第 9 条　财务人员培训考核

1. 入职培训后以书面形式进行考核，主要考核培训内容的掌握情况。

2. 岗位培训后要提交培训总结，由财务部对其培训成果进行评定，根据评定意见和奖惩制度实施培训奖惩。

3. 资格和职称证书培训后要提交书面学习报告，考试结束后要附合格证书，根据受训者在工作中的实际应用情况进行评定。

4. 新知识培训后要提交书面学习报告和相关建议，由上级人员进行评定，根据报告质量和建议质量确定培训奖惩。

修订记录	修订标记	修订处数	修订日期	审批签字

19.3　财务部业务管理规章制度

19.3.1　会计电算化管理制度

编制部门： 编制日期：	会计电算化管理制度	执行部门： 制度版本：

第1章　总　则

第1条　为了加强会计电算化管理工作，促进本企业会计电算化工作的发展，根据《会计电算化管理办法》《会计电算化工作规范》，结合企业实际情况，特制定本制度。

第2条　会计人员必须经过电算化培训并取得“电算化上岗证书”方可担任电算化工作。

第2章　会计电算化岗位责任制

第3条　根据会计人员在会计电算化系统中担任的工作任务，确定其岗位职责及责任。

第4条　不同岗位人员职责划分

1. 会计主管：负责管理会计日常工作。
2. 凭证编制人员：负责对原始凭证（单据）的审核，通过会计电算化软件填制记账凭证。
3. 凭证审核人员：主要负责对审核制单人员制作的记账凭证进行复核（审核）。
4. 系统管理员：负责系统软、硬件的正常运行，负责系统运行环境的设置，系统的安全与保密，系统的升级换代以及其他有关系统的管理工作。
5. 系统维护员：负责硬件设备和软件设备的维护工作，协助系统管理员保证系统的正常运行。
6. 档案管理员：负责会计档案和磁性介质上（软盘）的会计档案的保管工作，报表等会计档案的分送工作以及会计档案的调阅工作。

第3章　会计电算化操作管理制度

第5条　会计电算化操作管理制度主要涉及操作人员的行为规范。

1. 操作人员必须持证上岗，并具有系统管理人员分配的操作权限。
2. 每个操作人员只能在其拥有的权限范围内操作软件，严格按操作权限操作，不得越权。
3. 在会计系统运行中，操作人员如离开工作现场，必须在离开前退出系统，以防止其他人员越权操作。
4. 操作人员要注意密码保护和定期更新。

5. 操作人员不能擅自修改凭证的错误，发现错误应立即报告会计主管或凭证编制人员。

6. 每次上机工作完毕后必须做好数据备份，以防发生意外导致数据丢失。

7. 严禁在电算化计算机上做与工作无关的事情。

第 4 章　会计电算化硬软件管理

第 6 条　计算机管理员和系统维护员负责电算化硬软件管理，具体内容如下。

1. 确保机房环境适宜和必要的电源保障，对机器设备进行定期维护保养确保良好运行。

2. 禁止将会计电算化专用设备挪作他用或处理其他无关事项。

3. 操作人员必须按规范要求操作，任何人员不得随意改变系统工作环境。

4. 计算机硬件和软件出现故障时的临时处理措施，应保证会计数据的安全、完整。

5. 做好计算机信息安全工作，会计电算化计算机必须安装防病毒软件。使用外来存储介质时应先杀毒，严禁将带病毒软盘、光盘、电子盘直接进行上机操作，未经允许，外来磁盘禁止在计算机上读取。

第 5 章　电算化数据管理

第 7 条　在实施系统维护时，不得修改数据库结构，其他人员不得操作数据库。

第 8 条　每月记账凭证录入完毕，经审核后应进行数据备份，年终结账后应进行数据备份。

第 9 条　系统管理员应定期清理硬盘，删除硬盘上不必要的数据，没有进行安全备份的会计数据不得删除。

第 6 章　电算化会计档案管理

第 10 条　电算化的会计档案和资料必须严格按照档案管理要求进行管理，具体要求如下。

1. 妥善保管存储在计算机中的会计数据、其他磁性介质或光盘存储的数据和打印出的书面数据。

2. 系统管理员负责电算化会计档案的备份工作，对存储在计算机硬盘内的财务软件的全套文档资料、财务软件程序、会计凭证、账册和报表等数据必须进行备份。

3. 电算化会计档案要做好防磁、防火、防潮和防尘工作，保证会计档案资料的安全。采用磁性介质或光盘保存的会计档案，应定期检查和复制，防止由于损坏而使会计档案丢失。

4. 会计电算化档案原则上不得外借。如因特殊情况须经计公司财务部经理批准，办理借阅手续。操作人员不得对会计电算化档案内容进行非法删除和修改，归还时应认真检查病毒，防止病毒感染。

修订记录	修订标记	修订处数	修订日期	审批签字

19. 3. 2　原始凭证管理制度

编制部门：	原始凭证管理制度	执行部门：
编制日期：		制度版本：

第 1 章　总　则

第 1 条　为了加强对本企业的原始凭证管理，建立规范的会计工作秩序，更好地进行财务监督，确保原始凭证能够正确、及时、清楚地反映各项经济业务的真实情况，保证会计核算质量，根据《中华人民共和国会计法》《会计基础工作规范》及其他法规结合本企业特点，特制定本制度。

第 2 条　原始凭证是经济业务发生时所取得的最初书面证明，是会计核算的依据和基础。原始凭证分为外来原始凭证和自制原始凭证两大类。

第 3 条　外来原始凭证是指同外部单位发生经济往来关系时，从外部单位取得的原始凭证。

第 4 条　自制原始凭证是由本企业经办经济业务的部门或人员在办理经济业务时填制的凭证。

第 2 章　原始凭证填制

第 5 条　原始凭证的各项内容，必须根据实际情况详尽填写，不得遗漏。

第 6 条　原始凭证要用蓝色或黑色笔填写，文字、数字书写要规范。

第 7 条　从外单位取得的原始凭必须盖有填制单位的公章。从个人取得的原始凭证，必须有填制人员的签名或盖章。自制原始凭证必须有经办单位负责人或其指定人员的签名或盖章。对外开出的原始凭证，必须加盖本单位公章。

第 8 条　凡填有大写和小写金额的原始凭证，大写与小写金额必须相符。购买实物的原始凭证必须有验收证明。支付款项的原始凭证必须有收款单位和收款人的收款证明。

第 9 条　一式几联的原始凭证，应当注明各联的用途，只能以一联作为报销凭证。一式几联的发票和收据，必须用双面复写纸（发票和收据本身具备复写纸功能的除外）套写，并连续编写。作废时应当加盖“作废”戳记，连同存根一起保存，不得撕毁。

第 10 条　职工公出借款凭据，必须附在记账凭证之后，收回借款时，应当另开收据或者退还借据副本，不得退还原借款收据。

第 11 条　经上级有关部门批准的经济业务，应当将批准文件作为原始凭证附件。如果批准文件需要单独归档的，应当在凭证上注明批准机关名称、日期和文件字号。

第 12 条　原始凭证须根据经济业务执行情况或完成情况，按照规定时间及时填制，避免事后回忆填制造成差错，贻误工作。

第 13 条　原始凭证不得随意涂改、刮擦、挖补。若填写错误需要更正时，须划线更正，即将写错的文字或数字，用红线划掉，再将正确的数字或文字写在划线部分的上方，并加盖经手人印章。

第3章　原始凭证审核

第14条　真实性审核：真实性审核主要包括原始凭证（即各种票据）本身是否真实及其所反映的经济业务内容是否真实两个方面。

第15条　合法性审核：合法性审核即根据国家有关政策、法规、制度，审核经济业务内容是否合理、合法，有无违反财经制度的现象，是否符合有关的审批权限和手续等。

第16条　完整性审核：完整性审核主要包括票据内容完整性和票据手续完整性两个方面。

1. 票据内容的完整性：审核各种票据的内容是否填写齐全，有无应填未填或填写不清楚的现象等。

2. 票据手续的完整性：购买实物的票据，是否附有验收证明或购物清单；购买固定资产的，是否到资产管理部门进行了登记等。

第17条　正确性审核：主要审核票据的摘要和数字及其他项目是否准确，数量、单价、金额、合计数的计算有无差错，大小写金额是否相符等。

第4章　原始凭证报销管理

第18条　报销的经济业务事项必须符合现行的财务制度和采购的有关规定，购买大批办公用品还应附有必备的附件。报销的支出凭证必须是合规合法的原始凭证。

第19条　职工报销的支出凭证，必须有经办人签字和单位负责人的审批意见。审批人员自己报销的凭证，不得由本人审批。

第20条　对差旅费的报销，报销人应填制差旅费报销单，注明出差事由，所附单据张数，报销人必须在所附单据及差旅费报销单上签字，经单位负责人审批后方可报销。

修订记录	修订标记	修订处数	修订日期	审批签字

第 20 章

审计部职位说明书与制度编制

20.1 审计部职位说明书

20.1.1 审计经理职位说明书

岗位信息	岗位名称	审计经理	所属部门	审计部
	岗位编号		岗位序列	
	薪资标准		直接上级	
职责概述	全面负责企业的审计工作及审计部门内部的日常管理工作，为企业提供真实、客观、准确的审计报告和管理建议			
岗位职责及绩效标准	**岗位职责**		**绩效标准**	
	审计制度、方案 1. 建立和完善企业审计制度、流程等，并监督执行 2. 编制审计计划，并根据批准后的计划拟定审计方案		1. 审计制度规范、完善 2. 审计计划、方案切实可行	
	协助外审管理 1. 根据国家有关规定，协助配合外部审计机构的审计 2. 组织相关审计人员协助外审机构的调查取证工作		无因协调不力导致外部审计受到重大影响的情形	
	内部审计管理 1. 负责审计过程中与相关部门的协调和沟通 2. 组织审计人员根据审计计划开展经营成果审计、财务收支审计、合同审计、专项审计等审计工作 3. 负责企业重大经营活动、重大项目、重大经济合同审计		1. 审计计划完成率达_____% 2. 重大审计差错次数为0 3. 因审计不规范遭到有效投诉的次数在_____次内	
	审计结果管理 1. 组织编写审计报告，并对审计结果出具审计意见 2. 及时检查企业财务及相关部门审计意见的执行情况		1. 报告提交及时率达_____% 2. 审计报告证据充分 3. 问题追踪检查率达_____%	
	部门管理 1. 负责本部门的日常事务管理，降低部门管理费用 2. 负责下属人员的工作调配、业务指导及绩效考核工作		1. 培训计划完成率达100% 2. 核心员工流失率低于_____%	

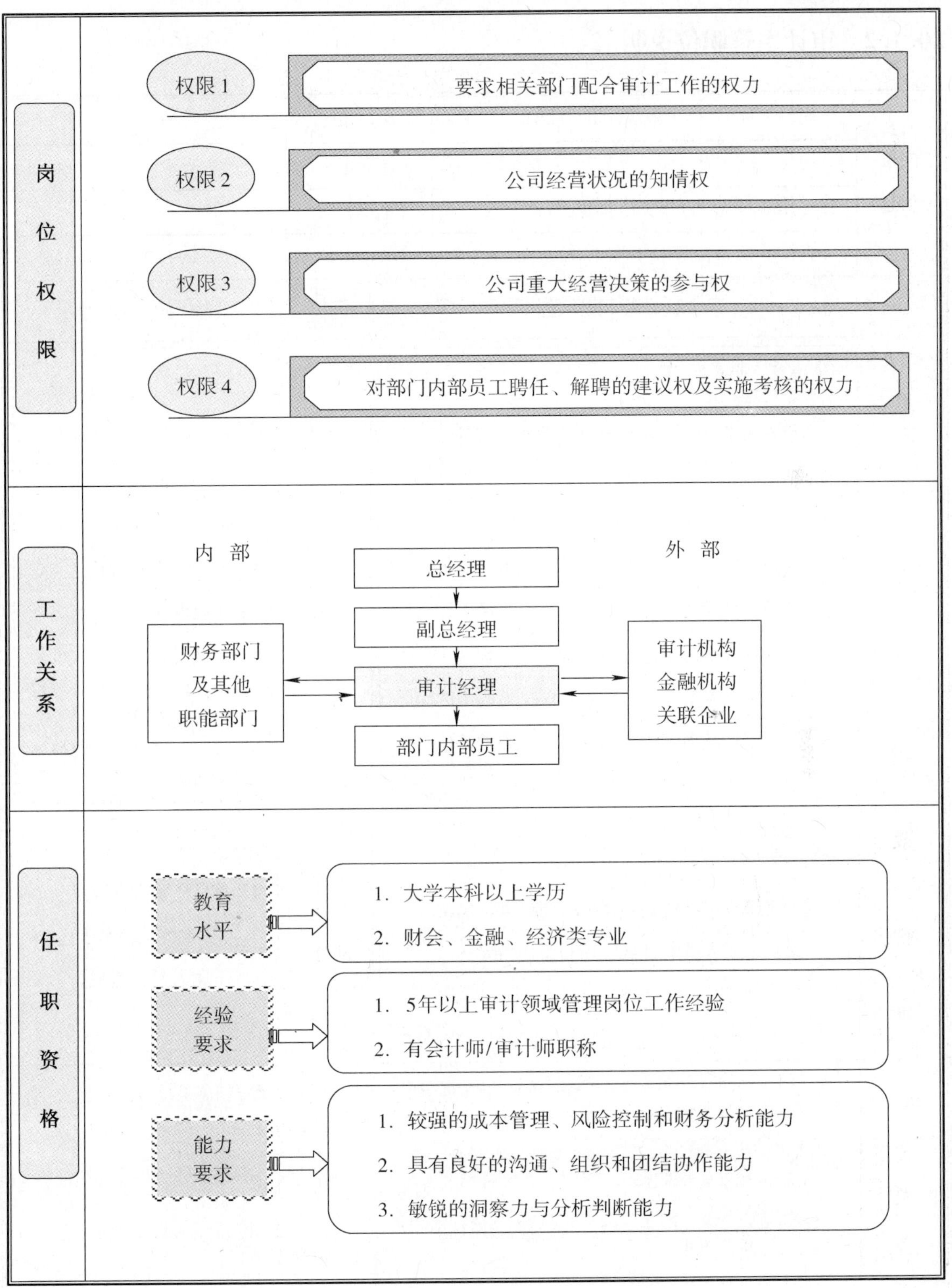

岗位权限
权限 1
要求相关部门配合审计工作的权力
权限 2
公司经营状况的知情权
权限 3
公司重大经营决策的参与权
权限 4
对部门内部员工聘任、解聘的建议权及实施考核的权力
工作关系
内　部
外　部
总经理
副总经理
审计经理
部门内部员工
财务部门
及其他
职能部门
审计机构
金融机构
关联企业
任职资格
教育
水平
1. 大学本科以上学历
2. 财会、金融、经济类专业
经验
要求
1. 5年以上审计领域管理岗位工作经验
2. 有会计师/审计师职称
能力
要求
1. 较强的成本管理、风险控制和财务分析能力
2. 具有良好的沟通、组织和团结协作能力
3. 敏锐的洞察力与分析判断能力

20.1.2 审计主管职位说明书

<table>
<tr><td rowspan="4">岗位信息</td><td>岗位名称</td><td>审计主管</td><td>岗位编号</td><td></td></tr>
<tr><td>岗位等级</td><td></td><td>薪资水平</td><td></td></tr>
<tr><td>工作部门</td><td>审计部</td><td>直接上级</td><td></td></tr>
<tr><td>直接下级</td><td></td><td>所辖人数</td><td></td></tr>
<tr><td rowspan="3">工作职责及绩效标准</td><td colspan="2">职责描述</td><td>责任划分</td><td>绩效标准</td></tr>
<tr><td colspan="2">业务职责
1. 负责协助审计经理制定审计操作规范等
2. 执行对企业经营成果的真实性、准确性、合法性的审计工作
3. 组织开展对专项和子公司及其他事项的审计
4. 各项审计完成后，与被审计对象交换审计意见和建议，撰写审计报告提交审计经理
5. 审核整改方案并跟踪检查，解决整改中的问题
6. 配合审计经理完成企业管理层交办的其他工作</td><td>协助
全责
全责
部分
部分
协助</td><td>1. 审计操作规范合理
2. 审计证据充分
3. 审计结果准确
4. 审计差错次数在____次内
5. 违规事件（行为）漏查率低于____%
6. 审计报告编制及时、报告数据准确
7. 审计中的整改问题得到全面解决</td></tr>
<tr><td colspan="2">管理职责
1. 负责整理审计资料和文件，建立审计档案
2. 负责下属人员的日常管理和工作指导</td><td>全责
部分</td><td>1. 审计档案归档率达___%
2. 审计档案完整率达___%
3. 下属人员无违规行为</td></tr>
<tr><td rowspan="3">职位关系</td><td>可晋升职位</td><td colspan="3">审计经理</td></tr>
<tr><td>可相互轮换职位</td><td colspan="3">财务主管、投资主管</td></tr>
<tr><td>可降低职位</td><td colspan="3">会计专员、审计专员</td></tr>
</table>

任职资格	
教育水平	1. 大学本科以上学历 2. 审计、金融、财务管理类专业
工作经验及业务了解范围	1. 3 年以上审计工作经验 2. 熟悉国家审计相关法规、程序或方法
技能/能力	见下表

能力项目	能力要求
沟通协调能力	能够与外部审计单位、本企业内部业务部门等进行充分的沟通协调，确保审计工作顺利开展
风险控制能力	对企业各种风险具有较强的敏锐性，并能采取有效措施进行应对
分析判断能力	具有敏锐的分析能力和准确的判断能力

20.1.3 审计专员职位说明书

<table>
<tr><td rowspan="2">岗位信息</td><td>岗位名称</td><td>审计专员</td><td>岗位编号</td><td></td></tr>
<tr><td>所属部门</td><td>审计部</td><td>直接上级</td><td></td></tr>
<tr><td>工作概述</td><td colspan="4">负责公司审计工作计划的落实和执行</td></tr>
<tr><td>工作内容及绩效标准</td><td colspan="3">工作内容
1. 建立并完善公司内部审计体系、流程和相关制度
2. 负责做好有关审计资料的原始调查的收集、整理、建档工作
3. 对企业相关项目进行审计
4. 对审计过程中发现的问题提出整改、管理建议
5. 负责对所有涉及的审计事项，编写内部审计报告，提出处理意见和建议
6. 分类整理归档各种审计资料，并进行日常维护管理</td><td>绩效标准
1. 审计计划完成率达____%
2. 审查问题追踪检查率达____%
3. 无违反审计操作规范的违规行为
4. 审计报告提交及时、数据准确
5. 审计资料完整、无缺失</td></tr>
<tr><td rowspan="3">任职资格</td><td>教育水平</td><td colspan="3">1. 大学本科以上学历
2. 财务、审计、会计等专业</td></tr>
<tr><td>经验要求</td><td colspan="3">2年以上审计相关工作经验</td></tr>
<tr><td>能力要求</td><td colspan="3">1. 具有较强的沟通协调能力
2. 具有敏锐的洞察力和较强的分析判断能力
3. 具有较强的财务文书书写能力，能够熟练写作财务、审计报告等文书</td></tr>
</table>

20.2　审计部人力资源管理制度

20.2.1　审计人员职业道德行为规范

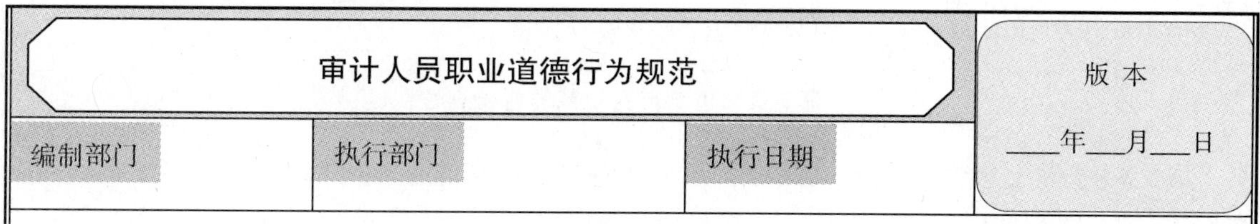

审计人员职业道德行为规范			版本 ____年__月__日
编制部门	执行部门	执行日期	

第1章　总　则

第1条　为促进企业内部审计队伍的建设，规范从业人员的职业道德行为，严肃审计纪律，根据国家有关法律法规和企业内部规定，特制定本规范。

第2条　审计人员应具备相应的专业知识和业务能力，并在工作中严守职业道德规范，加强职业道德修养，自觉接受纪律约束，保证审计工作质量，提高审计工作水平。

第2章　审计人员应具备的素质

第3条　审计人员应具备的素质

1. 熟悉有关的法律、法规、企业的战略计划、预算及业务流程政策。
2. 掌握审计、内部控制和公司治理等相关专业知识。
3. 具有与所执行审计业务相匹配的经验。
4. 敏锐的洞察力和高度的综合判断能力。
5. 对审计对象做出客观公正、实事求是的审计评价。

第3章　审计人员职业道德规范

第4条　审计人员职业道德规范

1. 遵纪守法，爱岗敬业。
2. 严格遵守国家法律、法规，依法审计，保证审计材料的真实性、合法性。
3. 办理审计事项，应当客观公正，实事求是，廉洁奉公，保持严谨、稳健、负责的职业态度。
4. 努力学习、更新知识，学以致用，积极进取，具备与审计工作相适应的专业知识和业务能力。
5. 办理审计事项，与被审计单位或者审计事项有利害关系的，应当回避。
6. 审计人员应当遵循保密性原则，按规定使用其在履行职责时所获得的资料。

第4章　审计人员行为纪律规范

第5条　审计人员在执行任务时应严格遵守的纪律规范

1. 在实施审计期间，不得参加可能影响公正执行任务的宴请等。
2. 到外地或有关单位调查研究时，食宿应执行公司规定的接待标准。
3. 不受贿、索贿，不利用职权为个人谋私利。
4. 不得隐瞒查出的被审计单位违反财经法纪的问题。

第5章　道德行为规范监督检查

第6条　公司人力资源部及审计部门应当加强对审计人员的职业道德和纪律教育，并对审计人员遵守职业道德和纪律情况进行监督、检查。

第7条　审计部经理对所属审计人员的职业道德建设负有领导责任，应当对部门内人员加强教育、监督和检查。对执行本规定好的审计人员应进行表扬，对违反本规定的必须纠正，情节严重、造成恶劣影响的，除按违纪予以严肃处理外，并视情节追究有关直接负责人的责任。

第8条　审计人员违反道德行为规范，具体按照公司有关规定进行处理。

第6章　附　则

第9条　本规范由审计部负责解释。

第10条　本规范自发布之日起施行。

修订记录	修订标记	修订处数	修订日期	审批签字

20.2.2　审计人员考核制度

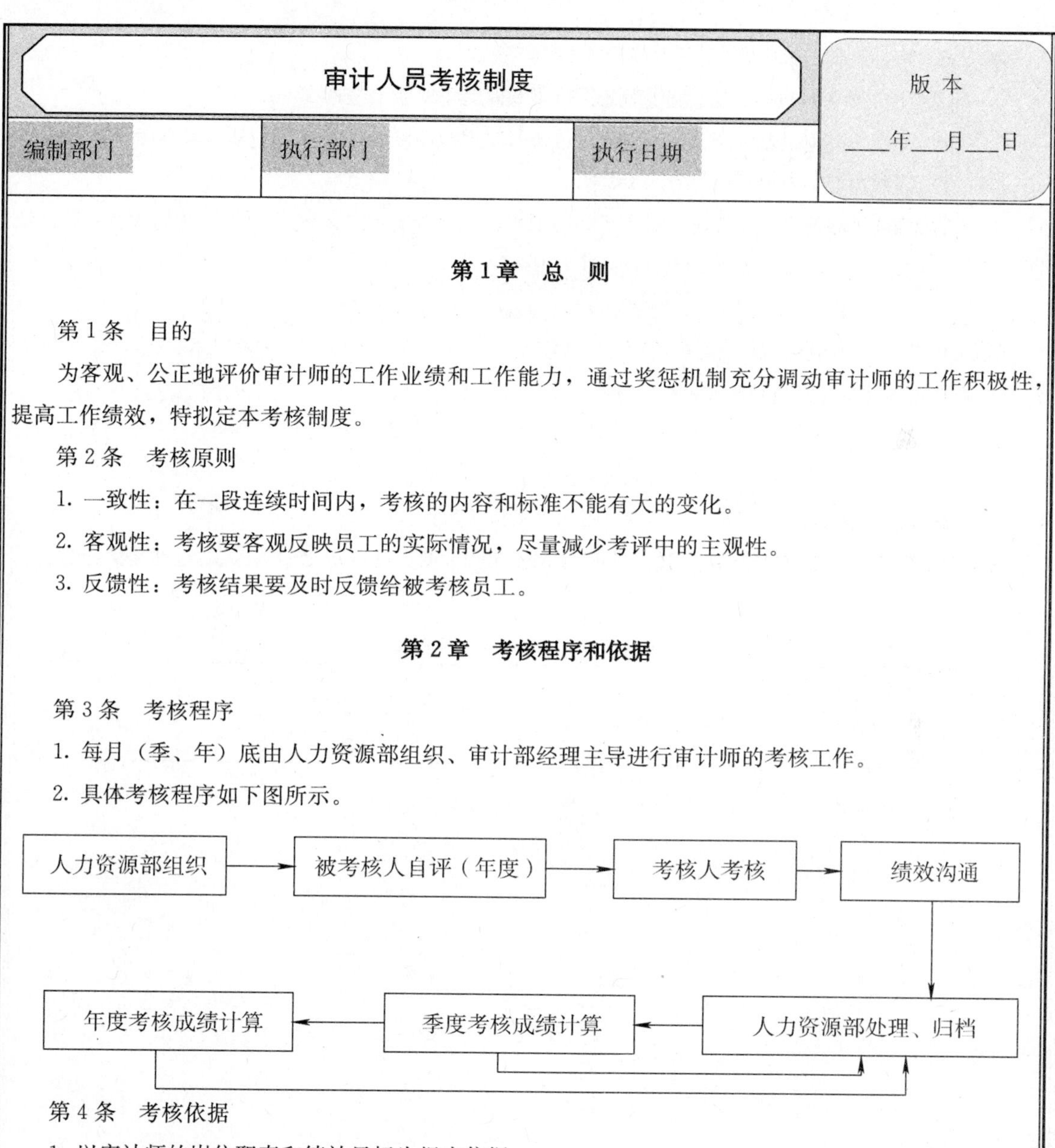

审计人员考核制度			版本
编制部门	执行部门	执行日期	____年___月___日

第 1 章　总　则

第 1 条　目的

为客观、公正地评价审计师的工作业绩和工作能力，通过奖惩机制充分调动审计师的工作积极性，提高工作绩效，特拟定本考核制度。

第 2 条　考核原则

1. 一致性：在一段连续时间内，考核的内容和标准不能有大的变化。
2. 客观性：考核要客观反映员工的实际情况，尽量减少考评中的主观性。
3. 反馈性：考核结果要及时反馈给被考核员工。

第 2 章　考核程序和依据

第 3 条　考核程序

1. 每月（季、年）底由人力资源部组织、审计部经理主导进行审计师的考核工作。
2. 具体考核程序如下图所示。

第 4 条　考核依据

1. 以审计师的岗位职责和绩效目标为根本依据。
2. 以审计师的工作业绩和日常表现为客观依据。
3. 以公司的相关人事制度、考核制度、财务制度等为参考依据。

第3章 考核内容

第5条 审计人员考核内容

1. 季度考核主要考核内容：关键业绩考核、工作能力考核、工作态度考核。

2. 年度考核主要考核内容：关键业绩考核、工作能力考核、工作态度考核、职业素养考核。

第6条 考核内容的主要项目

1. 关键业绩指标：审计项目数量、审计计划达成率、现场审计操作不规范影响生产的次数、审计证据不真实的次数、审计建议采纳率、审计问题追踪检查率。

2. 工作能力：沟通协调能力、风险控制能力、文书写能力、分析判断能力。

3. 工作态度：谨慎性、敬业精神、责任心、考勤。

4. 职业素养：主要考核其职业道德状况。

第4章 考核结果应用

第7条 考核结果应用

1. 根据考核结果对审计人员进行强制排序，划分A、B、C、D、E五个等级，以起到奖优罚劣的目的。详细参考下表。

审计师考核结果评级对照表

综合评定等级	A	B	C	D	E
强制分布比例（%）	5	15	60	15	5

2. 考核结果可用于审计人员的薪资调整、晋升、培训等相关工作中。

修订记录	修订标记	修订处数	修订日期	审批签字

20.3　审计部业务管理规章制度

20.3.1　内部审计管理制度

编制部门： 编制日期：	内部审计管理制度	执行部门： 制度版本：

第 1 章　总　则

第 1 条　目的

为进一步规范本公司内部审计工作，提高内部审计工作质量，依据《审计法》及其他相关法律法规规定，特制定本制度。

第 2 条　范围界定

本制度所称内部审计，是指由公司内部机构或人员，对其内部控制和风险管理的有效性、财务信息的真实性和完整性以及经营活动的效率和效果等开展的一种评价活动。

第 3 条　原则

内部审计的基本原则：独立性原则、合法性原则、实事求是原则、客观公正原则、廉洁奉公原则、保密原则。

第 2 章　内部审计机构与人员

第 4 条　内审机构

公司内部审计工作职能由审计部负责，审计部向董事会以及下设的审计委员会负责，向董事会审计委员会报告工作。董事会审计委员会可以根据工作需要，提出内部审计的要求和建议，由审计部落实实施。

第 5 条　审计人员应当具备的条件

1. 审计人员具有与审计工作相适应的审计、会计、经济管理等相关专业知识和业务能力，并不断通过后续教育保持和提高专业胜任能力。

2. 审计人员应该熟悉公司的经营活动和内部控制。

3. 审计人员遵循职业道德规范，并以应有的职业谨慎态度执行内部审计业务。

4. 审计人员应忠于职守，客观公正，保守秘密，不得滥用职权、徇私舞弊。

5. 审计人员办理审计事项，与被审单位和审计事项有利害关系时，应当回避。

第 3 章　内部审计依据与对象

第 6 条　内部审计依据

1. 国家的法律、法规和有关政策。

2. 公司的有关规章制度。

3. 公司的经营计划、发展目标等。

4. 其他相关标准。

第 7 条　内部审计对象

1. 公司各控股公司、参股公司、分公司、公司设立的其他机构、公司各职能部门等。

2. 公司向控股公司、参股公司、分公司、公司设立的其他机构派驻或聘任的有关人员及公司员工。

3. 董事会认为需要检查的其他事项和有关人员。

第 4 章　内部审计范围与内容

第 8 条　内部审计范围

1. 公司内部审计的范围包括公司及下属各子公司、公司职能部门、内部非法人独立核算单位的所有经营和管理活动。

2. 审计部可根据实际情况，对被审计单位实施定期或不定期、全面或局部审计。

第 9 条　内部审计内容

1. 财务预算执行和决算情况。

2. 与财务收支有关的经济活动的合法性、合规性。

3. 资产的管理情况。

4. 公司的筹资及对外投资的合法性、可行性及效益性。

5. 内部控制制度的执行情况。

6. 对有关经济合同的合法性、合规性、效益性和执行情况进行评审。

7. 对公司基本建设、技术改造项目合同执行情况及工程项目预、决算违规违章情况进行审计监督。

8. 公司内部负有重要岗位责任人员的离任、调职时，对其任职期间履行职责情况及有关经济活动审计。

9. 对公司资源（包括人力、物力和财力等）使用的效益性进行审计。

第 5 章　内部审计工作程序

第 10 条　内部审计工作程序

1. 审计部制定的年度内部审计目标、计划、工作方案、人力资源计划和财务预算，经董事会批准组织实施。

2. 内部审计部依据董事会批准的内部审计工作计划、工作方案及实施授权等，作出合理安排，制定详细的审计实施时间表。

3. 告知被审计单位，说明审计内容、种类、方式、时间。

4. 实施审计：审计人员可采取审查凭证、账簿、文件、资料，检查现金、实物，以及向有关单位和人员调查取证等措施，深入调查了解被审计单位的情况。内部审计人员可采用座谈、检查、抽样等审计方法，获取充分、可靠审计证据，记录审计工作底稿。

5. 根据审计工作底稿，拟定审计结论和审计报告。

6. 同被审计对象交换意见。

7. 向董事会提交交换意见完毕后的《审计报告》及《审计处理意见》。

8. 经公司管理层同意后下达《审计处理意见》。

9. 被审计对象、个人在接到《审计处理意见》15 天内，若有异议的，可向公司提出书面复审申请，经董事会或主要负责人批准，组织复议。

10. 进行后续审计，内审机构自《审计处理意见》送达之日起 3～6 个月内进行审计回访检查，检查《审计处理意见》的执行情况。

11. 重大事项审计报告报股东大会备案。

12. 审计过程中若发现重大问题，可随时向董事会报告并及时制止。

第 6 章　审计档案管理

第 11 条　公司审计部门应建立、健全审计档案管理制度，审计档案管理参考公司档案管理、保密管理等规定执行。

第 12 条　审计档案的范围

1. 审计通知书和审计方案。
2. 审计报告及其附件。
3. 审计记录、审计工作底稿和审计证据。
4. 反映被审单位和个人业务活动的书面文件。
5. 审计处理决定以及执行情况报告。
6. 申诉、申请复审报告。
7. 复审和后续审计的资料。
8. 其他应保存的档案资料。

第 7 章　奖励与处罚

第 13 条　审计人员工作有显著成绩的，公司应给予表彰和奖励。

第 14 条　审计人员违反本条例，有下列行为之一者，给予处分并调离审计部门：

1. 泄露有关审计工作机密的。
2. 利用职权谋取私利的或弄虚作假，徇私舞弊的。

第 15 条　对被审计部门违反本条例，有下列行为之一者，公司对直接责任者及有关领导处分：

1. 拒绝提供与审计事项有关文件、账单、凭证、会计报表、资料和证明的。
2. 阻挠、破坏审计人员行使审计职权的。
3. 打击、报复检举人和审计人员的。
4. 拒不执行审计决定的或弄虚作假、隐瞒事实真相的。

修订记录	修订标记	修订处数	修订日期	审批签字

20.3.2 审计档案管理制度

编制部门： 编制日期：	审计档案管理制度	执行部门： 制度版本：

第1条　为了加强本公司的审计档案工作，充分发挥审计档案的作用，根据《中华人民共和国审计法》《中华人民共和国档案法》及其他相关规定，结合本公司工作的具体情况，特制定本制度。

第2条　本办法所称审计档案，是指审计部在审计活动中直接形成的，具有保存价值的以纸质、磁质、光盘和其他介质形式存在的历史记录。

第3条　审计档案管理人员的主要职责

1. 认真贯彻执行国家关于审计档案管理工作的法规，依法建立本公司的审计档案管理工作规章、制度。

2. 组织、指导和监督各业务科室，审计文件材料的立卷和归档工作。

3. 按照国家有关规定，做好审计档案的收集、整理、保管、利用、编研工作，为审计工作服务。

第4条　审计文件材料按项目立卷，一个审计项目可立一个卷或几个卷，一般不得将几个审计项目的文件材料合并为一个卷。跨年度的审计项目，在项目审计终结的年度立卷。

第5条　审计案卷内每份或每组文件之间按固定的规则进行排列。

第6条　审计项目一经实施，立卷责任人即应及时收集本项目的文件材料。审计终结时，立卷责任人应对本审计项目的相关资料进行鉴别、整理、立卷，经审计组长复核后，进行编目和装订。

第7条　审计文件材料的归档，应坚持以审计项目案卷为单位进行交接，归档时间不得迟于该审计项目结束后的2个月。

第8条　审计档案的保管期限应当按照项目审计案卷的保存价值确定，分为永久、长期、短期三种。

第9条　审计档案的借阅，一般应限定在公司审计成员内部。凡需将审计档案借出公司或要求出具审计结论证明的，应由总经理批准。

第10条　对损毁、丢失、涂改、伪造、出卖、转卖、擅自提供审计档案者或者因玩忽职守造成审计档案损失的审计人员，应依法给予行政处分；构成犯罪的，依法追究刑事责任。

第11条　本制度由公司审计部负责解释。

修订记录	修订标记	修订处数	修订日期	审批签字

第 21 章

行政部职位说明书与制度编制

21.1 行政部职位说明书

21.1.1 行政经理职位说明书

岗位信息	岗位名称	行政经理	所属部门	行政部
	岗位编号		岗位序列	
	薪资标准		直接上级	
职责概述	指导、协调公司行政服务支持的各项工作，为公司的高效运转提供支持和保障			

岗位职责及绩效标准

岗位职责	绩效标准
安全制度管理 1. 组织制定公司规章制度 2. 监督公司规章制度的执行情况	1. 制度内容完善 2. 公司领导对规章制度执行情况满意度评价达___分
行政事务管理 1. 组织公司内部文件的草拟、下发、传阅、控制等管理 2. 组织安排总经理办公会及公司其他有关会议或其他活动 3. 公司证照、印鉴、介绍信等的管理 4. 合理控制公司各项行政费用支出	1. 文件处理及时率达100% 2. 会议纪要制作及时、内容准确 3. 行政费用比预算降低___%
行政资产管理 1. 组织职能范围内所涉及设备的购买、维护等工作 2. 协调各部门行政性车辆的使用及车辆保养、维修	1. 办公设备完好率达___% 2. 车辆完好率达___%
公司内外关系协调 1. 接待同行及协作单位来访的领导，为公司建立和保持良好的公共关系 2. 协助总经理协调各部门之间的工作关系	1. 外部客户综合评价达___分 2. 行政服务满意度评价达___分
部门员工管理 1. 负责将部门工作计划分解到个人，并监督计划完成情况 2. 评价考核下属员工工作完成状况	1. 年度工作计划完成率达到100% 2. 员工考核达标率达___%

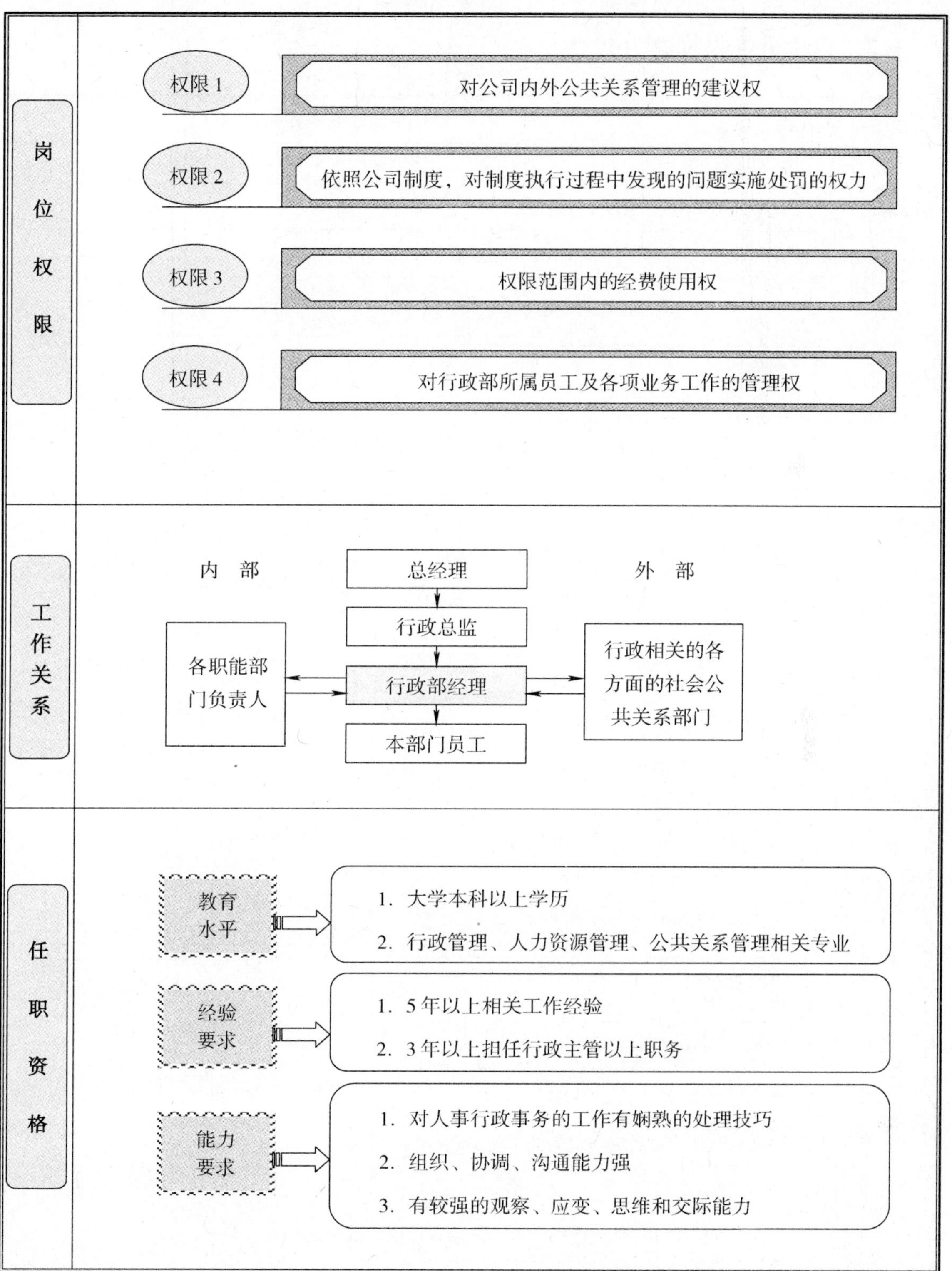
岗位权限
权限 1
对公司内外公共关系管理的建议权
权限 2
依照公司制度，对制度执行过程中发现的问题实施处罚的权力
权限 3
权限范围内的经费使用权
权限 4
对行政部所属员工及各项业务工作的管理权
工作关系
内　部
总经理
外　部
行政总监
各职能部门负责人
行政部经理
行政相关的各方面的社会公共关系部门
本部门员工
任职资格
教育水平
1. 大学本科以上学历
2. 行政管理、人力资源管理、公共关系管理相关专业
经验要求
1. 5 年以上相关工作经验
2. 3 年以上担任行政主管以上职务
能力要求
1. 对人事行政事务的工作有娴熟的处理技巧
2. 组织、协调、沟通能力强
3. 有较强的观察、应变、思维和交际能力

21.1.2 行政主管职位说明书

<table>
<tr><td rowspan="4">岗位信息</td><td>岗位名称</td><td>行政主管</td><td>岗位编号</td><td></td></tr>
<tr><td>岗位等级</td><td></td><td>薪资水平</td><td></td></tr>
<tr><td>工作部门</td><td>行政部</td><td>直接上级</td><td>行政经理</td></tr>
<tr><td>直接下级</td><td></td><td>所辖人数</td><td></td></tr>
<tr><td rowspan="3">工作职责及绩效标准</td><td colspan="2">职责描述</td><td>责任划分</td><td>绩效标准</td></tr>
<tr><td colspan="2">业务职责
1. 参与制度公司行政管理制度、完善和细化办公管理体系和业务流程
2. 认真执行公司内部各项规章制度，树立良好的企业形象
3. 负责公司行政文件的行文、登记、归档工作
4. 组织人员做好办公设备的购买、发放、维护等工作
5. 公司日常会议的组织与安排
6. 组织做好访客接待和相关的外联工作
7. 合理控制公司行政费用支出</td><td>协助
部分
全责
全责
部分
部分
部分</td><td>1. 文件处理及时率达到100%
2. 办公用品发放及时、无差错
3. 办公设备完好率达____%
4. 会议纪要制作及时、准确
5. 文件资料归档的完整率达100%</td></tr>
<tr><td colspan="2">管理职责
1. 合理安排下属员工工作并予以督促、指导
2. 负责下属人员的人事管理工作</td><td>全责
协助</td><td>1. 培训计划完成率达100%
2. 员工满意度评价不低于____分</td></tr>
</table>

职位关系	可晋升职位：行政经理、人力资源经理 可相互轮换的职位：薪酬主管、绩效考核主管、培训主管 可降低职位：行政文员、行政秘书、人事专员
任职资格	**教育水平** 1. 大学本科以上学历 2. 企业管理、行政管理等相关专业 **工作经验及业务了解范围** 1. 3 年以上本岗位任职经历 2. 熟悉国家相关劳动法律、法规，了解行政管理工作流程 **技能/能力**

能力项目	能力要求
协调能力	能根据工作需要，合理协调可利用的资源，确保工作的有序开展
计划能力	根据工作需要，提出具体可行的工作规划和建议，能够区分工作的轻重缓急，并制定出优化的方案和执行时间表
团队管理能力	善于了解员工的优缺点及工作兴趣，有针对性地合理分配工作，激励员工并培养团队成员

21.1.3 行政秘书职位说明书

<table>
<tr><td rowspan="2">岗位信息</td><td>岗位名称</td><td>行政秘书</td><td>岗位编号</td><td></td></tr>
<tr><td>所属部门</td><td>行政部</td><td>直接上级</td><td></td></tr>
<tr><td>工作概述</td><td colspan="4">负责公司内部的文秘工作，对其他行政和业务方面的工作提供行政支持</td></tr>
<tr><td>工作内容及绩效标准</td><td colspan="3">工作内容
1. 负责来访单位的接待工作
2. 文件的处理与存档
3. 采购、分发和合理控制办公用品
4. 协助组织和安排会议，进行会议记录与整理
5. 负责公司印章的管理工作
6. 做好商务活动中所需的票务、宾馆等的预订工作
7. 协助完成公司的对外联络事宜，跟进各项事务进度</td><td>绩效标准
1. 文件处理及时、准确
2. 办公用品发放及时、准确
3. 会议记录完整、准确
4. 文件资料归档完整率达100%</td></tr>
<tr><td rowspan="3">任职资格</td><td>教育水平</td><td colspan="3">1. 大专以上学历
2. 文秘、管理类相关专业</td></tr>
<tr><td>经验要求</td><td colspan="3">2年以上同岗位职务工作经验</td></tr>
<tr><td>能力要求</td><td colspan="3">1. 良好的文字组织能力、沟通能力
2. 具备一定的分析、解决问题的能力
3. 具有较强的洞察力、时间管理能力</td></tr>
</table>

21.1.4　前台文员岗位说明书

<table>
<tr><td rowspan="2">岗位信息</td><td>岗位名称</td><td>前台文员</td><td>岗位编号</td><td></td></tr>
<tr><td>所属部门</td><td>行政部</td><td>直接上级</td><td></td></tr>
<tr><td>工作概述</td><td colspan="4">负责公司前台接待工作，包括电话转接、来访接待、传真收发等事务的处理</td></tr>
<tr><td>工作内容及绩效标准</td><td colspan="3">工作内容
1. 负责前台的来访接待
2. 公司电话总机的接听、转接工作
3. 做好来电咨询工作，重要事项认真记录并传达至相关部门或人员
4. 负责收发杂志、报纸、函件的收发工作
5. 工作资料的分类、保存、归档管理
6. 公司前台区域的环境卫生管理</td><td>绩效标准
1. 信息反馈及时、不遗漏
2. 文件收发及时、准确
3. 资料归档及时，无丢失、损毁等现象</td></tr>
<tr><td rowspan="3">任职资格</td><td>教育水平</td><td colspan="3">1. 大专以上学历
2. 文秘或相关专业</td></tr>
<tr><td>经验要求</td><td colspan="3">1 年以上文员工作经验</td></tr>
<tr><td>能力要求</td><td colspan="3">1. 熟练使用各种办公软件
2. 具有良好的沟通能力、协调能力
3. 灵活应变能力强</td></tr>
</table>

21.2 行政人事管理制度

21.2.1 办公用品管理制度

编制部门： 编制日期：	办公用品管理制度	执行部门： 制度版本：

第1章 总 则

第1条 为保证办公用品的有效使用和妥善保管，特制定本制度。

第2条 公司各部门应本着节约的原则领取、使用办公用品。

第3条 行政部负责办公用品的统一购置、保管、发放。办公用品的发放、领用，须按部门分别建立台账，便于核算成本。

第2章 办公用品的申请与购置

第4条 办公用品的申请

1. 对于日常办公用品申请，直接由部门填写申请单（“办公用品申请单”见附表1），经主管签字确认后，交至行政部。

2. 各部门需申购、更新大宗办公设备，还须另填一份订购审批表，由部门提出意见报董事长批准，行政部负责采购。总金额超过一万元以上的，由行政部负责招标。

第5条 办公用品的购置

1. 为便于管理，原则上各部门每季度最后一个月××日的集中一次申购办公用品，如有特殊需要，可另行上报，行政人事部必须在接到有效批示后××日内采购完毕，并及时发放到各部门。

2. 各种低值易耗品（如复印纸、传真纸、墨盒、笔等）的采购，总价值在200元以下，由行政部经理审批后，直接予以购置。

3. 办公事务部门在购买办公用品时，必须对商品的价格进行比较，选择价格和质量较佳的商品。

第6条 办公用品的领用

1. 行政部门根据申请部门的申请，发放办公用品。

2. 用品发放后进行登记（“办公用品领用登记表”见附表2)，写明分发日期、品名与数量等。

3. 领取的非消耗性办公用品（如订书机、计算器、剪刀）应列入移交，如重复申领，应说明原因或凭损毁原物以旧换新，杜绝虚报冒领。

4. 员工到岗时，所需办公用品由部门报请办公室审批后领用。

第 3 章　办公用品的管理

第 7 条　公司员工应当自觉爱护公司财产，节约使用办公用品。

第 8 条　员工在使用办公设备时，如发现故障应及时向管理部或部门主管报告；因保管或使用不当造成损坏的应追究当事人赔偿责任。

第 9 条　当工作人员因离职或工作变动时，应按有关规定办理移交手续。

第 10 条　行政部门须定期或不定期盘点，查对台账与实物，保证账实相符。

第 11 条　行政部门须防止办公用品受潮、虫蛀、损坏或丢失，保证办公用品的功用，性能和及时换更。

第 12 条　对报废的办公用品，在报废册上记录相关名称、价格、数量及报废处理的其他有关事项。

第 13 条　报废品不得随意丢弃，应集中存放、集中处理。

第 4 章　附　件

附表 1　办公用品申请表

用品名称	规格	数量	单位	用途	需用日期	估计价格	备注
请购部门经理审批							
行政人事部审批							
总经理审批							

附表 2　办公用品领用登记表

办公用品名称	领用日期	领用数量	领用人	行政部签字	备注

修订记录	修订标记	修订处数	修订日期	审批签字

21.2.2 公司车辆管理制度

编制部门： 编制日期：	公司车辆管理制度	执行部门： 制度版本：

第1章 总 则

第1条 目的

为了严格管理车辆，节约费用开支，最大限度地发挥车辆的使用效益，以适应企业公务用车的需要，特制定本制度。

第2条 适用范围

本制度所指车辆均指企业的行政办公用车。

第3条 权责单位

本企业的办公用车统一由行政管理部管理。

第2章 行政用车管理

第4条 企业各部门用车均应按要求填写“用车申请单”（见附表1），经行政管理部指派负责人签名同意后方可出车。

第5条 派车一般按照领导优先、公务优先、急事优先的原则。

第6条 车辆原则上不能外借。

第7条 双休日、节假日除值班车辆外，其余车辆一律入库，未经办公室同意，任何人不得私自动用公司车辆。

第8条 每部车辆应设置“车辆行驶记录表”，在使用前应核对“车辆里程表”与“记录表”前一次用车的记载是否相符，在使用车辆后，应记载行使里程、时间、地点、用途等。行政管理部每月对其抽查一次。

第9条 车辆执行完当天公务，驾驶员必须把车辆统一停放在车库；因公务出车在外，车辆应停放在符合要求的场所。

第3章 车辆安全管理

第10条 安全教育学习：由公司行政管理部定期组织车队司机进行车辆安全教育培训。

第11条 车况检查：司机每日必须检查车灯、水箱、刹车系统、轮胎、油等装备，异常情况要及时报告、及时排除；如因车况发生事故，其责任由车辆司机自行负责。

第12条 载量限制：运输不允许超载（超重、超长、超高）。

第 13 条　安全行驶：司机必须树立“安全第一”的思想，按照交通规则行驶。

第 14 条　事故责任：由于司机本人原因造成的交通违章罚款公司不给予报销；司机责任事故由司机个人承担。

第 15 条　钥匙保管：未经公司总经理同意，任何人不得配制车辆钥匙；车辆回司后或司机请假，钥匙由相关管理人员保管；司机离职钥匙交回行政管理部管理。

第 16 条　车钥匙由行政管理部统一保管，每天早上驾驶员至行政管理部领取车钥匙执行当天公务，并填写“车钥匙领放表”。

第 17 条　驾驶员将车辆锁好后，必须把车钥匙交至公司行政管理部，如遇特殊情况另行安排。

第 4 章　车辆维修管理

第 18 条　车辆的年审、保养维修统一由行政管理部安排办理。

第 19 条　司机应加强对车辆的保养，爱护车辆，勤检查、勤打扫，出车前、收车后要进行检查，如有异常，应及时向车队长报告，保证车辆的正常行驶。

第 20 条　车辆需要维修时，先由司机填写“车辆维修申请表”（见附表 2），车队长审查并制订修理计划后，车辆方可进厂修理。

第 21 条　企业车辆的维修，须在指定的修理厂修理。定点修理厂应该是修理质量好、价格合理、方便快捷、服务意识强、有一定规模的厂家。

第 22 条　维修费由车辆管理员报行政管理部经理审核；费用较高的须由总经理批准。

第 23 条　费用报销

1. 公务用车油料及维修费根据相关凭证实报实销。

2. 私车公用依凭证报销，修理过程中不得故意多报修车项目，或弄虚作假现象，一经发现按虚报金额的 200%予以处罚。

第 5 章　车队司机管理

第 24 条　司机要按时到岗到位，司机的出勤考核参照办公室其他人员一并考核。

第 25 条　司机必须遵守有关交通安全管理的规章规则和相关操作规程，安全驾车。

第 26 条　车辆驾驶员应服从办公室安排，无正当理由，不得拒绝出车和随意交换车辆，更不得将车辆交他人驾驶。

第 27 条　车队司机应凭“用车申请单”出车，原则上严禁用公车办私事。

第 28 条　车辆驾驶员对车辆要经常进行保养和检查，保持车容车貌的整洁干净。

第 6 章　附　则

第 29 条　公司行政管理部负责本制度的制定、发放、修改、废止等工作。

第 30 条　总经理负责本制度的核准工作。

第7章　附　件

附表1　用车申请单

申请人		申请部门		申请日期	
出发时间		回程时间		预计行程	
派车事由					
目的地					
乘车人员					
部门审核		行政管理部审核		总经理审核	

附表2　车辆维修申请表

车号		上次里程		申请人	
请修项目					
损坏原因					
修理厂家					
行政管理部意见					
分管领导意见					

修订记录	修订标记	修订处数	修订日期	审批签字

21.2.3　员工日常行为规范

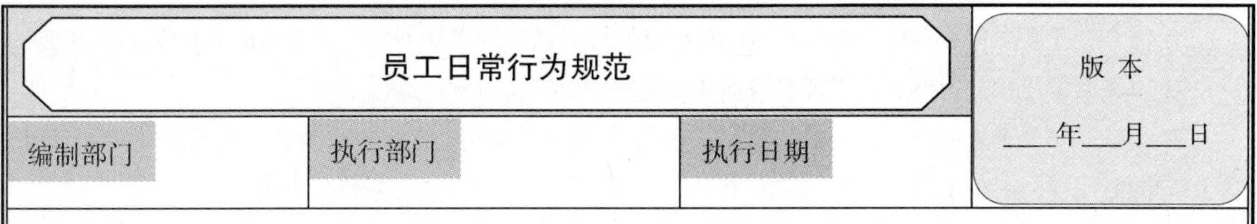

员工日常行为规范			版 本 ____年___月___日
编制部门	执行部门	执行日期	

第 1 章　总　则

第 1 条　为规范员工日常行为，培养员工良好的工作意识和工作习惯，营造良好的工作环境，特制定本规范。

第 2 条　本规范规定了公司员工上班期间的日常行为规范准则，适用于公司所有员工。

第 3 条　职责

1. 行政部负责员工日常行为规范的归口管理，并据本对员工日常行为进行监督检查。
2. 各部门主管领导协助行政部做好本部门员工日常行为的检查监督工作。

第 2 章　员工行为规范细则

第 4 条　遵纪守法，遵守公司规章制度，维护公司的利益、形象以及信誉。

第 5 条　诚实守信，爱岗敬业，自觉做好本职工作，在工作中以身作则，为他人树立良好的榜样。

第 6 条　积极响应上级领导的安排，以饱满的热情和积极的态度面对所交付的工作和任务。

第 7 条　工作期间，员工仪表须保持端庄、整洁。

第 8 条　严格遵守工作时间，做到不迟到、不早退。

第 9 条　工作期间不允许串岗聊天和在工作区内大声喧哗，不得妨碍他人工作，不得擅自离开工作岗位，不可从事与工作内容无关的事项。

第 10 条　公司员工应明确自己的职责，端正态度，恪尽职守，提高工作效率和质量。

第 11 条　员工必须干好本职工作，为企业作贡献。在干好本职工作的前提下，努力扩大视野、增加知识、提高技能，以适应更多岗位的要求。

第 12 条　工作中注意团队精神，同事间友好互助、团结协作，不得互相推卸责任。

第 13 条　工作中要积极进取，善于学习，勇于创新，敢于建议。

第 14 条　在处理对外事务中，必须使用“您好、欢迎、请、谢谢、对不起、再见”等礼貌用语。

第 15 条　接听电话应及时，一般铃响不应超过三声，通话时音量适中。如遇对方所找人员不在，请对方留言并转告至相应人员。

第 16 条　公司每位员工都应以主动热情的态度对待公司来访客人，并做好应答或记录工作。若超出处理权限及时通报公司相关领导。

第 17 条　自觉保守公司技术、财务、管理上各种机密，违反此规定的员工，一经发现将给予直至解雇的严肃处理。

第 18 条　重要文件、资料要随时存放。待处理文件和已处理文件不能散放于桌面，自觉及时整理。

第 19 条　要爱护公司财产，不得有意损坏公司财产或将公司财产挪作私用。

第 20 条　员工个人所借用的工具、物品必须妥善保管，不得随意拆卸或改装。若出现故障须及时向上级申报。

第 21 条　保护环境卫生，下班前整理好自己的桌面，把椅子归位。

第 22 条　节约能源，最后离开办公区域的员工要切断不必要电源并锁好办公室的门窗。

第 3 章　附　则

第 23 条　本规范由公司行政部负责制定并解释。

第 24 条　本规范自发布之日起实施。

修订记录	修订标记	修订处数	修订日期	审批签字

21.2.4　行政秘书考核实施办法

行政秘书考核实施办法						版本
编制部门		执行部门		执行日期		____年___月___日

第 1 章　总　则

第 1 条　考核原则

1. 公平，公正，公开，客观的原则。
2. 多角度评价，多种测评方法相结合原则。
3. 定期化和制度化相结合原则。

第 2 条　考核实施目的

1. 奖罚分明，多劳多得，不断提高公司管理水平和此岗位员工的综合素质。
2. 有效评价岗位员工的绩效水平。
3. 作为岗位晋升、调岗、薪酬浮动的依据。
4. 提高员工工作的积极性和主动性。
5. 提高员工的工作质量和工作效率。

第 3 条　考核实施主体

考核由行政部负责考核的具体评估工作，公司人力资源部进行统一管理。

第 2 章　考核内容及考核标准

第 4 条　考核频率

绩效考核分季度考核和年终考核。

第 5 条　考核内容

绩效考核主要包括德能和技能两个方面，其中德能考核占 30%，技能占 70%。

1. 技能考核内容包括工作效率、工作技能、行政服务评价、出勤情况 4 方面。
2. 德能考核主要包括诚实守信和工作态度，其中诚实守信考核占 30%，工作态度占 70%。

第 6 条　季度考核内容及评价标准

季度考核主要考核工作技能方面，其具体考核内容如下。

1. 工作效率（20%）。各项工作的完成情况，包括进度、完成数量等，每有 1 次未按时完成，扣______分。
2. 工作技能（50%）。被考核人员的工作技能掌握情况（具体考核标准见附表）。

3. 行政服务（15%）。行政服务对象对行政秘书工作满意度评价情况。所提供的行政支持满意度评价不得低于______分，每低于______分，扣______分。

4. 考勤（15%）。被考核人员的考勤情况（10%），每迟到、早退1次，扣______分。

第7条　年度考核内容及评价标准

1. 年度考核则是对一年中行政秘书德能和技能方面的综合表现的考核。

2. 对德能考核的内容（指标、事项），其考核评定标准设为5个层次（从差至优秀，设为1～5分）。

第3章　考核结果管理

第8条　考核结果分为优秀（90分以上）、良好（80～89分）、合格（60～79分）、不合格（60分以下）四个级别。

第9条　根据行政秘书的考核结果，依照公司的绩效管理的相关规定，对其实施相应的绩效奖惩。

第4章　附　件

附表　　行政秘书工作技能考核评估表

员工考核量表		岗位		所属部门	行政部门
		考核日期		考核等级	
考核项	**考核内容**	**评分标准**			**得分**
公文撰写	公文撰写的质量	1. 文件未在规定时间内提交的事件每发生1次，扣____分 2. 公文撰写中，出现一次错误扣______分			
文件录入	打字准确率与及时性	1. 打字出错在控制范围内得____分，超过此标准扣____分 2. 未在规定时间内完成，扣______分/次			
日常文书管理	文件发放的及时性与准确性	1. 每延迟1次，扣______分 2. 每出现一次错误情况扣______分			
	文件归档率	达到100%，低于标准扣______分			

修订记录	修订标记	修订处数	修订日期	审批签字

第 22 章

人力资源部职位说明书与制度编制

22.1 人力资源部职位说明书

22.1.1 人力资源部经理职位说明书

岗位信息	岗位名称	人力资源部经理	所属部门	人力资源部
	岗位编号		岗位序列	
	薪资标准		直接上级	

职责概述

根据公司的经营发展战略，开发和管理公司人力资源，建立完善的人力资源管理体系，为公司各部门提供优质的人力资源服务

岗位职责及考核

岗位职责	绩效标准
规章制度管理 1. 建立和完善各项人事管理制度，并监督执行 2. 根据内外环境的变化，对人事规章制度进行适时修订	人事制度完善、规范
财务管理 1. 制定人力资源管理预算，控制各项费用 2. 负责部门费用的审批，努力降低部门管理费用	1. 人事费用控制在预算内 2. 部门费用降低率达___%
业务管理 1. 负责组织制定公司全体人员的职业生涯规划 2. 组织实施招募、甄选工作，确保人员及时到岗 3. 分析培训需求，根据公司发展目标实施培训和能力开发 4. 组织制定员工考核方案，根据考核结果提出管理建议 5. 完善薪酬福利管理，制定合理的薪酬福利水平 6. 合理规避劳动关系风险，及时处理各种劳动纠纷	1. 招聘任务完成率达___% 2. 核心员工流失率达___% 3. 培训计划达成率达___% 4. 薪资发放差错在___次内 5. 员工适岗率达___% 6. 劳动纠纷处理及时
内外协调管理 1. 负责与外部相关单位的协调沟通工作 2. 负责与公司内部其他部门的沟通协调工作	1. 外部合作部门满意度评价达___分 2. 内部协作满意度达___分
部门内部管理 1. 负责人力资源内部的组织管理和团队建设 2. 负责下属员工的培训和考核工作	1. 培训计划达成率达___% 2. 下属考核达标

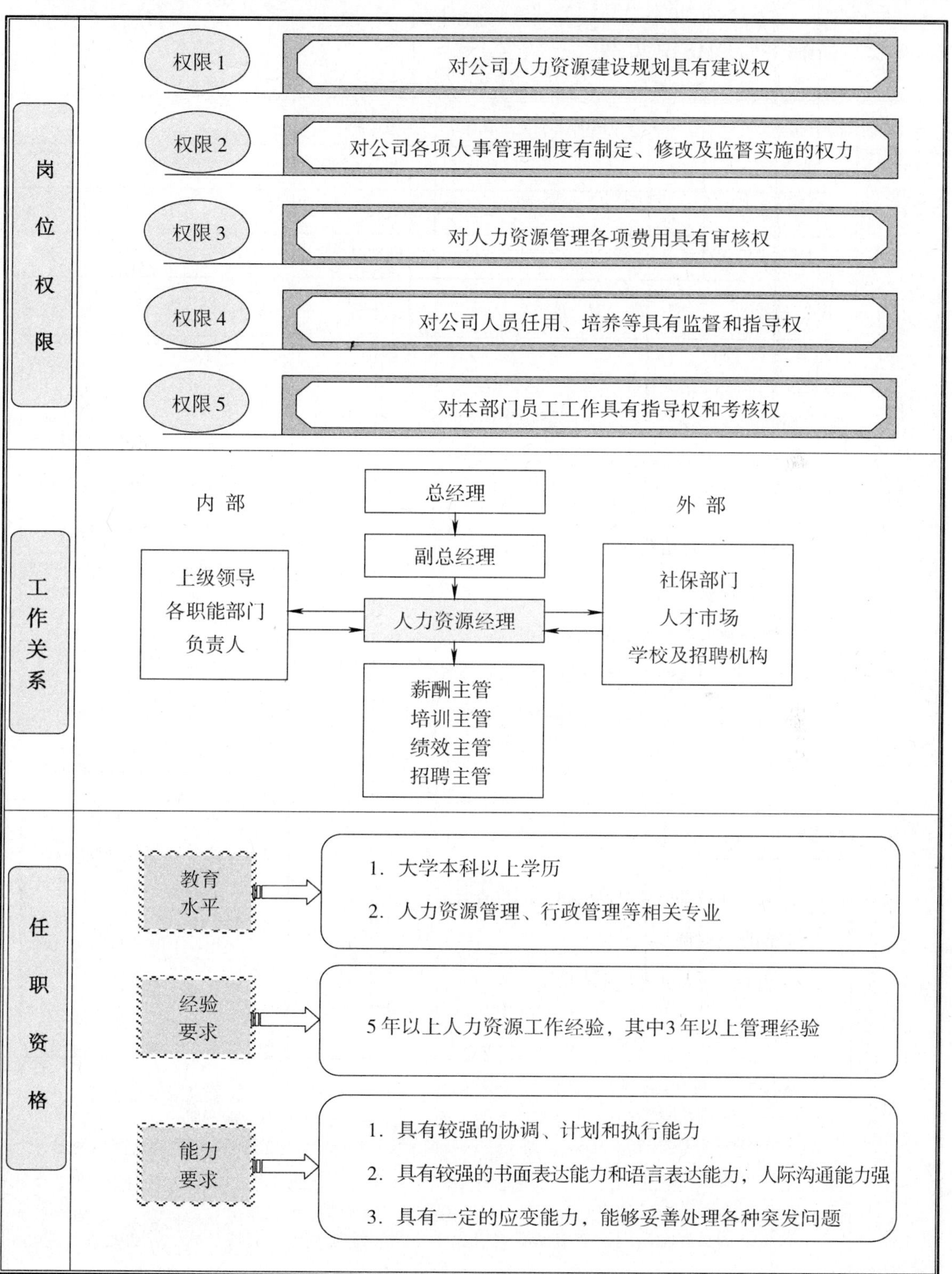
岗位权限
权限 1
对公司人力资源建设规划具有建议权
权限 2
对公司各项人事管理制度有制定、修改及监督实施的权力
权限 3
对人力资源管理各项费用具有审核权
权限 4
对公司人员任用、培养等具有监督和指导权
权限 5
对本部门员工工作具有指导权和考核权
工作关系
内 部
总经理
外 部
副总经理
上级领导
各职能部门
负责人
人力资源经理
社保部门
人才市场
学校及招聘机构
薪酬主管
培训主管
绩效主管
招聘主管
任职资格
教育
水平
1. 大学本科以上学历
2. 人力资源管理、行政管理等相关专业
经验
要求
5 年以上人力资源工作经验，其中3 年以上管理经验
能力
要求
1. 具有较强的协调、计划和执行能力
2. 具有较强的书面表达能力和语言表达能力，人际沟通能力强
3. 具有一定的应变能力，能够妥善处理各种突发问题

22.1.2 薪酬主管职位说明书

<table>
<tr><td rowspan="4">岗位信息</td><td>岗位名称</td><td colspan="2">薪酬主管</td><td>岗位编号</td><td></td></tr>
<tr><td>岗位等级</td><td colspan="2"></td><td>薪资水平</td><td></td></tr>
<tr><td>工作部门</td><td colspan="2">人力资源部</td><td>直接上级</td><td></td></tr>
<tr><td>直接下级</td><td colspan="2"></td><td>所辖人数</td><td></td></tr>
<tr><td rowspan="3">工作职责及绩效标准</td><td colspan="2">职责描述</td><td>责任划分</td><td colspan="2">绩效标准</td></tr>
<tr><td colspan="2">业务职责
1. 协助人力资源经理制定、调整薪酬福利政策，建立薪酬福利体系
2. 定期收集地区、行业薪酬福利信息和数据，并进行分析，提出薪酬福利的合理化建议
3. 根据公司业务发展情况和市场水平，制定合理薪酬福利水平和实施办法
4. 制作公司每月的工资报表，进行相关分析
5. 按时完成人工成本、人工费用的分析报告</td><td>协助
全责
全责
全责
全责</td><td colspan="2">1. 薪酬计划提交及时
2. 薪酬体系完善、合理
3. 薪酬调研报告提交及时
4. 员工薪酬满意度评价不低于____分
5. 薪酬报表差错在___处内
6. 薪酬评估报告提交及时率达___%</td></tr>
<tr><td colspan="2">管理职责
1. 负责公司各部门薪酬制度执行的检查督导，发现问题及时调整
2. 负责对下属人员进行业务指导</td><td>部分
全责</td><td colspan="2">1. 薪酬异议处理及时率达___%
2. 下属年度考核得分不低于____分</td></tr>
<tr><td rowspan="3">职位关系</td><td colspan="2">可晋升职位</td><td colspan="3">人力资源经理、人力资源总监</td></tr>
<tr><td colspan="2">可相互轮换职位</td><td colspan="3">培训主管、绩效主管、招聘主管、劳动关系主管</td></tr>
<tr><td colspan="2">可降低职位</td><td colspan="3">薪酬专员、培训专员、绩效专员、招聘专员、劳动关系专员</td></tr>
</table>

<table>
<tr><td rowspan="3">任职资格</td><td>教育水平</td><td>1．大学本科以上学历
2．人力资源管理、劳动经济、管理学等相关专业</td></tr>
<tr><td>工作经验及业务了解范围</td><td>1．3 年以上人力资源工作经验，至少1 年薪酬项目实施经验
2．熟悉与薪酬相关的法律、法规，熟悉薪酬福利管理流程</td></tr>
<tr><td>技能/能力</td><td><table>
<tr><th>能力项目</th><th>能力要求</th></tr>
<tr><td>统筹规划能力</td><td>能够对公司整个薪酬福利进行统筹规划，科学、合理地制定薪酬激励政策</td></tr>
<tr><td>市场观察能力</td><td>具有敏锐的市场观察能力，能够快速掌握市场、地区、行业的薪酬福利变化，并采取相应的措施应对</td></tr>
<tr><td>协调能力</td><td>能较好地同公司内部各部门进行工作协调和合作</td></tr>
</table></td></tr>
</table>

22.1.3 培训主管职位说明书

<table>
<tr><td rowspan="4">岗位信息</td><td>岗位名称</td><td>培训主管</td><td>岗位编号</td><td></td></tr>
<tr><td>岗位等级</td><td></td><td>薪资水平</td><td></td></tr>
<tr><td>工作部门</td><td>人力资源部</td><td>直接上级</td><td></td></tr>
<tr><td>直接下级</td><td></td><td>所辖人数</td><td></td></tr>
<tr><td rowspan="3">工作职责及绩效标准</td><td colspan="2">职责描述</td><td>责任划分</td><td>绩效标准</td></tr>
<tr><td colspan="2">业务职责
1. 协助拟定和完善培训相关制度、流程，建立培训管理体系
2. 制定公司年度人力资源培训规划和培训计划
3. 制定培训方案并组织实施，监控培训过程，评估培训效果，组织培训考核
4. 负责培训课程开发体系的建立和管理
5. 拓展培训渠道，评估外部培训机构及师资
6. 建立员工培训档案</td><td>协助
全责
全责
部分
部分
全责</td><td>1. 培训制度规范、完善
2. 培训计划编制及时
3. 培训计划完成率达___%
4. 培训考核达标率达___%
5. 培训效果评估报告提交及时
6. 培训课程体系科学
7. 培训档案归档率达___%</td></tr>
<tr><td colspan="2">管理职责
1. 拟定培训费用预算，严格落实审批后的预算
2. 负责与外部培训机构、内部各职能部门的沟通协调工作
3. 负责内部培训师团队建设，为其提供工作指导</td><td>协助
全责
部分</td><td>1. 培训费用控制在预算内
2. 培训满意度评价不低于____分
3. 培训师考核合格率达___%</td></tr>
<tr><td rowspan="3">职位关系</td><td colspan="2">可晋升职位</td><td colspan="2">人力资源经理、人力资源总监</td></tr>
<tr><td colspan="2">可相互轮换职位</td><td colspan="2">薪酬主管、绩效主管、招聘主管、劳动关系主管</td></tr>
<tr><td colspan="2">可降低职位</td><td colspan="2">薪酬专员、培训专员、绩效专员、招聘专员、劳动关系专员</td></tr>
</table>

任职资格		
教育水平	1. 大学本科以上学历 2. 人力资源管理、劳动经济、管理学等相关专业	
工作经验及业务了解范围	1. 3年以上培训管理与组织实施经验 2. 熟悉内、外部培训工作流程	
技能/能力	能力项目	能力要求
	表达能力	能够清晰表达自己的意见和观点，口齿清晰、观点明确
	组织协调能力	能够采取相应的措施解决培训工作中的各方面冲突、消除各种不协调行为
	计划控制能力	能够对工作进行合理计划，并且对计划具有较强的控制能力

22.1.4 绩效主管职位说明书

<table>
<tr><td rowspan="4">岗位信息</td><td>岗位名称</td><td>绩效主管</td><td>岗位编号</td><td></td></tr>
<tr><td>岗位等级</td><td></td><td>薪资水平</td><td></td></tr>
<tr><td>工作部门</td><td>人力资源部</td><td>直接上级</td><td></td></tr>
<tr><td>直接下级</td><td></td><td>所辖人数</td><td></td></tr>
<tr><td rowspan="3">工作职责及绩效标准</td><td colspan="2">职责描述</td><td>责任划分</td><td>绩效标准</td></tr>
<tr><td colspan="2">业务职责
1. 协助人力资源经理，根据公司业务需要，建立、维护、完善绩效管理体系，制定相关管理制度
2. 负责与公司各部门经理制定绩效考核指标、考核标准、考核计划等绩效考核体系
3. 负责组织实施绩效考核
4. 组织汇总考核信息，进行考核分析，撰写考核分析报告
5. 根据考核结果，提出绩效考核方案整改意见</td><td>协助
部分
全责
部分
全责</td><td>1. 绩效制度规范、完善
2. 绩效考核体系完善合理
3. 绩效考核指标体系合理、科学，具有可操作性
4. 绩效考核计划按时完成率达____%
5. 绩效考核分析报告提交及时
6. 有效投诉次数在___次内</td></tr>
<tr><td colspan="2">管理职责
1. 负责各部门的绩效考核沟通工作
2. 负责指导监督各部门绩效考核工作
3. 负责下属人员的工作指导与监督考核工作</td><td>全责
全责
部分</td><td>1. 因协调不力导致考核无法进行的情况在___次内
2. 培训计划完成率达____%</td></tr>
<tr><td rowspan="3">职位关系</td><td colspan="2">可晋升职位</td><td colspan="2">人力资源经理、人力资源总监</td></tr>
<tr><td colspan="2">可相互轮换职位</td><td colspan="2">薪酬主管、招聘主管、培训主管、劳动关系主管</td></tr>
<tr><td colspan="2">可降低职位</td><td colspan="2">绩效专员、招聘专员、薪酬专员、培训专员，劳动关系专员</td></tr>
</table>

任职资格

教育水平

1. 大学本科以上学历
2. 人力资源管理、劳动与社会保障、工商管理等相关专业

工作经验及业务了解范围

1. 3 年以上企业绩效管理工作经验
2. 熟悉绩效管理的基本理论和操作方法

技能/能力

能力项目	能力要求
协调沟通能力	能够与工作相关人员充分沟通，能够协调各相关部门，顺利开展绩效工作
执行能力	能有效推动绩效管理工作并将其落到实处，并能根据执行的情况进行及时调整
分析归纳能力	编纂、分析和归纳能力强、对数字敏感，能够科学、合理地分析绩效考核数据

22.1.5 招聘专员职位说明书

<table>
<tr><td rowspan="2">岗位信息</td><td>岗位名称</td><td>招聘专员</td><td>岗位编号</td><td></td></tr>
<tr><td>所属部门</td><td>人力资源部</td><td>直接上级</td><td></td></tr>
<tr><td>工作概述</td><td colspan="4">在主管的领导下，协助主管制定招聘计划，负责开展招聘实施工作，按时按质按量地为公司招聘人才，以满足公司人才需求</td></tr>
<tr><td>工作内容及绩效标准</td><td colspan="2">工作内容
1. 进行招聘需求分析，协助招聘主管制定招聘计划
2. 建立和维护招聘渠道，并进行渠道分析和规划
3. 负责起草和发布公司的招聘信息，确保招聘信息及时发布
4. 汇总各种招聘渠道的应聘资料，并进行初步甄选
5. 负责聘前测试和初次面试工作
6. 根据公司招聘面试流程组织开展复试工作
7. 建立和维护各级各类人员招聘面试题库和人才库
8. 协助部门经理分析企业人才流失的原因，并提出改进建议</td><td colspan="2">绩效标准
1. 招聘计划达成率达___%
2. 招聘渠道拓展数量新增____个
3. 招聘人员适岗率达___%
4. 招聘费用控制在预算内
5. 招聘空缺职位平均时间少于___天
6. 人才储备计划达成率达____%</td></tr>
<tr><td rowspan="3">任职资格</td><td>教育水平</td><td colspan="3">1. 大学本科以上学历
2. 人力资源管理、劳动与社会保障、劳动关系等相关专业</td></tr>
<tr><td>经验要求</td><td colspan="3">1. 2年以上招聘岗位工作经验
2. 熟悉招聘管理流程及各种招聘渠道</td></tr>
<tr><td>能力要求</td><td colspan="3">1. 具有良好的语言表达能力和沟通能力
2. 具有较强的领悟能力和执行力
3. 具备一定的亲和力和灵活应变能力</td></tr>
</table>

22.1.6　劳动关系专员职位说明书

<table>
<tr><td rowspan="2">岗位信息</td><td>岗位名称</td><td>劳动关系专员</td><td>岗位编号</td><td></td></tr>
<tr><td>所属部门</td><td>人力资源部</td><td>直接上级</td><td></td></tr>
<tr><td>工作概述</td><td colspan="4">主要负责控制公司的劳动关系风险，处理劳动关系的各种纠纷，妥善管理劳动合同及人事档案，确保公司良好的工作氛围</td></tr>
<tr><td>工作内容及绩效标准</td><td colspan="3">工作内容
1. 协助主管制定各项劳动关系管理制度，并严格执行相关劳动关系制度
2. 负责员工社保、公积金、商业保险等事务的办理
3. 负责员工劳动合同的签订、变更与终止等相关劳动合同事宜及保密协议等的签订工作
4. 负责员工岗位变动、离职面谈及相关手续办理工作
5. 跟踪劳动法律法规的变革，进行劳动争议的预防及劳动纠纷的处理工作
6. 负责员工人事档案及电子档案的建档、整理工作</td><td>绩效标准
1. 各项保险办理及时、准确
2. 劳动纠纷处理及时率达____%
3. 员工投诉次数在____次内
4. 人事档案完整、归档及时、更新及时</td></tr>
<tr><td rowspan="3">任职资格</td><td>教育水平</td><td colspan="3">1. 大学本科以上学历
2. 人力资源管理、劳动与社会保障、劳动关系、法学类等相关专业</td></tr>
<tr><td>经验要求</td><td colspan="3">1. 2年以上劳动关系处理工作经验
2. 熟悉国家、地区相关劳动法律法规，了解劳动争议处理流程</td></tr>
<tr><td>能力要求</td><td colspan="3">1. 具有优秀的沟通、组织、协调能力
2. 具有优秀的逻辑思维能力、敏锐的洞察力和较强的学习能力
3. 具有良好的语言和书面表达能力</td></tr>
</table>

22.2　人力资源部人事管理制度

22.2.1　优秀培训师评选制度

<table>
<tr><td colspan="3">优秀培训师评选制度</td><td rowspan="2">版本
____年___月___日</td></tr>
<tr><td>编制部门</td><td>执行部门</td><td>执行日期</td></tr>
<tr><td colspan="4">

第1章　总　则

第1条　为了激励培训师的工作积极性，提高公司人才竞争的氛围，加强培训师队伍建设，结合公司培训师的现状，特制定本制度。

第2条　评选本着客观公正的原则，加强评选的透明化管理。

第3条　本制度评选范围为人力资源部培训中心的所有培训师。

第2章　评选细则

第4条　季度评选办法

1. 季度优秀培训师设置1名。

2. 根据季度绩效考核结果评选出前三名作为候选人。将候选人名单及主要工作业绩评定（由部门直接领导撰写）公布在公司内部网站评选区，进行全员公开评选。

3. 全体人员对候选人的进行不记名投票，得票数最高者当选为本季度的优秀培训师。

第5条　年度评选办法

1. 年度优秀培训师设置2名。

2. 根据年度考核结果，结合平常工作情况，确定候选人。

3. 连续两个季度被评为优秀培训师，直接作为年度优秀培训师评选的候选人入围。

4. 人力资源部将候选人名单及年度述职报告在公司内部网站评选区公布，进行全员评选。

5. 全体人员对其进行不记名投票，依据得票数选出本年度的优秀培训师。

第6条　优秀培训师基本标准

1. 工作勤勤恳恳。为公司利益不计个人得失、扎根本职工作、锐意进取、为公司员工树立良好形象并起带头作用。

2. 热爱培训工作，具有较高的培训理论水平。

</td></tr>
</table>

3. 具有较强的书面和口头表达能力，具有较强的培训技能。

4. 对公司业务非常熟练，具有较强的业务实战能力。

5. 具有课程设计能力和思维创新能力，可以结合公司实际设计优秀的培训课程。

6. 创造性地开展工作，给公司带来直接的经济效益，或曾帮助公司避免蒙受巨大经济损失。

7. 重视学习、善于学习并通过自身学习成为业务上的标兵、技术上的骨干。

8. 积极参与公司及社会上与工作相关的各类培训，不断开阔视野并努力提高自身综合素质。

9. 候选人得票数最低得达到全人数 50%的认同。

第 3 章　奖　励

第 7 条　季度奖励

公司给予表扬并由总经理颁发季度优秀培训师奖金，额度为______元或同等金额其他奖励。

第 8 条　年度奖励

1. 在公司年终总结大会上给年度优秀培训师颁发荣誉证书或奖杯。

2. 获得总经理颁发的年度优秀培训师奖金，额度为______元，或同等金额其他奖励。

3. 薪酬或职位方面予以向上调整，或者可以获取外部培训机会。

第 4 章　附　则

第 9 条　本制度自颁布之日起执行。

第 10 条　本制度最终解释权归公司人力资源部所有。

修订记录	修订标记	修订处数	修订日期	审批签字

22.2.2 招聘专员考核制度

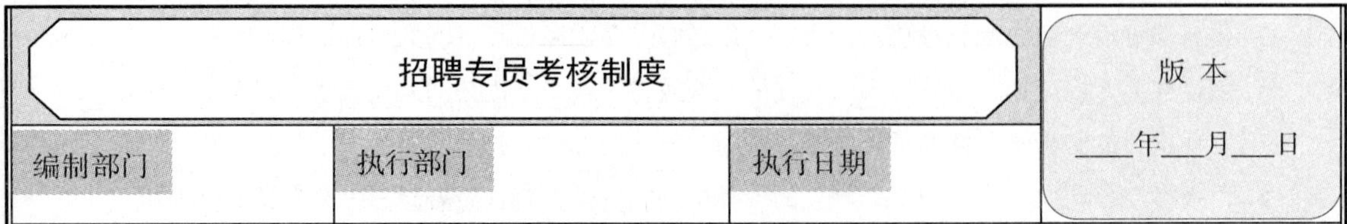

招聘专员考核制度			版本
编制部门	执行部门	执行日期	____年___月___日

第1章 总 则

第1条 考核目的

1. 客观公正地评价招聘专员的工作水平，以提高招聘专员的工作绩效为目标。
2. 建立良好的绩效标准，为公司的整体运营管理的改善提供参考依据。
3. 为招聘专员的薪资调整、培训与开发、职位晋升等提供决策依据。

第2条 考核原则

1. 明确化、公开化原则。考核标准明确，考核结果公开透明。
2. 客观考评原则。避免掺入主观性和感情色彩，保证考核结果的客观性。

第3条 考核主体

考核主体为人力资源部经理和招聘主管。

第4条 考核配合部门

公司财务部、综合管理部门及其他相关部门予以配合。

第2章 考核内容及方法

第5条 考核内容

对于招聘专员的考核内容主要分为三部分：工作业绩、工作能力和工作态度。具体指标和内容如下表所示。

考核项目	考核指标	指标说明	目标值
工作业绩	招聘计划完成率	$\frac{\text{实际招聘到岗的人数}}{\text{计划需求人数}} \times 100\%$	达到______%
	招聘空缺职位的平均时间	考核期内所有空缺职位招聘的平均时间	不得超过______天
	招聘人员适岗率	主要考核招聘质量	达到______%
	招聘成本	从财务角度考核招聘工作	预算之内

续表

考核项目	考核指标	指标说明	目标值
工作能力	亲和力	—	—
	沟通能力	—	—
工作态度	出勤率	从出勤情况反映工作态度	达到______%
	遭到投诉的次数	从公司内部和外部投诉情况反映其服务态度	不得超过______次

第 6 条　考核方式

对招聘人员的考核方法可以采取查看工作记录、招聘现场考核等方式进行。

第 3 章　考核结果管理

第 7 条　考核结果管理

1. 考核结果要及时反馈给招聘人员，并就此结果进行充分沟通。
2. 要充分发挥考核结果的作用，根据考核结果进行奖惩及下一步工作指导。
3. 人力资源部考核人员对考核结果汇总、分析，确定招聘人员培训计划。
4. 人力资源部档案管理人员妥善保存考核结果，归入招聘专员的档案。

修订记录	修订标记	修订处数	修订日期	审批签字

22.3 人力资源部业务管理制度

22.3.1 新员工培训制度

编制部门： 编制日期：	新员工培训制度	执行部门： 制度版本：

第1章 总 则

第1条 培训目的

为了使新员工尽快熟悉公司环境、文化、制度，熟悉岗位工作内容及规范，加强新员工的团队合作精神，使新员工尽快进入工作角色，因此制定本制度对新员工进行培训管理。

第2条 培训对象

本制度的培训对象为公司的所有新员工。

第3条 培训目标

1. 新进人员了解公司发展历史、企业文化、组织目标、机构设置等基本概况。
2. 新进人员了解公司主营业务、生产产品等业务基本情况。
3. 新进人员了解公司各项规章制度，尤其是人事管理制度、安全管理制度等。
4. 新进人员了解公司行为标准和基本的礼仪规范，提高团队合作精神。
5. 新进人员了解岗位操作规范、岗位技能知识等。

第4条 培训时间

新员工培训分为公司培训、部门培训、和岗位实际训练三个阶段。新员工报道后的第2天开始培训，第一阶段公司培训为期5个工作日，第二阶段部门培训为期1～2个月，第三阶段岗位实际训练视该新员工直接上级而定。

第2章 培训内容和形式

第5条 培训内容

新员工培训三个阶段的主要培训内容具体如下表所示。

培训阶段	培训内容
公司培训	1. 公司发展概况：发展目标、组织机构、战略规划等 2. 公司经营业务：主营业务、产品市场、产品创新等 3. 公司企业文化、公司礼仪规范、公司行为规范等 4. 公司人事管理制度：考勤、绩效考核、薪酬管理、晋升等制度 5. 安全管理制度、行政管理制度、财务报销等相关制度介绍 6. 其他培训内容

续表

培训阶段	培训内容
部门培训	1. 部门概况：部门主要职能、组织结构、部门生产工艺、部门产品等 2. 部门规章制度：部门业务管理制度、操作规范、劳动纪律、安全规定等 3. 部门安全、卫生和 5S 工作：安全防护、典型案例等
岗位培训	1. 岗位知识培训：本岗位的理论知识、操作知识等 2. 岗位技能培训：岗位技能要求、岗位技能操作、岗位技能提升等

第 6 条　培训形式

对新员工的培训形式主要采取讲解、视频放映、幻灯放映、典型案例、现场演示等方式。

第 3 章　培训评估和纪律

第 7 条　培训考核

1. 人力资源部对新员工制定培训履历卡，培训过程中对新员工进行跟踪测试，填写培训过程中的表现。

2. 考核结束后，人力资源部组织相关人员对新员工进行培训考核，填写考核成绩。

3. 根据新员工在培训中的表现及培训考核成绩，确定最后的培训考核结果。

4. 根据考核结果确定是否重点培养、继续培养还是再次培训。

第 8 条　培训纪律

1. 新员工在培训期间不得随意请假，若特殊原因确需请假的，须经所在部门经理批准后将请假条交与人力资源部方可请假。

2. 新员工培训不得迟到、早退。迟到早退者，视时间长短及情节严重程度进行惩罚。

3. 新员工培训期间要保持课堂纪律，配合培训老师的安排，积极主动。

第 4 章　附　则

第 9 条　本制度由公司人力资源部负责解释、修订。

第 10 条　本制度自发布之日起实施。

修订记录	修订标记	修订处数	修订日期	审批签字

22.3.2 劳动合同管理办法

编制部门： 编制日期：	劳动合同管理办法	执行部门： 制度版本：

第1章 总 则

第1条 为了规范公司的劳动合同管理，指导劳动合同的签订工作，同时保障公司和员工的合法权益，根据《中华人民共和国劳动法》《中华人民共和国劳动合同法》和国家及地方有关的法律法规，并结合公司的实际情况，制定本管理办法。

第2条 公司实行全员劳动合同制，员工均需与公司签订劳动合同，以明确双方的权利和义务，建立起合法的劳动关系。

第3条 公司签订劳动合同时，应当遵循合法、公平、自愿平等、协商一致、诚实信用的原则。

第4条 公司劳动合同分为正式劳动合同、临时工劳动合同。正式劳动合同适用于公司招聘的正式员工，临时工劳动合同适用于公司招收的临时工（如季节工）。

第2章 劳动合同的订立

第5条 公司一般员工的劳动合同签订期限一般为1年，主管级一般为2年，经理一般为3年，高层领导一般为5年。劳动合同届满经双方协商一致可以续签。

第6条 劳动合同以书面形式订立，应当具备以下条款：

1. 用人单位的名称、住所和法定代表人或者主要负责人。
2. 劳动者的姓名、住址和居民身份证或者其他有效身份证件号码。
3. 劳动合同期限。
4. 工作内容和工作地点。
5. 工作时间和休息休假。
6. 劳动报酬。
7. 社会保险。
8. 劳动保护、劳动条件和职业危害防护。
9. 法律、法规规定应当纳入劳动合同的其他事项。

第7条 经公司确认招聘的人员，在经过公司的入司体检合格后，进入公司当天即由人力资源部发放劳动合同书并组织签订。

第8条 劳动合同须由员工本人与公司签订。签订时，员工应出示本人有效证件。员工在签订合同时需仔细阅读劳动合同约定内容，对劳动合同约定内容接受后，即签订劳动合同。

第9条 公司与员工签订劳动合同一式两份，公司和员工各执一份。人力资源部组织存档。

第3章 劳动合同的履行和变更

第10条 公司与员工应当按照劳动合同约定的义务，全面履行各自的义务。

第11条 公司应该按照合同及公司相关规章制度按时足额支付员工劳动报酬。

第 12 条　公司与员工协商一致，可以变更劳动合同约定的内容，但应当以书面形式进行。变更后的劳动合同文本由公司和员工各执一份。

第 4 章　劳动合同的解除、终止和续签

第 13 条　公司与员工协商一致的，可以解除劳动合同。

第 14 条　员工有下列情形之一的，公司可以单方面解除劳动合同：

1. 在试用期内被证明不符合录用条件的。
2. 严重违反劳动纪律或公司规章制度的。
3. 严重失职，营私舞弊，对公司利益造成重大损失的。
4. 员工患病或因工负伤，医疗期满后不能从事原岗位工作也不能从事由公司另行安排的工作的。
5. 员工不能胜任工作，经过培训或岗位调整，仍不能胜任工作的。
6. 劳动合同订立所依据的客观情况发生重大变化，致使原劳动合同无法履行，经当事人协商不能就变更劳动合同达成一致协议的。
7. 被依法追究刑事责任的。

第 15 条　公司单方面解除劳动合同时，符合相关规定应支付经济补偿金的，公司应按国家及地方规定进行经济补偿。

第 16 条　员工提前三十日以书面形式通知用人单位，可以解除劳动合同。劳动者在试用期内提前三日通知用人单位，可以解除劳动合同。

第 17 条　解除或终止劳动合同的员工，应办理工作交接手续，公司人力资源部为其办理档案社保转移手续等。

第 18 条　劳动合同期满前 45 天，人力资源部下发“劳动合同续签通知”和“劳动合同续签登记表”，征求合同期满员工意向。

第 19 条　员工受到续签通知后，在 10 个工作日内填写“劳动合同续签登记表”，作出答复。

第 5 章　附　则

第 20 条　所有员工都应熟悉了解本制度，以维护公司和员工双方的合法权益。

第 21 条　本办法若与国家有关法律、法规、规章和有关规定相抵触的，以国家法律法规及有关规定为准，并对本制度进行及时修改。

第 22 条　本办法自______年______月______日起执行。

修订记录	修订标记	修订处数	修订日期	审批签字